Gilbert J. B. Probst

Selbst-Organisation

Gilbert J. B. Probst

Selbst-Organisation

Ordnungsprozesse in sozialen Systemen aus ganzheitlicher Sicht

1987 · Mit 6 Abbildungen und 10 Übersichten

Verlag Paul Parey · Berlin und Hamburg

In der Reihe »Biologie und Evolution interdisziplinär« sind bisher erschienen:

Rupert Riedl: Biologie der Erkenntnis. Die stammesgeschichtlichen Grundlagen der Vernunft. Unter Mitarbeit von Robert Kaspar. 3. Aufl. 1981.
Peter Meyer: Evolution und Gewalt. Ansätze zu einer bio-soziologischen Synthese. 1981.
Franz M. Wuketits: Biologie und Kausalität. Biologische Ansätze zur Kausalität, Determination und Freiheit. 1981.
Heiner Flohr, Wolfgang Tönnesmann (Hrsg.): Politik und Biologie. Beiträge zur Life-Sciences-Orientierung der Sozialwissenschaften. 1983.
John Tyler Bonner: Kultur-Evolution bei Tieren. 1983.
Josef Hofbauer, Karl Sigmund: Evolutionstheorie und dynamische Systeme. Mathematische Aspekte der Selektion. 1984.
Franz R. Krueger: Physik und Evolution. Physikalische Ansätze zu einer Einheit der Naturwissenschaften auf evolutiver Grundlage. 1984.
Fritz-Albert Popp: Biologie des Lichts. Grundlagen der ultraschwachen Zellstrahlung. 1984.
Rupert Riedl: Die Spaltung des Weltbildes. Biologische Grundlagen des Erklärens und Verstehens. 1985.
Jörg A. Ott, Günter P. Wagner, Franz M. Wuketits (Hrsg.): Evolution, Ordnung und Erkenntnis. 1985.
Rainer Willmann: Die Art in Raum und Zeit. Das Artkonzept in der Biologie und Paläontologie. 1985.
Rupert Riedl: Begriff und Welt. Biologische Grundlagen des Erkennens und Begreifens. 1987.
Rupert Riedl, Franz M. Wuketits (Hrsg.): Die Evolutionäre Erkenntnistheorie. 1987.
Motoo Kimura: Die Neutralitätstheorie der molekularen Evolution. 1987.
Gilbert J. B. Probst: Selbst-Organisation. Ordnungsprozesse in sozialen Systemen aus ganzheitlicher Sicht. 1987.
Erhard Oeser: Psychozoikum. Evolution und Mechanismus der menschlichen Erkenntnisfähigkeit. 1987.
Horst. M. Müller: Evolution, Kognition und Sprache. Die Evolution des Menschen und die biologischen Grundlagen der Sprachfähigkeit. 1987.
Erhard Oeser: Das Abenteuer der kollektiven Vernunft. Evolution und Involution der Wissenschaft. 1987.
Fritz Preuss: Der Aufbau des Menschlichen. Die Mitschöpfung der Lebewesen an ihrer Gestaltung - Eine biologische Evolutionstheorie des konkreten Vitalismus. 1987.

Anschrift des Verfassers:
Priv. Doz. Dr. Gilbert J. B. Probst
Institut f. Betriebswirtschaft, Hochschule St. Gallen f. Wirtschaft- und Sozialwissenschaften, Dufourstr. 48, CH-9000 St. Gallen

---

CIP-Kurztitelaufnahme der Deutschen Bibliothek

Probst, Gilbert J. B.:
Selbst-Organisation: Ordnungsprozesse in sozialen Systemen aus ganzheitl. Sicht / Gilbert J. B. Probst.- Berlin; Hamburg: Parey, 1987.
ISBN 3-489-63334-2

Einband: Werner Kattner Graphik Design, D-1000 Berlin 19, unter Verwendung einer Abbildung von Klaus Krippendorff (Mediaval Ouroboroi, nach Carl G. Jung)

ISBN 3-489-63334-2 · Printed in Germany

Schrift: Borgis Times-Roman (Satzsystem apple Macintosh plus 1 Mb)
Satz: PLS-PareyLaserSatz, D-1000 Berlin 61
Copyproofs: Druckerei Reinhold Eppler, D-1000 Berlin 61
Druck: WB-Druck GmbH & Co. Buchproduktions KG, D-8959 Rieden/Allgäu
Bindung: Buchbinderei Bruno Helm, D-1000 Berlin 30

Danksagung

Für diese Arbeit trage ich allein die Verantwortung. Ohne die anregenden und kompetenten Interaktionen mit vielen Kollegen in den letzten Jahren hingegen hätte sie kaum in der vorliegenden Art entstehen können. Es ist mir daher ein Bedürfnis, allen Beteiligten für eine kreative Atmosphäre, die kritischen Auseinandersetzungen und positiven Anregungen zu danken. Ein besonderer Dank geht an Russell L. Ackoff und Hans Ulrich, die mir eine fruchtbare wissenschaftliche Umgebung für mein Arbeiten boten und mein Denken stark prägten. Aus den gemeinsamen Arbeiten mit Michael Ben-Eli, Thomas Dyllick und Peter Gomez habe ich viele Ideen geschöpft. Die regelmäßigen Diskussionsrunden in der »Kybernetikergruppe« mit Ken Gergen, Klaus Krippendorff, Ib Ravn, Ken Smith und Fred Steier in Philadelphia haben zu einem kontinuierlichen Reflektieren über meine Arbeitsfortschritte geführt. Dazu kommen viele Gespräche mit Freunden und deren wertvolle Kommentare. Allen voran hat sich Heinz von Foerster ausführlich mit meinen Arbeitspapieren auseinandergesetzt.

Mein Dank gilt aber auch Stafford Beer, Ernst von Glasersfeld, John Kimberly, Rüdiger Klimecki, Werner Kirsch, Gareth Morgan, Rafael Ramirez, Rupert Riedl, Francisco Varela, Frederic Vester und Paul Watzlawick, die mir bei vielen Gelegenheiten ihre konstruktiven Meinungen und Anregungen übersandten oder darlegten.

Ich habe im Institut für Betriebswirtschaft in St. Gallen stets die freundliche Unterstützung meiner Tätigkeiten von den Herren Knut Bleicher, Robert Staerkle und Hans Ulrich erfahren dürfen und in Projekten viele Erfahrungen gesammelt. Im Social Systems Sciences Department, The Wharton School, Philadelphia, fand ich eine hohe Bereitschaft zur Diskussion meiner Ansichten sowie Offenheit und Einsicht in die Forschungs- und Beratungstätigkeiten des Busch Center. Mein Dank geht dafür besonders an Russ Ackoff, Tom Burns, Jean-Marc Choukroun, Tom Gilmore, Ali Geranmayeh, Jamshid Gharajedaghi und Aron Katsenelinboigen.

An dieser Stelle möchte ich auch vielen Praktikern danken, die sich für Projekte, Workshops, Analysen usw. bereit und offen zeigten. In besonderer Weise möchte ich Gerry Oakland und Dante Caruso (DCMH), Hans Leuenberger und Urs Weyermann (KSSG), Bob Thompson (Clark) und Hans-Dieter Seghezzi (Hilti) meinen Dank für ihre Zeitopfer, Kommentare und Informationen aussprechen.

Ohne die schnelle und genaue Abschrift meiner Gedanken durch Linda Brunner würde das Manuskript noch lange nicht vorliegen. In allen von ihr geschriebenen Büchern der letzten Jahre hat sie immer mitgedacht und mich häufig auf Unstimmigkeiten hingewiesen. Virginia Meyer möchte ich für die geduldige Aufnahme all meiner Änderungswünsche und die gewissenhafte Ausführung der Korrekturarbeiten danken.

Nicht zuletzt wäre diese Arbeit ohne die Finanzierungshilfe des Schweizerischen Nationalfonds und des Grundlagenforschungsfonds der Hochschule St.Gallen kaum möglich geworden.

Philadelphia und St. Gallen, im Dezember 1986 Gilbert J. B. Probst

Inhaltsverzeichnis

1 Zum Konzept der Selbst-Organisation

Draw a distinction
George Spencer Brown

1.1 Einführung in die Problemstellung

Wenn es um die Gestaltung sozialer Systeme wie Unternehmungen, Spitäler, öffentliche Institutionen, Schulen usw. geht, so herrscht häufig eine gewisse Ohnmacht oder Ignoranz. Bekannte organisatorische Maßnahmen greifen zu kurz und führen - gemessen an den Absichten - zu ungewollten »Nebenwirkungen« im System, zu unerwünschten, ungeplanten Resultaten, Gegenreaktionen, Entwicklungsrichtungen und Mißerfolgen. Die Problematik wird meist durch die Erkenntnis verstärkt, daß es keine allgemeingültigen Strukturmodelle, Methoden und Instrumente gibt. Organisatorische Maßnahmen genügen offensichtlich der Komplexität nicht (mehr) oder basieren auf einem ungenügenden Verstehen der Prozesse der Ordnungsbildung und -aufrechterhaltung. Ordnung ist von uns wahrgenommene Regelmäßigkeit und Zuschreibbarkeit. Sie erlaubt etwas einzuordnen, zusammenzufügen, sich zurechtzufinden, Konsistenz und Kontinuität zu erfahren, Unsicherheit zu reduzieren, Verhaltensabstimmungen vorzunehmen oder zu erleichtern. Als Organisation (1) definiere ich hier alles, was für eine Ordnung verantwortlich zeichnet. Organisation ist damit nicht etwas Strukturstatisches, aber auch nicht mit Organisieren gleichzusetzen.

Es scheint mir wichtig, hier eine Unterscheidung zu erklären, die m. E. wesentliche Inhalte hat: Struktur und Organisation. Organisation wird bewußt als umfassender, ganzheitlicher Begriff verwendet. Andererseits wird von Organisieren oder Gestalten von

(1) Organisation verwende ich grundsätzlich im traditionellen Sinne der deutschsprachigen Organisationsliteratur und nicht als einen institutionalen Begriff, wie er vorwiegend in der amerikanischen Literatur zu finden ist. Im Vordergrund stehen die eigenschaftsbezogene und instrumentale Bedeutung, die Hinführung zu oder die Grundlagen für Ordnung von Elementen, Teilen, Komponenten, Beziehungen usw. zu einem Ganzen.

Wird die amerikanische Bedeutung von Organisation (bspw. im Zusammenhang mit historischen Entwicklungen) i. S. einer Institution oder eines sozialen Systems verwendet, so wird explizit darauf hingewiesen. Der eher soziologisch oder gesamtführungsorientierte Organisationsbegriff schließt nicht aus, daß auch die Organisationsstrukturen ausführlich diskutiert werden. Der amerikanische Organisationsbegriff hat es m. E. vielen Autoren leichter gemacht, ein umfassenderes, ganzheitlicheres Organisationsverständnis i. S. der Ordnungsschaffung, -aufrechterhaltung und -entwicklung anzustreben.

Strukturen gesprochen. Organisation, was im Griechischen (organon) Instrument bedeutet, umfaßt alles, was die Ordnung eines Systems definiert. Sie wird zum umfassendsten und allgemeinsten Instrument der Ordnungsbildung. Struktur wird durch die jeweils aktuell und situativ bestehenden Elemente, Teile, Beziehungen und Interaktionen gebildet. Strukturen werden Teile der Organisation. Organisation stellt gewissermaßen eine »Tiefenstruktur« oder ein Metakonzept dar; sie ist es, die das System in seiner Ordnung prägt und zu dem macht, was es ist. Sie bleibt unverändert, wenn das System seine Identität aufrechterhält; die Struktur hingegen kann sich verändern, vorausgesetzt, sie genügt den durch die Organisation gesetzten Bedingungen. Wann immer die Organisation eines Systems als eine Einheit sich verändert, verändert sich auch das System selbst und bildet gegebenenfalls eine neue Einheit mit einer veränderten Identität; verändern sich jedoch Strukturen des Systems, während die Organisation als solche erhalten bleibt, so bewahrt das System auch seine Identität (vgl. zu dieser Unterscheidung Gomez & Probst 1985; Varela 1979, 1984a). Organisation enthält all das, was das System zu dem macht, was es ist oder sein soll - hier ein zweckhaftes und zweckgerichtetes soziales System. Sie kann durch verschiedene Strukturen oder »Regelsätze« erreicht werden - gleichzeitig können aber auch dieselben Strukturen oder Regelsätze verschiedener Organisation genügen, je nach Kontext. Dies läßt sich beispielhaft etwa folgendermaßen verstehen:

Forschungsprojekte lassen sich innerhalb paradigmatischer Regeln unterschiedlich gestalten. Strukturen können verändert werden, ohne daß dabei die »Tiefenstrukturen« verändert werden. So können etwa durch bessere Messungsmethoden, verfeinerte Interviews, Fragebogen usw. die Eigenschaften, Motive, Ziele, Absichten, Werthaltungen von Führungskräften im Zusammenhang mit Motivationsproblemen »genauer« erfaßt werden. Damit ändert sich jedoch nichts Grundlegendes; die Regeln bleiben bestehen, das »Problem« erfährt keine andere Definition, die Annahmen darüber, wie wir etwas erforschen, Wissen gewinnen, lernen usw., bleiben unverändert. Verändern wir jedoch die Perspektive, die paradigmatischen Regeln der Forschungsgestaltung, so verändert sich das System als Ganzes, es erfährt eine neue Identität. Veränderungen der Struktur stellen gewissermaßen Änderungen 1. Ordnung, Veränderungen der Organisation Änderungen 2. Ordnung dar (vgl. zum Beispiel die Forschungsgestaltung Dachler 1985a, b, c; Probst 1985c).

Organisieren »gehört zur Aufgabe des Gestaltens und besteht im Entwerfen von sinnvollen Strukturen zur dauerhaften Selbsterhaltung der Institution als handlungsfähige Ganzheit unter wechselnden Umweltbedingungen und zum effizienten Arbeitsvollzug« (Ulrich 1985, S. 10). Es umfaßt alle menschlichen strukturgestaltenden Aktivitäten, um eine Ordnung zu produzieren. Organisieren stellt einen wesentlichen Faktor der Ordnungsbildung in sozialen Systemen dar. Wird Organisation jedoch darauf reduziert, daß Strukturen (einschließlich Prozesse) im Detail von individuellen kompetenten Organisatoren erarbeitet, eingeführt und überprüft werden, dann greift sie zu kurz. Organisieren ist zweifellos vielfältiger, varietätsreicher, unvorhersehbarer, anforderungsreicher und widersprüchlicher geworden, je komplexer die sozialen Systeme.

Wie Hans Ulrich schrieb, »weiß man seit langem, daß Menschengemeinschaften sich selbst strukturieren, daß also derartige Ordnungsgefüge auch ohne Erlaß von Organisationsvorschriften entstehen, und zwar nicht nur aus rationaler Einsicht in die Zweckmäßigkeit einer bestimmten »Rollenverteilung« unter den Beteiligten heraus, sondern auch aufgrund des Bedürfnisses der Menschen nach Ordnung und Sicherheit« (Ulrich 1978, S. 198). Phänomene der Ordnung oder der Ordnungszunahme, die nicht einfach als Resultat eines gestaltenden und lenkenden Teiles verstanden werden können, sondern aus den Interaktionen im System als Ganzes entstehen, sind in den unterschiedlichsten physikalischen, biologischen oder sozialen Systemen festzustellen. Dabei widerspricht dies eigentlich dem das Denken dominierenden zweiten Gesetz der Thermodynamik (Entropiegesetz; vgl. Rifkin 1982; Goldsmith 1981; Vester 1985). Die überragende Rolle dieses Gesetzes (physikalischer geschlossener Systeme) führte zur fast paradoxen und absurden Konsequenz, daß Ordnung und Ordnung generierende Prozesse im Rahmen einer unvermeidlichen Entropie erklärt werden mußten. Selbstorganisation wird damit gewissermassen zum kompensierenden Faktor gegenüber der unvermeidbaren »physikalischen« Zerstörung oder Unordnung. Sie stellt eine Anerkennung der beobachtbaren Phänomene der Entstehung, Aufrechterhaltung und Entwicklung von Ordnungsmustern dar (vgl. dazu Ben-Eli & Probst 1986). Um Selbstorganisation handelt es sich, weil eine resultierende Ordnung vom Beobachter aus unabhängig seiner Intervention oder der Intervention isolierbarer einzelner Gestalter/Gestaltungssysteme und Lenker/Lenkungssysteme feststellbar ist. Ein selbstorganisierendes System wird intuitiv durch folgende Eigenschaften charakterisiert: Komplex, redundant, dynamisch, nicht-deterministisch, prozeßorientiert, interaktiv, selbstreferentiell, autonom. Die letzteren Eigenschaften beinhalten, daß von einem Beobachter dem System ein unabhängiger Zweck zugesprochen wird. Ein selbstorganisierendes System schließt eine Ordnungsidee ein, indem entweder ein vorher nicht organisiertes System organisiert oder die Organisation »verbessert« wird und damit Ordnung entsteht oder sich verändert (Ashby 1962). Diese ist ein emergentes Produkt der Systemaktivitäten selbst.

Selbstorganisation und Ordnung sind vom *Beobachter* definiert, denn er »konstruiert« aufgrund seiner Erfahrungen über Veränderungen, daß sich das System »spontan« organisiert hat und Ordnung entstanden ist; und zwar unabhängig von seinen eigenen Aktivitäten oder von einer erkennbaren Intervention. (Dies gilt natürlich für jeden ein System beobachtenden Manager.) Selbst-Organisation verlangt die Unterscheidung von System, Umwelt und Beobachter (vgl. von Foerster 1960, 1981a, 1984; Krippendorff & Steier 1978; Luhmann 1984; Steier & Smith 1985; Morgan 1986; Ben-Eli & Probst 1986).

1.2 Ein Unterschied, der einen Unterschied macht

Selbstorganisation ist nicht ein Phänomen sozialer Systeme, sondern generell eine Eigenschaft von Systemen, die auch auf der biologischen und physikalisch-chemischen Ebene Bedeutung hat. Die Prozesse der Selbstorganisation sind genereller Art, jedoch manifestiert sich Selbstorganisation in verschiedenartigen Mechanismen und Formen (vgl. Ulrich & Probst 1984). Neuere Forschungen in den Naturwissenschaften haben zu »Analogien« und Metaphern geführt, die vorerst bewußt machten, daß diesem Phänomen eine große Bedeutung zukommt. Von einer Theorie selbstorganisierender sozialer Systeme läßt sich noch nicht sprechen, schon gar nicht von empirisch getesteten Hypothesen. Umso mehr geht es hier darum, einen prätheoretischen Rahmen zu legen, der für die Gestaltung und Lenkung sozialer Systeme von Bedeutung ist. Dabei handelt es sich um einen Ansatz, der qualitativer Art ist, indem auf ein Phänomen und dessen Bedeutung hingewiesen wird, das einen wesentlichen Unterschied macht, ob man es beachtet oder vernachlässigt. Die obgenannten »Modelle« und Metaphern haben häufig zum Ziel, daß sie zu Theorieansätzen oder Formulierungen von Hypothesen führen können (vgl. Morgan 1986, 1980; Burrell & Morgan 1979; Morgan & Ramirez 1983). Sie sind jedoch gleichzeitig mit Vorsicht zu behandeln, insofern sie nicht die Besonderheiten sozialer Systeme einschließen (vgl. Semmel 1985a,b; Probst & Semmel 1984; Ulrich & Probst 1984). Die »Produkte und Produktion« der Selbstorganisation wachsen mit »höheren« Systemebenen in der Varietät oder Komplexität. Es entstehen neue Potentiale oder Qualitäten auf sozialer Ebene, in denen sich Selbstorganisation manifestiert, wie in der Kreation von Artefakten, kognitiven Prozessen, Sprache, symbolischer Codierung, Kultur, Ethik und Ästhetik.

Die nach Managementkursen häufig auftretenden Frustrationen, Enttäuschungen, Abwehrreaktionen (»sich lustig machen«, »so läuft es nicht« usw.) werden von den Veranstaltern meist als Transferprobleme bezeichnet und behandelt. Die vorgestellten Modelle, Methoden und Instrumente oder die zugrundeliegenden Konzepte werden kaum in Frage gestellt. Sie stimmen aber m. E. häufig nicht mit dem Denken und den Erfahrungen der Führungskräfte überein. Selbst-Organisation ist ein konzeptueller Denkrahmen, der nicht erlaubt, einige wenige, konkrete kausalen Regeln zu geben. Er ist jedoch von grundlegendster Bedeutung, denn wie wir organisieren und wie (weit) wir verstehen, hängt im wesentlichen von der Konzeptualisierung des Systems ab. (2) Modelle, Methoden und Instrumente repräsentieren eine Konzeptualisierung. Sie stellen dar, was wir sehen oder wie etwas zu sehen ist. Konzeptualisierungen beinhalten, was uns an Elementen, Eigenschaften, Beziehungen usw. relevant erscheint. Je nach dem verfolgten Zweck ist die eine oder andere Konzeptualisierung genügend oder passend.

Ob wir eine Institution als selbstorganisierend erkennen, als System betrachten und dieses in seinen mechanistischen, organismischen und/oder sozialen Eigenschaften abbilden, macht einen wesentlichen *Unterschied* und führt zu einem vollkommen anderen Umgang. Eine Unternehmung, die im Lichte rationaler Entscheidungen, Organisierbarkeit, Machbarkeit, Einheit von Zweck und Werten usw. gestaltet wird, verlangt nach mehr formalen Strukturen, Zentralisation der Lenkung, Einheit in der Steuerung, logischen Sequenzen in den Entscheidungsprozessen, Hierarchie usw. Konsequenz sind etwa Auswüchse in der Segmentierung in Stab- und Linienfunktionen, die verhindert, daß daraus ein vernetztes Ganzes wird (dies zeigt sich bspw., wenn die Informationen aus Stabsabteilungen gar nicht mehr in operative Entscheidungen umgesetzt werden). Diese Konzeptualisierung führt letztlich zu Modellen, Methoden und Instrumenten, die nicht mehr mit dem Geschehen übereinstimmen und/oder zu rigiden, »pathologischen« Zuständen. Häufig werden in einem solchen Falle Alternativen ausgeblendet, Entwicklungen verhindert, Konflikte unterdrückt oder minimiert, die Aufnahme von Informationen ausgeschlossen usw. Ich will damit nicht behaupten, daß es in so konzeptualisierten Systemen keine Selbstorganisation gibt oder sie nicht gleichwohl selbstorganisierend sind. Eine inadäquate Konzeptualisierung hat jedoch zweifellos negative Folgen (Rigidität, Anpassungsschwierigkeiten), führt zu Frustrationen, Demotivation usw. und erfordert riesige Energien der Gestaltung und Lenkung.

Selbst-Organisation stellt ein Erklärungsprinzip (vgl. Bateson 1981) dar, das qualitativer Art ist. Es läßt keine genauen Kalküle oder Algorithmen zu. Es sind daher keine »How-to-do-Prinzipien« zu geben oder verallgemeinerungsfähige Fallstudien zu beschreiben, in denen in kausalem Sinne Maßnahmen gemäß Schema getroffen und die entsprechenden Outputs gemessen worden sind. Es stellt sich jedoch die Frage, was Organisieren oder Führen eines selbstorganisierenden Systems bedeutet oder wie gestaltende und lenkende Prozesse Selbstorganisation fördern und zu Selbstorganisation werden. Neben einem Verständnis des Phänomens Selbstorganisation als solches ist ein Verständnis des Managements und Organisierens als Teil selbstorganisierender sozialer Systeme wichtig. Mißverständnisse über Gegensätze oder Widersprüche zwischen »geplanten« und »spontanen« Ordnungen müssen gelöst werden. Wie wir führen und organisieren, hängt wesentlich von unserer Sichtweise der Natur der Prozesse im sozialen System ab. Die Effektivität unserer Handlungen ist von unseren *Modellvorstellungen* des zu gestaltenden und lenkenden Systems abhängig. Betrachten wir komplexe Systeme, als ob sie in isolierbare Einzelteile zerlegbar sind, oder ein selbstorganisierendes System, als ob es wie eine »Uhr« funktioniert, dann müssen wir geradezu von unerwarteten Verhaltensweisen und

(2) Beachte: Im prozessualen, phänomenalen Sinn als *Selbstorganisation*, im konzeptuellen Sinn als *Selbst-Organisation* bezeichnet.

Ergebnissen überrascht werden. Enttäuschung darüber, daß das Resultat nicht dem geplanten Bild entspricht, ist in diese Modellvorstellungen »eingebaut«.

Von dem vorliegenden Standpunkt aus wird Management oder Organisieren zur Aufgabe, Systemaktivitäten zu erleichtern, koordinieren, integrieren und zu steuern und entsprechende Kontexte zu schaffen, damit potentiell Verhaltensmöglichkeiten erhalten und vergrößert werden. Im Gegensatz dazu versucht die Management-, Führungs- oder Organisationslehre meist ein »letztes«, eindeutiges Ordnungskonzept zu entwerfen und durch einzelne Eingriffe, Maßnahmen und Strategien dieses zu verwirklichen. Aber nur triviale »Maschinen« können durch einzelne Handlungen gestaltet und gelenkt werden. Soziale Systeme sind komplexe »Maschinen«, die auch durch noch so großartig konzipierte Einzelhandlungen nicht gestaltet und gelenkt werden können (vgl. von Foerster 1984, 1981a). Zustand und Verhalten ist in jedem Zeitpunkt das Resultat multipler interaktiver Wahrnehmungen, Erfahrungen, Erwartungen, Handlungen, Pläne, Entscheidungen usw., die nur teilweise durchdacht und bewußt sind, häufig unvollständig, unbekannt, antagonistisch. Deshalb sind die Ergebnisse immer das Resultat menschlicher Handlungen, aber nicht unbedingt menschlicher Absichten (vgl. Hayek 1967, 1969; Malik & Probst 1981; Probst 1981; Malik 1985) und nicht aus der Analyse und Addition der Teile ableitbar.

Viele werden es schwierig finden, Selbst-Organisation als umfassendes Konzept anzuerkennen, weil sie in einem Konzept (oder der Perspektive) der Analyse, Rationalität, Ursache-Wirkung usw. aufgewachsen sind und leben. Eigenverhalten, Partizipation, Veränderung in den (Macht-)Verhältnissen, Fluktuation, Innovationen und Pluralität der Perspektiven werden geradezu als Störungen betrachtet. Selbstorganisation produziert Vielfalt, alternative Strukturen, Interaktion, Wandel - sie kompliziert das Leben der Macher. Sie verlangt nach Facilitatoren, dem Schaffen von Kontexten statt Endprodukten, einem kybernetischen Führen und Balancieren. Selbstorganisierende Systeme sind anpassungs- und entwicklungsfähig, sie müssen jedoch im Rahmen unserer idealisierten Vorstellungen (»Wollen«) mitgestaltet und kanalisiert werden.

1.3 Der Weg zu einem umfassenderen Organisationsverständnis

In diesem Buch über Organisation geht es nicht mehr »nur« um Hierarchie, Herrschaft, Verordnung, Formerhaltung, Dauerhaftigkeit oder Organigramme, Funktionendiagramme, Ablaufpläne usw., sondern um alle jene Bestimmungsfaktoren für interdependente Strukturmuster und Koordinations- und Integrationsmechanismen, die ein soziales System dazu befähigen, ziel- und zweckorientiert zu entstehen, sich zu erhalten, sich anzupassen, zu verändern und zu entwickeln. Mein Ziel ist nicht nachzuweisen, daß bestehende Organisationstheorien unzulänglich sind, entweder weil zu statisch, starr, formerhaltend, hierarchisch, herrschaftsorientiert, zentralistisch oder weil ohne genügende epistemologische und ontologische Fundierung, zu reduktionistisch, machbarkeitsorientiert usw. Die kritische Literatur hat augenscheinlich in vielfältiger Weise zugenommen und etwa zum Ruf nach erweiterten Sichtweisen geführt (vgl. Mintzberg 1979, 1983; Pfeffer 1982; Perrow 1986; Scott 1981; Ulrich 1978, 1984; u.a.). Noch heftiger sind häufig die Kritiken an der bestehenden Organisationstheorie oder einzelnen Theorien von wissenschaftstheoretischen Gesichtspunkten her (vgl. bspw. Pondy 1972; Pondy & Boje 1975; Lundberg 1976; Mitroff & Pondy 1978; Motamedi 1978; Susman & Evered 1978; Cummings 1978; Gordon et al. 1978; Tosi 1979; Kilman 1979; Morgan & Smircich 1980; Dandrige et al. 1980; Louis 1980; zur Übersicht vgl. auch Burrell & Morgan 1979; Thomas & Tyman 1982; zu einer Gegenposition v. a. Donaldson 1985). (3)

Meine Darstellung eines umfassenden Konzeptes für das Verständnis von Organisation versucht bestehende Erkenntnisse zu interpretieren und einzubeziehen. Es wird jedoch auf eine Wiedergabe der Inhalte relevanter Erkenntnisse häufig verzichtet und nur ein kurzer Überblick über den Stand des Wissens gegeben. Im Vordergrund sollen die Grundlagen eines erweiterten Organisationsverständnisses liegen. Selbst-Organisation ist ein *Meta-Konzept* für das Verstehen der Entstehung, Aufrechterhaltung und Entwicklung von Ordnungsmustern. Selbst-Organisation ist ein ganzheitliches, systemisches Phänomen und nicht auf eine Mikroebene i. S. von selbstgestaltenden, autonomen Arbeitsgruppen, Selbsthilfegruppen usw. beschränkt. Ebenso ist eine Ergänzung formaler durch informale Strukturen ungenügend, irreführend und wenig hilfreich. Selbst-Organisation ist nicht als gutes oder schlechtes Phänomen zu behandeln, denn Selbst-Organisation stellt ganz einfach ein Konzept oder einen Denkrahmen dar, der für den Umgang mit sozialen Systemen passender ist. Zweifellos ist Selbst-Organisation mit Autonomie, erhöhten Freiräumen, Ausweitung der Wahlmöglichkeiten, Einbezug der Systemmitglieder oder Betroffenen usw. verbunden. Dies schließt jedoch nicht aus, daß selbstorganisierende Systeme nicht auch rigide werden oder eine »unerwünschte« Richtung einschlagen können.

Im Sinne einer Standortbestimmung werden zuerst die Erkenntnisse und die Entwicklung der Selbstorganisationsforschung auf der physikalischen, biologischen und sozialen Ebene aufgezeichnet (*Kap. 2*). Es wird gezeigt, daß selbstorganisierende Prozesse auf allen Ebenen vorliegen, diese sich jedoch qualitativ unterschiedlich manifestieren. Dabei ist es für die vorliegende Arbeit besonders wichtig, bereits auf die spezifische Eigenschaft des Organisierens in sozialen Systemen jeweils hinzuweisen.

Ein *systemisches und kybernetisches* Denken stellen die Basis meines Konzeptes dar. In einem zweiten Schritt sollen daher die Charakteristiken des systemischen und kybernetischen Denkens dem Leser einen Rahmen geben, um an komplexe Tatbestände und Vorgänge und die damit verbundenen Strukturen und Verhaltensweisen besser heranzutreten, sie einzuordnen, Erkenntnisse aus verschiedenen Bereichen vergleichbar, übertragbar und anwendbar zu machen (*Kap. 3*). Es wird damit nicht nur ein Fundament für die Anerkennung und das Verständnis von Selbst-Organisation gelegt. Ein integrierendes, ganzheitliches, mehrdimensionales Denken soll gleichzeitig das Buch bestimmen und eine Zergliederung, Reduktion auf Linearitäten, (zu) enge Grenzziehung, Vernachlässigung von Interdependenzen oder einen »Verlust des Ganzen« verhindern. Diese Perspektive führt dazu, daß soziale Systeme als von Menschen geschaffene Institutionen verstanden werden, die in der Gesellschaft Zwecke erfüllen. System und Umwelt werden zu einem interaktiven, ko-produzierenden, -anpassenden und -entwickelnden Ganzen.

Eine anschließende Diskussion der *kybernetischen Modelle* weist auf die Erkenntnisse und die Bedeutung verschiedener Modellierungsebenen hin (*Kap. 4*).

Im fünften Kapitel geht es mir darum, die *Entwicklungslinien* und den Stand systemisch-kybernetisch orientierter Organisationsmodelle für soziale Systeme darzulegen. Die Erkenntnisse über systemische Eigenschaften, über Struktur und Verhalten komplexer Systeme und die Lenkungsmechanismen haben auch Eingang in Organisationsansätzen gefunden. Dabei geht es nicht um Ansätze, in denen vorhandene »Organisationslösungen« einfach in systemtheoretischer Sprache abstrakt formuliert werden, sondern um meist umfassende Versuche, Systemwissen und Kybernetik für Gestaltungsansätze anzuwenden. Dieses Kapitel erlaubt nicht nur einen Überblick über die Entwicklung bis zu den »Ansätzen selbstorganisierender sozialer Systeme« zu gewinnen, sondern gleichzeitig auch eine kritische Durchsicht.

Im sechsten Kapitel werden die Erkenntnisse aus der Selbstorganisationsforschung für

(3) Referenzen werden je nach Kontext in historischer Folge, nach Jahrgängen zurückführend oder gewichtet (Bedeutung, Inhalt usw.) gemäß meiner Beurteilung aufgeführt.

soziale Systeme zusammengefaßt. Dabei geht es insbesondere darum, die Eigenschaften und Besonderheiten sozialer Systeme darzulegen. Hervorzuheben seien hier die Zweckbezogenheit, die Interpretationsfähigkeit, die Reflexion, die Symbolisierung und die Sinnbezogenheit. In verdichteter Form werden sodann die intrinsischen Charakteristiken selbstorganisierender Systeme beschrieben und im Rahmen sozialer Systeme diskutiert. Es handelt sich um Komplexität, Selbstreferenz, Redundanz und Autonomie. Das Kapitel über den Bezugsrahmen der Selbst-Organisation wird durch das Zusammenspiel von Organisieren, Selbstorganisation und Ordnung geschlossen. Hier wird insbesondere gezeigt, daß Organisation nicht auf ein individuelles, planmäßiges und rationelles Organisieren reduzierbar ist. Organisation und damit Ordnung sind das Resultat eines vernetzten Systems von interaktiven intrinsischen Charakteristiken selbstorganisierender Systeme. Die gestaltenden Aktivitäten sind jedoch natürlicher Teil in sozialen Systemen.

Im folgenden siebten Kapitel werden die *Dimensionen des Organisierens* im selbstorganisierenden sozialen System ausführlich behandelt. Dabei werden zwei zirkuläre, komplementäre und sich gegenseitig mitproduzierende Gestaltungsebenen unterschieden:

a) eine materielle oder substantielle und
b) eine geistig-sinnhafte oder symbolische Ebene.

Daraus ergibt sich nun die Frage des Umganges mit selbstorganisierenden sozialen Systemen. Dieser Frage sind die folgenden zwei Kapitel (*Kap. 8* und *9*) gewidmet. Für das Organisieren im selbstorganisierenden System werden *Konsequenzen und Empfehlungen* abgeleitet. Es zeigt sich auch, daß ein neues Verständnis der Rolle und Aufgaben eines Organisators erwächst. Zentrale Stichworte sind dabei Facilitator, Kontexte schaffen, Selbstreflexion, Experimentieren, Lernen, Erweiterung der Funktionen und Möglichkeiten und Selbstrealisierung. Anhand ausgewählter Beispiele wird dann aufgezeigt, wie einzelne Empfehlungen umgesetzt werden können. Hier zeigt sich, inwiefern es einen Unterschied macht, ob wir von einem Konzept der Selbst-Organisation ausgehen oder nicht. Letztlich stellt sich die Frage, ob potentielle Verhaltensmöglichkeiten im System erhöht oder vermindert werden. Mit komplexer Umwelt wächst die Forderung nach Selbstorganisationsprozessen, da hiermit eine *Flexibilisierung* verbunden ist. Das Konzept und seine Konsequenzen werden zum zentralen Rahmen für das Überleben, die Lebensfähigkeit und die Entwicklung sozialer Systeme.

2 *Selbstorganisationforschung: Geschichte und Standortbestimmung*

The Western association of creator, law, design, and external control (whether the controller is assumed to be God, the ruling class, or the government) has in fact been the greatest ideological and epistemological obstacles to the proper understanding of systemic behavior, whether in nature or in society.
Anthony Wilden

Es wäre vermessen zu behaupten, Selbstorganisation sei eine Entdeckung unserer Zeit. Immer wieder sind Ansätze oder Konzepte entwickelt worden, die versuchten, auf selbstorganisierende Prozesse oder das Phänomen Selbstorganisation einzugehen. Ich will hier nicht nachweisen, daß bereits die alten Griechen sich intensiv mit Selbstorganisation auseinandergesetzt haben (auch wenn verschiedene philosophische, politische oder soziale Konzepte derart interpretiert werden könnten). Ein kurzer historischer Überblick mit Literaturhinweisen mag genügen. Dabei unterteile ich grob in drei »Forschungsphasen« oder Zeiträume, in denen sich Forscher in besonderem Maße und mit bestimmtem Schwerpunkt mit dem Phänomen auseinandergesetzt haben:

1) »Die unsichtbare Hand« (ca. 17. bis Mitte 20. Jahrhundert),
2) »Konservative Selbstorganisation« (ca. 1920-1960) und
3) »Innovative Selbstorganisation« (ca. 1960-1985).

Selbstorganisation wird dabei immer als prozessuales Phänomen verstanden und nicht institutionell. Damit entfällt, was unter dem Begriff Selbstorganisation als Bürgerinitiativen, Selbsthilfegruppen, Interessengemeinschaften, Kleingenossenschaften oder Vereinen zusammengefaßt wird. Diese häufig kleinen, »spontan« entstandenen, autonom agierenden, selbstbestimmenden, zeitlich begrenzten Institutionen zur freiwilligen Produktion einer Leistung als Alternative weisen durchaus Selbstorganisationsmechanismen auf - jedoch ist Selbstorganisation in keiner Weise auf diese Wirtschaftssubjekte reduzierbar (vgl. stellvertretend Badelt 1980, 1985).

Es entfällt auch, was in der »polnischen Literatur« als Selbstorganisation i. S. der Arbeiterbewegung und ökonomischen Entwicklung beschrieben wird (vgl. stellvertretend Chhachi et al. 1984) und auch die Beschreibungen der Selbstverwaltungsbetriebe in den Ostblockstaaten (vgl. stellvertretend Blumberg 1969; Jenkins 1973).

Ausgeschlossen wird, was in der amerikanischen Rechtsliteratur und in den Gewerkschaften als Recht auf Selbstorganisation bekannt ist (National Labor Relations Act of 1982; vgl. stellvertretend Weiler 1983). Nicht explizit behandelt werden auch spezielle Konzepte, die selbstorganisierende Prozesse bewußt oder unbewußt nutzen, einbeziehen oder diskutieren: Partizipation, Organisationsentwicklung, Autonome Arbeitsgruppen, Self-Management u.ä. (vgl. stellvertretend Bolman & Deal 1985; Wunderer & Grunwald 1980; Dachler & Wilpert 1978).

Die im 17. bis 19. Jahrhundert entwickelten Konzepte selbstorganisierender Systeme konzentrierten sich weitgehend auf *unsichtbare, spontane Ordnungsprozesse* in Gesellschaft und Wirtschaft und die evolutionären Prinzipien. Diese fanden im 20. Jahrhundert in der Verbindung mit neuen Erkenntnissen eine Fortsetzung. Im Zeitraum von 1920-1960 führten Systemtheorie, Kybernetik, Holismus und Thermodynamik zu neuen Forschungsfragen der Selbstorganisation, besonders im Rahmen der *Stabilisierungs- und Anpassungsfähigkeit* von komplexen Systemen. Seit den 60er Jahren haben neue Erkenntnisse über Selbst-Phänomene auf allen Ebenen zur Entwicklung von vielversprechenden Theorieansätzen geführt. Diese beschäftigen sich, häufig ergänzend oder im Rahmen der Anpassungsfähigkeit, mit *Instabilitäten, Dissipation, Transitionen, Ungleichgewichtszuständen* usw. als Basis für Ordnungsentstehung. Auf diese physikalischen, biologischen und sozialen Modelle selbstorganisierender Systeme wird ausführlicher hingewiesen. (4)

2.1 »Die unsichtbare Hand«

Das Phänomen Ordnung in einer Gesellschaft oder Nation beschäftigte vom 17. bis Mitte 20. Jahrhundert bekannte Wirtschafts- und Sozialwissenschafter. Dabei wurde festgestellt, daß Ordnung nicht das Resultat gesteuerter oder gemachter Maßnahmen Einzelner ist, sondern »spontan«, »wie von unsichtbarer Hand«, »dialektisch« aus dem System heraus entsteht. Soziale und ökonomische Ordnungen sind nicht das Resultat vorgefaßter Pläne (vgl. G. B. Vico, A. Smith, B. Trentowski, C. Menger, A. Bogdanov, J. Smuts, F. von Hayek, A. Koestler). Gleichzeitig beschäftigten die Evolutionsprinzipien der Variation, Selektion und Bewahrung die Moralphilosophen, Soziologen und Biologen wie A. R. Wallace und C. Darwin. Neue Systemeigenschaften entwickeln sich aus den systemimmanenten Prozessen heraus von selbst, wobei die Bedingungen des umfassenderen Systems bestimmen, was selektiert wird. Adam Smith erachtete die ungeplanten, spontanen Interaktionen im Markt als Ursache für die Entstehung einer Ordnung und beschrieb die selbstkorrigierenden und -lenkenden Fähigkeiten von Individuum und Markt. Gleichzeitig entwickelte Giambattista Vico Ansätze eines prozessualen Verständnisses der Entstehung der »Dinge«. Carl Menger erkannte, daß soziale Ordnungen nicht einfach das Resultat absichtsvoller Tätigkeiten sind, sondern eine Mischung spontaner und absichtsvoller Aktivitäten. Er bezeichnete wirschaftliche Institutionen daher als soziale Organismen. Bronislaw Trentowski formulierte Mitte des 19. Jahrhunderts seine Cybernetyka-Lehre, die Entstehungsprozesse von gesellschaftlichen Systemen organismisch, aus sich selbst entstehend interpretiert. In ähnlicher Weise veröffentlichte A. Bogdanov mit seiner Tektologie-Lehre Anfang des 20. Jahrhunderts eine organismische Sicht der Entstehung, Aufrechterhaltung und Zerstörung von Systemen. Seine allgemeinen Systemregeln können als Vorläufer der Systemtheorie gesehen werden. Im Mittelpunkt stand die Selbstproduktion der Systemgrenzen und -strukturen. Wohl am deutlichsten beschreibt aber F. von Hayek, wie aus Handlungen vieler Menschen ein zusammengehörendes Ganzes entstehen kann, das Erscheinungen in der Gesellschaft darstellt, die nicht aus den einzel-

(4) Für die Erstellung dieser Übersicht halfen mir die vielen Gespräche und der schriftliche Gedankenaustausch mit Heinz von Foerster, Gottlieb Guntern, Klaus Krippendorff, Gareth Morgan, Ib Ravn, Rupert Riedl, Fred Steier und Milan Zeleny. Vgl. zur Übersicht auch Morgan (1986), Zeleny (1985), Ravn (1985a, b), Steier (1983), Probst (1981), Dell & Goolishian (1981), Speer (1970), Keeney (1982).

nen Teilen erklärbar sind. Hier finden die Ideen spontaner Ordnungen von Carl Menger eine fortgesetzte Interpretation. Hayek schreibt daher, »daß eine Ordnung entstehen kann, die weder ganz unabhängig von menschlichem Handeln ist, noch auch das bezweckte Ergebnis solcher Handlungen, sondern das nichtvorgesehene Ergebnis von Verhalten, das die Menschen angenommen haben, ohne ein solches Resultat im Sinne zu haben« (Hayek 1969, S. 36). Diese Theorie spontaner Ordnungen ist von Hayek und vielen seiner Interpreten ausführlich dargestellt worden (vgl. Hayek 1967, 1972; vgl. besonders auch Röpke 1977; Probst 1981; Malik 1984; Zeleny 1985). Hier liegt m. E. das umfassendste Potential für das Verständnis sozialer Ordnung vor, sind doch bereits so grundlegende Eigenschaften oder Komponenten wie Selbstproduktion, Schließung (Grenzbildung), Vernetztheit, Evolution usw. diskutiert worden.

2.2 *Konservative Selbstorganisation: Selbstregelung und Anpassung in offenen Systemen*

Eine andere Phase wurde mit der Begründung der Systemtheorie eingeleitet. Paul Weiss widmete sich in den 20er Jahren noch vor Bertalanffy den Systemreaktionen und zyklischen Zusammenhängen in biologischen Systemen. Gleichzeitig plädierte Jan Smuts für ein holistisches und prozessuales Denken. Deutlich wies er darauf hin, daß das Ganze nicht aus einer Summe von Erkenntnissen über den Charakter der Teile zu verstehen ist. Das Wechselspiel zwischen Teil und Ganzheit, die zirkulären Interdependenzen oder die Selbstreferenz haben hier einen Ursprung. Ludwig von Bertalanffy begründete nur wenig später die biologische Systemtheorie und konzentrierte seine Aufmerksamkeit auf die Selbstregelungsfähigkeit offener (biologischer) Systeme. Seine Leistung liegt besonders in der fachübergreifenden Disziplin, die »die ganzheitlichen Zusammenhänge geordneter Phänomene und Erscheinungen (Systeme) im Auge hat. Sie umgreift die Wissenschaften von den Steuerungsvorgängen und vom Zusammenwirken und bemüht sich um eine Aufklärung der Wechselwirkungen der Erscheinungsformen der Kausalität, des Werdens neuer Qualitäten, der Prozesse der Organisation und Evolution« (Riedl 1985, S. 300).

Mit dem Einschließen und Überführen in die Kybernetik als Wissenschaft der Lenkung wird die Systemtheorie zu weit mehr als einer gemeinsamen Sprache interdisziplinärer Phänomene. In den 30er und 40er Jahren beschäftigten sich Norbert Wiener und Walter Cannon, und später W. Ross Ashby intensiv mit den Rückkoppelungsmechanismen oder den erforderlichen Stabilisierungs- und Adaptationsmodellen in Systemen. Die Homöostase als Lenkungssystem, das eine oder mehrere essentielle Variablen eines Systems innerhalb der »physiologischen« Grenzen halten kann, wird zum höchstentwickelten Stabilisierungsmodell. Shannon und Weaver haben mit ihrem Informationsbegriff dabei eine wesentliche Zuhilfe geleistet: Dieser Begriff kann »sowohl als Maß des Zufalls oder der Überraschung verwendet werden als auch umgekehrt als ein Maß für den Auslese- und Konstruktionsaufwand, als Maß für die erforderliche Instruktion oder gewonnene Kenntnis« (Riedl 1985, S. 119).

Ein Höhepunkt dieser auf Stabilität und Anpassung ausgerichteten Kybernetik und damit adaptativer selbstorganisierender Prozesse liegt m. E. in den Anfang der 60er Jahre durchgeführten Tagungen zum Thema Selbstorganisation (vgl. Yovits & Cameron 1960; Yovits, Jacobi & Goldstein 1962; von Foerster & Zopf 1962). Eine Sichtung dieser Konferenzbeiträge zeigt, wie sehr sich die Beiträge in einem gleichgewichtsorientierten kybernetischen Verständnis bewegten. (Dabei haben aber verschiedentlich Autoren von Beiträgen auf die evolutiven Prozesse bereits hingewiesen, etwa Gordon Pask und Heinz von Foerster). Maruyama (1963) bezeichnete diese Phase als Kybernetik I. Die Forschungsarbeiten konzentrierten sich weitgehend auf Rückkoppelung, Servomechanismen,

Ultrastabilität und Multistabilität, oder Adaptation, Wachstum, konservative Selbstorganisation (vgl. Probst 1981). Aufrechterhaltung und Rückführung eines gestörten Systems in den stabilen Zustand, »unter Kontrolle haben« im Sinne der Abweichungskorrekturfähigkeit (deviation-counteracting) standen im Vordergrund.

Die Kybernetik II befaßte sich intensiver mit Wandel, Instabilität, Abweichungen amplifizierenden Prozessen, Flexibilität, innovativem Lernen oder innovativer Selbstorganisation, Evolution und Ko-evolution. Die ersten Konferenzen und Publikationen in kybernetischen Kreisen über Selbstorganisation konzentrierten sich stark auf strukturelle Anpassungen an ein Set von Störungen innerhalb eines Kontextes von einem Set übergeordneter Ziele (vgl. neben den obgenannten Konferenzbüchern besonders Ashby 1974, 1976; Beer 1966; Buckley 1967, 1968; Laszlo 1972; vgl. zum Thema auch Speer 1970; Dell & Goolishian 1981; Steier 1981; Keeney 1982). Stafford Beer schränkte sich in seiner Definition der Selbstorganisation (1966, S. 355) auf diese konservative Basis ein (später nahm er die Ideen einer inventiven, evolutionären Selbstorganisation als einer der ersten in seine weitergefaßten Modellierungen auf).

2.3 *Innovative Selbstorganisation: Gegensatz und Komplementarität*

Maruyama (1963) verlangte nach einer Kybernetik II, die Abweichungen verstärkende, aufschaukelnde Rückkoppelungsprozesse (»deviation-amplifying-processes«) zum Untersuchungsgegenstand macht. Stabilitäts- und anpassungsorientierte Modelle konnten zu Rigidität - einer pathologischen Homöostase - führen. Eine Balance zwischen Flexibilität und Stabilität, Erhaltung und (Er-)Neuerung sollte gesucht werden. Und beides ist selbstproduziert, eine Konsequenz der inneren Kohärenzen. Natürlich gab es immer wieder Hinweise darauf, daß »Adaptabilität nicht genügt« oder »eine Balance zwischen konservativen Kräften und Kräften, die Instabilität, Wandel, Entwicklung usw. bedeuten«, gesucht werden muß (vgl. Vickers 1959; Buckley 1967, 1968; Wilden 1980; Bateson 1981, 1980; Jantsch 1975, 1979 und verschiedene oben genannte Autoren in den Konferenzbüchern). Homöostatische Bindungen müssen durchbrochen werden können (vgl. Watzlawick et al. 1974).

Selbstorganisationsprozesse fanden in der »Legitimierung« von Ungleichgewichten, dissipativen Strukturen, sich entfaltender Ordnung (»implicate order«), Katastrophentheorie, Autopoiesis usw. eine Basis, die erlaubte, »entropische« und »negentropische« Prozesse in der Ordnungsbildung zu verbinden. Auf verschiedenen Systemebenen entstanden in den vergangenen drei Jahrzehnten vielversprechende Theorieansätze: Auf der pyhsikalisch-chemischen Ebene bspw. von I. Prigogine, G. Chew, F. Capra, H. Haken, D. Bohm, M. Eigen; auf der biologischen Ebene von H. Maturana, F. Varela, R. Riedl, K. Lorenz, H. von Foerster; auf der sozialen Ebene von F. von Hayek, A. Touraine, N. Luhmann, H. Atlan, E. Morin, E. Jantsch, A. Etzioni, B. McKelvey & H. Aldrich, M. Hannan, J. Freeman, P. Hejl, K. Weick, S. Minuchin, L. Hoffmann, J. Haley, G. Guntern, W. Kirsch, F. Malik, R. Sprüngli, G. Probst, u.a.

Es geht im folgenden nicht darum, alle genannten Ansätze inhaltlich zu beschreiben, sondern ich will die gemeinsamen grundlegenden Annahmen und Konsequenzen im Zusammenhang mit selbstorganisierenden Systemen herausarbeiten. Auf Kurzbeschreibungen und metaphorische Übertragungsversuche wird jeweils hingewiesen.

2.3.1 *Die physikalische Ebene*

Die Physik hat in den vergangenen Jahrzehnten vielleicht die größten Veränderungen erfahren und neue Paradigmen, Weltbilder und Erkenntnisse geliefert. Ich möchte gar Physiker dieser Zeit als richtungsweisend bezeichnen und es erscheint falsch, wenn man in pauschalen Urteilen von reduktionistischen oder »mechanistischen« Modellvorstellungen spricht, an denen sich die Physik orientiert. Neuere physikalische Theorien haben viel mehr zu ganzheitlichen, »ökologischen« Ansätzen geführt, die soweit gehen, daß letztlich nicht mehr von Teilen oder Elementen gesprochen werden kann, sondern nur mehr von Vernetzungen. Aus den Relationen oder Vernetzungen heraus entstehen Ordnungs-Muster. Physiker wie G. Chew, F. Capra, D. Bohm und I. Prigogine, vorher aber auch W. Heisenberg, kommen zum Schluß, daß es kein objektiv feststellbares Objekt mehr gibt, sondern nur noch Annäherungen an Muster aus Beziehungen (vgl. z. B. die Teil/Ganzheitsdiskussion bei W. Heisenberg oder F. Capra). (5)

Komplementarität - z.B. von Teil/Ganzheit, Struktur/Prozeß, Selbsterhalt/Integration - wird zu einem zentralen Punkt in der Frage, wie Ordnung erschaffen, erhalten und verändert wird. Die »Bootstrap-Theorie« von Chew (1968) und Capra (1983) zeigt besonders deutlich, daß der Begriff des Teiles nicht mehr im klassischen Sinne verwendet werden kann. Teile können auf subatomarer Ebene nicht mehr eindeutig definiert werden. Je nach experimentellen Zusammenhängen weisen sie andere Eigenschaften auf, z.B. Teilchen- oder Welleneigenschaften, die abhängig von der Fragestellung sind. Damit kommt der Beobachter ins Bild. Was wir als Teil bezeichnen, ist nur ein Muster, das eine gewisse Dauerhaftigkeit (Rhythmik) aufweist. Ein solches lösen wir als Forscher aus seiner Umgebung, schneiden es also aus einem größeren Ganzen oder Gesamtmuster heraus, und geben ihm einen Namen. Dieser Prozeß ist jedoch subjektiv, ein Akt des Beobachters. Diese Theorien zeichnen sich außerdem durch eine Verschiebung vom Struktur- zum Prozeßdenken aus. Im traditionellen Paradigma geht man von fundamentalen Strukturen aus und daraus entstehen Kräfte und Mechanismen oder Prozesse. In der neueren Physik stehen die Vorgänge oder Prozesse im Zentrum. Es gibt keine Dinge, sondern nur Verknüpfungen in einem Netzwerk, in dem wir selbst ein Teil sind. Die Elementarteilchen werden zu rythmischen Mustern. Jedes Teilchen eines Netzwerkes trägt dazu bei, andere zu erzeugen, die wiederum es selbst erzeugen. Auf diese Weise erzeugt sich also das Ganze selbst - es ist selbstproduzierend oder selbstorganisierend. In noch deutlicherer Weise versteht David Bohm (1980) das ganze Universum als ein fließendes, selbstorganisierendes Ganzes. Jeder Zustand, jedes Muster, reflektiert eine ausgefaltete (»unfolded«) Ordnung tieferer Art, der »impliziten Ordnung«. Eine explizite Ordnung wirkt jedoch auch wieder auf die implizite zurück. Alles ist über Faltungsprozesse (im mathematischen Sinne) mit dem Ganzen verbunden. Eine zusammenfassende Beschreibung dieser holonomischen Theorie ist für uns hier weniger wichtig als die Charakteristiken und Konsequenzen der unterschiedenen Ordnungen. Die »implizite Ordnung« stellt ein Potential für Manifestationen oder Interpretationen dar; das Ganze ist in den Teilen eingehüllt, eingefaltet, verteilt, nicht-lokalisierbar und von verschiedensten Mustern realisierbar. Das Werden (Entstehung eines Systems) wird wichtiger als das Sein (Existenz). Bohms Theorie hat bereits mehrfach Interpretationen gefunden und zu Metaphern im Management von sozialen Systemen geführt (vgl. Morgan 1986, Kap. 8; Ravn 1985a, b).

(5) Bemerkenswert ist auch, daß bereits vorher durch W. Heisenberg, N. Bohr, M. Planck und A. Einstein ein Bild in die Physik gelangte, das den Determinismus ablehnte, und den Beobachter als »Wahr-nehmer« von Realität einschloß, der das beobachtete Phänomen gerade durch seine Beobachtung verändert.

Eine neue Phase wurde durch die Brüsseler Schule um I. Prigogine in den 50er Jahren eingeleitet. Die Interpretationen der Thermodynamik, der statistischen Mechanik und des Verhaltens offener Systeme fern von einem Gleichgewicht erfuhren eine abrupte Wende. Die Theorie dissipativer Strukturen, die Ungleichgewichtsthermodynamik und eine Fluktuationstheorie vermittelten ein neues Verständnis für Entstehung von Ordnung und selbstorganisierende Prozesse. Die Thermodynamik erlaubte nun auch, evolutionäre, ordnungsbildende Prozesse im makroskopischen System zahlreicher interaktiver Teile zu erfassen. Prigogine konnte zeigen, daß unter gewissen Bedingungen nicht-lineare Interaktionen in einem »Netzwerk« fern von einem thermodynamischen Gleichgewicht zur Emergenz von (neuen) Ordnungsmustern führen können (»Ordnung durch Fluktuation«). (Lokale Fluktuationen führen über einen stochastischen Prozeß zu höchst geordneten dynamischen Zuständen oder dissipativen Strukturen.) Ordnung entsteht so »spontan« aus den Fluktuationen heraus, sobald die Interaktionen eine gewisse Schwelle überschreiten. Auch diese Theorie ist in den letzten Jahrzehnten von Mitgliedern der Brüsseler Schule stark ausgebaut (Prigogine & Stengers 1981; Prigogine 1979) und von vielen als Metapher interpretiert worden (vgl. Morgan 1986; De Greene 1982; Sprüngli 1981; Probst 1981; Jantsch 1979; Prigogine 1976). Wie Prigogine erhielt auch Manfred Eigen für seine Forschung auf dem Gebiet evolutionärer selbstorganisierender Prozesse einen Nobelpreis und leitete zu neuen Fragen über die Entstehung von Leben. Reproduktion erfolgt aufgrund des Zusammenspiels zweier Elemente in lebenden Systemen: »Konservativer« und »dissipativer« Strukturen. Ausgehend von der Kenntnis, daß alle Lebewesen das gleiche universelle Codeschema und die gleichen dazugehörigen Moleküle benutzen, kann gefolgert werden, daß es einen gemeinsamen Ursprung des Lebens geben muß. Eigen forschte nach dem einfachsten grundlegenden Selbstorganisationsmechanismus. Dieser wird mit dem Hyperzyklus beschrieben. Auch hier zeigt sich, wie aus einem »chaotischen« Gemisch von Reproduktionssystemen Muster entstehen, die sich erhalten und evolutiv zu komplexeren Systemen entwickeln können (vgl. Eigen & Schuster 1979; Eigen & Winkler 1975).

Mit dem Zusammenwirken einzelner Teile und der Entstehung spontaner Ordnungen befaßt sich außerdem Hermann Haken (1981). Er sucht nach einer umfassenden Theorie (Synergetik) »vom geordneten, selbstorganisierten, kollektiven Verhalten, wobei dieses Verhalten allgemeinen Gesetzen unterliegt«. Über instabile, interaktive Prozesse (Fluktuationen) entstehen neue Ordnungsmuster. Paradebeispiel ist die Entstehung des Laserstrahls, jedoch hat Haken (1981, 1984) selbst seine Theorie auch auf alle kollektiven Systeme, insbesondere soziale, auszuweiten versucht.

2.3.2 Die biologische Ebene

Die Biologie kann als die Wissenschaft der Selbstorganisation des Lebendigen bezeichnet werden. Theoretische Ansätze der letzten drei Jahrzehnte haben zu neuen Fragen und Erkenntnissen in der Funktions-, Entwicklungs- und Evolutionsbiologie geführt (vgl. zur Struktur der Biologie: Semmel 1984; Probst & Semmel 1984; McKelvey 1982).

Zu einer neuen Denkweise und anderen Fragen führen zweifellos die Autopoiesistheorie von H. Maturana und F. Varela, die Kognitionstheorie von H. von Foerster und die evolutionären Erkenntnistheorien von K. Lorenz, E. Oeser, R. Riedl, G. Vollmer; diese Theorien hängen m. E. eng zusammen. Ausgehend von der Frage, was die allen lebenden Systemen gemeinsame, grundlegende Eigenschaft ist, wurde die Selbst(re)produktions- oder Autopoiesistheorie von den Chilenen Maturana und Varela entwickelt. Sie ist notwendig und hinreichend für die Charakterisierung der Organisation lebender Systeme. Wie in den oben beschriebenen Ansätzen der Physik stehen Prozesse im Mittelpunkt:

Biologische Systeme sind als Netzwerke von Produktionsprozessen organisiert, die die Komponenten des Systems produzieren, die ihrerseits die Beziehungsnetzwerke von Produktionsprozessen realisieren. Durch einen solchen Zyklus oder eine »operationelle Geschlossenheit« wird das das System produzierende Netzwerk laufend realisiert. Die Kontinuität bewahrt die Identität des Systems, die operationelle Schließung seine Autonomie. Biologische Systeme werden als autonom bezeichnet, weil sie alle Änderungen der Aufrechterhaltung ihrer Organisation unterordnen. Die Grenzen des Systems als eine Einheit werden aus dem System heraus selbst definiert, geschaffen und erhalten. Sie sind selbstreferentiell, deshalb, weil das biologische System in keine Interaktionen treten kann, die nicht im Beziehungsmuster, welches die Organisation definiert, enthalten sind. (Sie verfolgen keine gewählten Ziele oder Zwecke.) Die Interaktion mit der Umwelt eines Systems wird zum Teil des Systems selbst, indem es mit der Umwelt interagiert, um seine Selbstproduktion zu ermöglichen und zu erleichtern.

Diese theoretischen Grundlagen biologischer Systeme haben bedeutungsvolle epistemologische Konsequenzen. Kontingenztheoretische, Input-Output-Modellierungen werden in Frage gestellt (vgl. Varela 1984, 1985, sowie die Interpretationen bei Morgan 1986; Gomez & Probst 1985; Steier & Smith 1985; Steier 1985). Phänomenologische Bereiche von Systemen sind einmalig. Interaktive selbstreferentielle Prozesse definieren das System. System und Umwelt evolvieren als Einheit. Wissen ist immer relativ zum kognitiven Bereich, der durch die autopoietische Organisation des wissenden Systems determiniert wird. Der Beobachter von lebenden Systemen kann sich aus seinen Beschreibungen nicht herauslösen (subjektive, konstruierte Wirklichkeit) und kann in seiner Beschreibung schwerwiegende epistemologische Fehler begehen, indem er Begriffe aus seinem kognitiven Bereich verwendet, die im Bereich des beobachteten Systems nicht enthalten und damit bedeutungslos sind (vgl. Varela 1979; Maturana & Varela 1980; Maturana 1981; vgl. auch Hampden-Turner 1983; Hejl 1981; v. Foerster 1984, 1981a; Bateson 1980, 1981).

Auch hier kann zwischen konservativen und innovativen Änderungen unterschieden werden:

1) Änderungen in den aktuellen Beziehungen und Komponenten unter Aufrechterhaltung der Autonomie und Identität,
2) Änderung der »Organisation« oder Selbstproduktionsmechanismen (Entstehung einer neuen Einheit).

Die systemorientierten Überlegungen haben gleichzeitig R. Riedl, K. Lorenz, C. Bresch, F. Jacob u.a. zu ähnlichen Ergebnissen im Rahmen der Evolutions- und der Erkenntnisforschung geführt. Evolution wird hierbei nicht mehr zur Frage ob Zufall oder Notwendigkeit. Sie ist weder Produkt des Zufalls noch »geplant«, wie anhand von Prinzipien der Selbstorganisation (vgl. Eigen & Winkler 1975) gezeigt werden kann. Eine funktionell-kausale Betrachtungsweise führt vielmehr dazu, daß »Evolution als hochkomplexes Netzwerk von Bedingungen zu betrachten ist, als Ausdruck von Systembedingungen, von einander wechselseitig sich bedingenden Komponenten« (Wuketits 1981, S. 95). Evolution führt zur Entstehung neuer Komplexitätsstufen, Systemebenen oder Ordnungsmustern mit jeweils »schlagartig« neuen Systemeigenschaften, die aus den Teilen analytisch nicht ableitbar sind (vgl. dazu den Fulgurationsbegriff bei Lorenz 1978). Dabei wirkt der Zufall, jedoch wird die Wirkung des Zufalls mit zunehmender Organisationshöhe des Lebenden eingeengt und die Evolution läuft teilweise in gerichtete Bahnen. Sie reguliert sich selbst (vgl. Riedl 1975). Die Entstehung des Lebendigen, zurückgeführt bis auf den Hyperzyklus von Eigen & Schuster (1979), ist ein Resultat von Selbstorganisationsprozessen. Diese prägen nicht nur die Entstehung und Aufrechterhaltung, sondern auch die fortwährende Evolution. Auch hier führen die Arbeiten in eine erkenntnistheoretische Dimension (vgl. bspw. Lorenz 1975, 1978; Riedl 1980, 1982, 1985; Wuketits 1981, 1983). Das Selbstorganisationsphänomen, obwohl grundlegendster Art in biologischen Systemen, ist noch keineswegs intensiv erforscht und theoretisch konzipiert. Riedl (1984) hat sich in einem ersten Schritt mit den Voraussetzungen, den Grundbedingungen und konsequenten Phänomenen auseinandergesetzt, sie jedoch noch nicht abschließend behandelt.

Zu den Voraussetzungen zählt er: Variation, Fluktuation, Wettbewerb und Selektion; zu den Grundbedingungen: Stabilisation, Innovation und Erhaltung des Zufalls; zu den Phänomenen: hierarchische Differenzierung, Reproduktion und Gedächtnis, Kreativität.

2.3.3 Die soziale Ebene

Die Ansätze selbstorganisierender humaner sozialer Systeme gliedern sich in Weiterführungen »der unsichtbaren Hand«, in Analogiemodelle oder Metaphern zu physikalischen und/oder biologischen Erkenntnissen und in philosophisch-soziologische Konzepte. Auch hier sei nur auf die Grundlagen und Zusammenhänge verwiesen; die einzelnen Ansätze werden nicht wiedergegeben und auf ausgewählte Inhalte gehe ich in den folgenden Kapiteln ein.

Auf die Theorie komplexer Phänomene und spontaner Ordnungen in sozialen Systemen von F. von Hayek wurde bereits mehrfach eingegangen (vgl. Probst 1981; Malik & Probst 1981; Malik 1984). Die resultierende Ordnung in sozialen Systemen ist nicht das geplante und willentlich angestrebte Ergebnis. Hayek unterscheidet zwei Arten der Ordnung(sentstehung):

a) absichtlich und individuell gestaltete oder gemachte,
b) interaktiv aus individuellen menschlichen Handlungen entstandene, ohne die Absicht, gerade die Ordnung zu kreieren.

Dabei bestimmen Regeln das Verhalten oder die Handlungen; diese Regeln oder Regelsysteme sind selbst spontan evolutiv entstanden. In ähnlicher Weise ist auch das Verständnis der Ordnungsentstehung bei K. Deutsch, W. Buckley, A. Wilden oder K. Boulding zu interpretieren, wenn ungeplante Interaktionen einer großen Menge von Individuen zu einer Wirtschafts- oder Gesellschaftsordnung führen (Boulding 1956, 1981; Deutsch 1966; Buckley 1967; Wilden 1980).

Aber auch andere Autoren, besonders im Bereich produktiver sozialer Systeme, haben darauf hingewiesen, daß Ordnung oder Unternehmungsstrukturen nicht primär das Resultat absichtsvoller Gestaltung sind (vgl. Pfeffer 1978; Pfeffer & Salancik 1977 u.a.). Duncan (1972) demonstrierte mit seinen Untersuchungen, daß Subeinheiten einer Unternehmung fähig sind, ihre eigene Struktur zu entwerfen und zu entwickeln, um in verschiedenen Umweltsituationen effektiv zu bleiben. In ähnlicher Weise argumentiert Weick (1977b) für selbstgestaltende Systeme. A. Etzioni (1975) stellte sich die Frage, wie eine Gesellschaft sich selbst ändern kann, um ihre Werte besser zu erfüllen. Gegenstand seiner Überlegungen ist dabei vor allem, daß gesellschaftliche Systeme aus sich selbst heraus einen Wandel generieren (»aktive Gesellschaft«). Solche Gesellschaften besitzen eine Fähigkeit der Selbsttransformation und können neue Muster entwickeln, die nicht Modifikationen der bestehenden Struktur darstellen (vgl. Etzioni 1975, S. 155; vgl. auch Kirsch 1979, 1985; Kirsch et al. 1979). Auf diese Überlegungen und die Idee der »Entwicklung« i.S. von Ackoff und Emery baute W. Kirsch sein Konzept der fortschrittsfähigen Organisation. Dieses Konzept ist evolutionstheoretisch fundiert und beinhaltet das Management der Unternehmung. Dieser noch wenig ausgebaute Ansatz könnte zumindest in einem Punkt über die bei Hayek entlehnte Idee spontaner Ordnung und des »evolutionären Managements« (vgl. Malik 1984, 1979; Malik & Probst 1981) hinausgehen: Neben Überleben und Lebensfähigkeit tritt Entwicklung, die sinnmachende, ästhetische, moralische oder ethische Aspekte einschließt. Malik hingegen lehnt sich eng an:

a) die Erkenntnisse organismischer Fähigkeiten, sich wechselnden Umständen selbst anzupassen, zu lernen, zu evolvieren, kurz: »erfolgreich zu leben«,
b) die Hayek'sche Unterscheidung zweier Arten von Ordnung: eine »techno-morphe« und eine »systemisch-evolutionäre«. (6)

In ähnlicher Weise ist hier auf die evolutionären populations-ökologischen Ansätze in der Organisations- und Unternehmungslehre hinzuweisen (vgl. bspw. Aldrich & Müller 1982; Aldrich, McKelvey & Ulrich 1984; dazu auch die Literatur von Hannan, Freeman, Kaufmann u.a.; vgl. Semmel 1984, S. 146ff).

Die Begründung für die Übertragung biologischer Erkenntnisse liegt auch hier in den funktionalen Parallelen und konzentriert sich auf die heuristische Anwendung der Mechanismen der Evolution und des Begriffs Überleben unter wandelnden Umweltbedingungen. (7) Diesen Ansätzen ist gemeinsam: das Netzwerk von Handlungen oder Handlungssystemen, das ein Produkt der Interaktionen ist (Selbstproduktion), und zwar in einem adaptiven wie auch innovativen Sinn. Die Absicht des Individuums wird weniger wichtig. Die Komplexität und Komplexitätsbewältigung von Umweltveränderungen erscheint zentral. Systeme können nicht einfach gestaltet werden, sondern Anpassung und Evolution sind spontaner Art (ja diese zwei »Dinge« schließen sich gewissermaßen aus, obwohl davon gesprochen wird, daß die internen Kräfte, die Spontaneität, die Selbstorganisation oder internes »Wissen« genutzt werden müssen).

Die spontane, auf sich selbst bezogene Produktion des Systems (Netzwerk) ist auch der Ausgangspunkt bei A. Touraine, N. Luhmann und P. Hejl. Touraine (1977) präsentiert eine reine soziologische Analyse der Gesellschaft als selbstproduzierendes System, Luhmann (1982, 1984) und Hejl (1981, 1984) stellen neue Ansätze einer »Theorie sozialer Systeme« anhand von Metaphern zur »Theorie autopoietischer Systeme« von Maturana und Varela dar.(8) Der Erstere beschreibt die Gesellschaft unabhängig von biologischen Erkenntnissen als sich selbst anpassendes, reproduzierendes und kreativ weiterentwickelndes System. Die Letzteren arbeiten entsprechend mit der Terminologie von Maturana & Varela: Autopoiesis, operationelle Schließung, Autonomie, Selbstreferenz (vgl. in ähnlicher Weise Dupuy 1982, 1983 und die Beiträge von E. Morin, J. Le-Moigne, H. Atlan). Bereits in den 70er Jahren hatte Erich Jantsch (1975, 1979) versucht, das Universum und seine systemischen Teile als selbstorganisierende Systeme darzustellen und sich dabei auf die Arbeiten von Prigogine, Maturana und Varela gestützt (vgl. auch Sprüngli 1981; Probst 1981). Eine verbindende und umfassende Interpretation physikalischer (Bohm, Prigogine, Capra) und biologischer (Maturana, Varela, Pribram)

(6) Dieser kritische Hinweis bestreitet in keiner Weise die Bedeutung kybernetischer oder spontaner Phänomene organismischer Systeme, sondern eine Reduktion des Managements sozialer Systeme auf »Nichts als ...« (vgl. dazu auch Semmel 1984a, b; Dyllick 1982).

(7) In derselben Weise ließen sich hier der evolutionäre Ansatz von K. Weick (1979a) und die resultierende Idee »selbstgestaltender Systeme« (1977b) anführen.

(8) P. Hejl verfolgt im Hauptteil eine andere Strategie als N. Luhmann, dessen Schüler und Mitarbeiter er war: Er verwendet die Autopoiesistheorie in ihren kognitiven Konsequenzen und betont besonders die Stellung des Beobachters sozialer Systeme.

Erkenntnisse veröffentlichte neulich G. Morgan (1986). Er läßt jedoch viele Fragen unbehandelt oder Hinweise unbegründet. Seine Absicht ist, die Verwendung von Metaphern im Organisationsbereich aufzuzeigen. Daneben könnten auch jene Ansätze aufgeführt werden, die sich mit kleineren sozialen Systemen wie der Familie beschäftigen (vgl. S. Minuchin, L. Hoffmann, J. Haley, G. Guntern, P. Watzlawick, B. Keeney, F. Steier, K. Krippendorff, P. Dell, H. Goolishian u.a.).

Allen aufgeführten Ansätzen ist gemeinsam, daß sie neben der Behandlung von Charakteristiken wie Autonomie, Selbstreferenz, Anpassung usw. grundsätzlich zwischen einer konservativen, anpassenden und evolutionären, kreativen Selbstorganisation unterscheiden. Dabei betrifft die Erstere weitestgehend die kybernetischen Erkenntnisse über Adaptationsmodelle, die Letztere Prozesse in Ungleichgewichtssystemen.

3 Das systemische und kybernetische Denken als Basis

Epistemology is always and
inevitably personal.
The point of the probe is always in
the heart of the explorer.
Gregory Bateson

Grundsätzlich wird die Meinung vertreten, daß Systemtheorie und Kybernetik die Grundlage bieten, um komplexe Systeme verstehen und ein Phänomen wie Selbstorganisation erfassen zu können. Systemtheorie und Kybernetik versuchen sowohl integrativ wie reduktiv Erkenntnisse verschiedener Ebenen aufzunehmen, um überhaupt der Komplexität der zu untersuchenden Systeme gerecht zu werden. Im folgenden sollen Grundsatzfragen aufgeführt werden, die sich im Umgang mit sozialen Systemen ergeben, sodann auf Teilfragen innerhalb bestimmter Problemkreise eingegangen und einige Hinweise oder Merkpunkte erarbeitet werden. Jede Behandlung einer Grundsatzfrage wird mit einem Merkmal systemischen und kybernetischen Denkens abgeschlossen. (9) Dieses Kapitel stellt eine wesentliche Grundlage dafür dar, die für das Selbstorganisationsphänomen notwendige Perspektive der Ganzheitlichkeit zu vermitteln. Damit wird auch die epistemologische Basis dieses Buches deutlich.

Vorausgenommen sei hier, daß die Darstellung systemischen Denkens vor allem der Vernetztheit, den Interdependenzen, der Varietät von Verhaltensmöglichkeiten und der Rekursivität gilt; dies hat die Konsequenz, daß eine eindeutige und ausschließliche Zuordnung von Überlegungen nicht möglich ist. Vernetzung, Rekursivität und eine gewisse Redundanz prägen auch die Umschreibung der Merkmale des Denkens. Grundsatzfragen, Teilfragen, Hinweise und Merkmale sind zirkulär angeordnet, so daß das Ende gleichzeitig einen Anfang darstellt. Entsprechend den Umschreibungen der Systemtheorie und der Wissenschaft der Lenkung, der Kybernetik, ist die letztere in den Kreislauf systemischen Denkens integriert. Die Merkmale des systemischen und kybernetischen Denkens werden wie in *Abb. 1* dargestellt präsentiert.

(9) Teile dieses Abschnittes sind in der Festschrift für Hans Ulrich abgedruckt und hier nun überarbeitet und ergänzt worden (vgl. Probst 1985a; vgl. auch zur Interpretation systemorientierter Regeln Probst & Gomez 1984, Gomez & Probst 1987 und zu deren Basis auch Ulrich 1972).

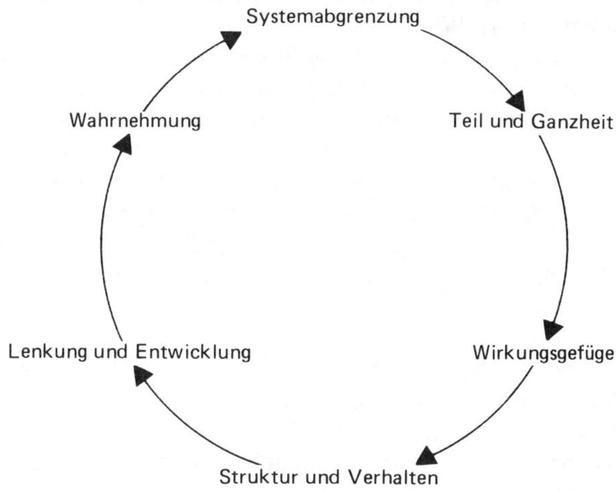

Abb. 1

3.1 Systemabgrenzung

Die Grundsatzfragen beginnen bei der Abgrenzung der Problemsituation oder des Sachverhaltes, der nicht einfach als etwas Gegebenes angenommen wird, sondern als etwas von uns Konstruiertes. Es stellt sich für den Systemtheoretiker also erst einmal die Frage, was eigentlich das System ist, das er untersuchen oder gestalten und lenken will. Die grundsätzliche Frage läßt sich folgendermaßen formulieren: »Was ist das relevante System einer bestimmten Problemstellung/-situation?« Die Systemgrenzen bestimmen sich nach dem Problem; von Interesse ist *das das Problem produzierende System.* Damit ist gesagt, daß ein System nicht ein gegebenes oder bestehendes ist, ein Objekt, sondern erst durch intensive Auseinandersetzung mit dem Problem oder den vorliegenden Strukturen als System konstruiert wird. Je nachdem, aus welchem Gesichtspunkt wir ein System definieren, bzw. je nach den Prämissen, von denen wir ausgehen, wird eine andere Systemabgrenzung vorgenommen und werden die aus der Analyse des Systems resultierenden Handlungsempfehlungen anderer Art sein. Wie Glasersfeld, von Foerster, Varela, Watzlawick oder Riedl etwa gezeigt haben (vgl. Watzlawick 1981), sind wir durchaus fähig, verschiedene Wirklichkeiten zu konstruieren. Daß ein und dasselbe Phänomen vollkommen verschieden gesehen und gedeutet werden kann, zeigen uns die allseits bekannten Vexierbilder. Diese Möglichkeit des Konstruierens von Wirklichkeiten ist jedoch gerade für die Manager oder Organisatoren sozialer Systeme von größter Bedeutung. Je nachdem, wie ein Problem definiert bzw. ein System abgegrenzt wird, handeln wir auch. Dabei stecken hier zwei besonders schwierige Problem drin:

1. Einerseits müssen wir uns dessen bewußt sein, daß Systeme verschieden abgegrenzt werden können und je nach Erwartungen, Meinungen, Werthaltungen oder Einstellungen die Realität auch verschieden gesehen wird. Als Manager oder Organisator muß ich also akzeptieren, daß ein System anders abgegrenzt werden kann, und muß verschiedene Abgrenzungsmöglichkeiten in meine Überlegungen miteinbeziehen. Wir können

folglich bewußt verschiedene Realitäten konstruieren (vgl. dazu ausführlich Peter Checkland 1981, »Root Definitions«) und lernen, die Realität im Lichte des Konstruktivismus wahrzunehmen (vgl. Watzlawick 1981).

2. Gleichzeitig müssen wir uns aber hier bewußt sein, daß wir im Rahmen unserer Abgrenzung eines Systems nicht nur handeln, sondern damit auch die Werthaltungen, Meinungen, Erwartungen und das Handeln anderer Menschen beeinflussen und bestimmen. Daraus entsteht eine besondere Verantwortlichkeit des Managers, sich über die Prämissen bzw. den Bezugsrahmen bewußt zu sein, wenn er eine Systemabgrenzung vornimmt und entsprechende Gestaltungs- und Lenkungsmaßnahmen trifft. Die Tätigkeiten und Handlungen der Führungskräfte haben ja keinen Selbstzweck, sondern die Gestaltung und Lenkung von Institutionen, die in der Gesellschaft Zwecke zu erfüllen haben.

Damit stellen sich für den Manager bei der Abgrenzung eines Problems nicht nur Fragen der Relevanz von Elementen und Teilen bzw. die Frage: »*Was ist Teil und was stellt die Ganzheit dar?*«, sondern gleichzeitig auch die Frage der Einbettung des Systems in seine Umwelt und der Beachtung der Umweltbeziehungen. Bei den zu gestaltenden und lenkenden Systemen handelt es sich um offene, mit der Umwelt vernetzte Systeme, die damit immer Teil eines größeren Ganzen darstellen. Es ist mit der oben genannten Grundsatzfrage auch das Verstehen der größeren Zusammenhänge oder eben das Koppeln von Problemsituationen (beispielsweise Unternehmung und Umwelt) verbunden. Hier wird das System als unlösbarer, verkoppelter Teil seiner Umwelt betrachtet. Die offenen Systemmodelle stellten klare erste Versuche dar, sich von einem mechanistischen Bild zu lösen, das durch die von der traditionellen Physik stark beeinflußten künstlich geschlossenen Modellierungen entstanden war. Bertalanffy (1950, 1951) leitete eine Welle von Systemmodellbildungen ein, die explizit die Umwelteinflüsse berücksichtigen und damit zu einem besseren Verständnis des Systemverhaltens und der Lenkbarkeit führen. Er wies dabei nach, daß offene Systeme besondere Eigenschaften aufweisen, die für Verständnis und Lenkbarkeit von Bedeutung sind:

Fließgleichgewicht, Äquifinalität und die Möglichkeit abnehmender Entropie.

Damit war auch ein erster Schritt dahin getan, zu akzeptieren, daß man nicht alles wissen kann, eine Ungewißheit (über die Umweltentwicklungen und -beziehungen) bestehen bleibt und ständige Anpassungsprozesse notwendig sind.

Systemorientiertes Denken erfordert damit von Anfang an ein integriertes Management. Die Frage, wie Teile zu einem Ganzen integriert werden können, die etwas »Neues« - ein System - darstellen, das nicht direkt aus den Teilen selbst ableitbar ist, steht im Vordergrund. Mit Ulrich (1968, 1978, 1984) unterscheide ich zwei Integrationsaufgaben, um einen umfassenden und ganzheitlichen Rahmen zu schaffen:

a) eine Integrationsaufgabe, die sich auf die Unternehmung als Ganzheit bezieht,
b) eine Integrationsaufgabe, die sich auf die Zweckerfüllung eines Systems in seiner Umwelt bezieht.

Der Manager wird mit Systemfragen im Bereich der Systemabgrenzung angehalten, nicht einfach feststehende oder offensichtliche Gegenstände als System zu akzeptieren, sondern das System immer wieder neu abzugrenzen, zu überdenken und es in seiner Vielfalt der Möglichkeiten zu erfassen, dieses System aber gleichzeitig in seiner Umwelt als Teil eines übergeordneten Ganzen zu betrachten und damit einer Isolierung und Vernachlässigung der Verflechtungen mit der Umwelt entgegenzusteuern und schließlich

Was ist das relevante System bei einer bestimmten Problemstellung/-situation?

Wie und wo ist das Problem, die Situation, das System abzugrenzen? Welche Stellung, welchen Bezugsrahmen, welche Prämissen wähle ich als Beobachter? Welche anderen Sichtweisen sind möglich?	Die Stellung des Beobachters ist zentral: Die Systemabgrenzung wird durch den Standpunkt, den Bezugsrahmen, das Vorauswissen, die Prämissen, Erwartungen, Werthaltungen usw. bestimmt.
Welches sind für mich als Problembeobachter Elemente und Teilsysteme, die relevant erscheinen? Welches »System« produziert eine »bestimmte Situation«? Was ist Teil und Ganzheit?	Verschiedenartige Systemabgrenzungen und Teilsystembildungen sind relevant und möglich - von zentraler Bedeutung ist jedoch, jene Elemente und Beziehungen zu erfassen, die eine bestimmte Problemsituation produzieren.
In welcher Umwelt befindet sich ein System und welche Umweltbeziehungen liegen vor? Welche Beziehungen und Abhängigkeiten zu anderen Systemen liegen vor?	Systeme sind immer in eine Umwelt gebettet; sie sind Teil eines größeren Ganzen.

Systemisches und kybernetisches Denken ist: Ganzheitliches Denken in offenen Systemen

Übersicht 1

sich auch mit Teilsystemen - weiteren möglichen Ganzheiten - innerhalb des Kontextes auseinanderzusetzen. Dieses ganzheitliche Denken in offenen Systemen ist gerade für die heutigen komplexen Problemsituationen von höchster Dringlichkeit.

Zusammenfassend läßt sich das erste Merkmal systemischen und kybernetischen Denkens wie in *Übersicht 1* darstellen.

3.2 Teil und Ganzheit

Von zentraler Bedeutung ist, wie ein System zu modellieren und zu untersuchen ist. Die uns interessierenden Systeme sind meist äußerst komplex, ein Sachverhalt, der hier bedeutend mehr als ein Modewort darstellt und seine Konsequenzen hat. *Komplexität* ist nicht mit Kompliziertheit zu verwechseln, denn es geht hier nicht nur um eine große Anzahl von Teilen eines Systems von sehr großer Unterschiedlichkeit. Was die Komplexität wirklich ausmacht, ist die Dynamik oder der Grad der Voraussagbarkeit des Verhaltens des Systems als Ganzes. Dies zeigt sich gerade auch im Alltagsgebrauch des Wortes »komplex«, der häufig ein Unvermögen, ja eine gewisse Ohnmacht des Menschen wiedergibt, die Komplexität eines Systems in den Griff zu bekommen.

Anerkennung der Komplexität eines Systems bedeutet damit Akzeptanz der Vielzahl der Teile und Beziehungen, Anerkennung und Berücksichtigung der Vielfalt und der Dynamik oder des ständigen Wandels und damit auch einer gewissen Unsicherheit. Sie bedeutet auch den Verzicht auf reduktionistische Analysen, Modellbildungen, Forschungsstrategien, oder positiv ausgedrückt, sie verlangt nach vollkommen neuen Fragen, Vorgehensweisen, Instrumenten, Modellen und Methoden. Die systemfundierten Instrumente, Modelle und Methoden suchen einen unnötigen Reduktionismus zu verhindern, die Interaktionen zwischen den Teilen eines Systems und dem System und seiner Umwelt, d.h. die Vernetzung zu einem Ganzen, in der Untersuchung des Systems zu studieren und aus der Akzeptanz der Komplexität heraus auch zu akzeptieren, daß wir nicht alles wissen können und besonders im Umgang mit komplexen Systemen dem menschlichen Erkenntnisvermögen Grenzen gesetzt sind.

So interessieren den Systemdenker nicht einfach die Teile oder Komponenten eines Systems, sondern vor allem auch die Frage, wie diese Komponenten miteinander verknüpft sind, d.h., welche Beziehungen zwischen den Teilen eines Systems herrschen. Die Vielfalt der Teile, besonders aber die Vielfalt der Beziehungen zwischen den Teilen, bestimmt die Verhaltensmöglichkeiten oder die möglichen Zustände, die ein System annehmen kann und damit die Varietät eines Systems. Hier stellen sich nun echt kybernetische Fragen:

- Wie kann die Varietät eines Systems unter Kontrolle gehalten werden?
- Wie kann ein System mit ungeheuer vielen Verhaltensmöglichkeiten gelenkt werden?
- Auf welche Variablen und Beziehungen können wir Einfluß nehmen?
- Welche Teile oder Variablen können wir nicht beeinflussen oder sind nicht lenkbar?
- Auf welche Art und Weise kann das System gelenkt werden? Welche Reaktionen, Nebenwirkungen, Veränderungen, Umkippeffekte usw. sind zu erwarten bei lenkenden Eingriffen in das System? usw.

Der Systemtheoretiker und Kybernetiker fragt folglich nach den Verhaltensmöglichkeiten, der Menge der Möglichkeiten eines Systems; er schließt also die volle Varietät eines Systems in seine Untersuchungen mit ein. Oder anders ausgedrückt, durch das Aufzeichnen eines Beziehungsgeflechts läßt er die Möglichkeiten, die in einem System stecken, bestehen; er versucht nicht durch eine Reduktion der Variablen auf eine möglichst geringe Zahl, durch einige wenige Kausal-Beziehungen oder das detaillierte Studium der einzelnen Teile, das System zu verstehen, sondern gerade die Vernetzung bzw. die Interaktionen oder den Filz eines Systems aufzuzeichnen. Hier wird die Grundlage für das Verständnis der Lenkungsmechanismen, die einem System implizit sind, gelegt. Dieses Aufzeichnen von Beziehungsnetzwerken ist vor allem durch die Studien des Club of Rome populär geworden und gehört heute zu den bekannten Techniken vieler Manager. (10)

Komplexität ist für den Manager ein zentrales Phänomen, bedeutet Management doch weitestgehend Komplexitätsbewältigung. Die zu gestaltenden und lenkenden Institutionen sind komplexe Systeme, deren Verhalten kaum genau vorausgesagt werden kann und die sich öfter gerade anders verhalten als geplant und erwartet. Tagtäglich sind Manager mit Ungewolltem, mit Unvorhergesehenem, mit Ungeplantem konfrontiert. Der Komplexität sozialer Systeme und gleichzeitig der Grenzen der Machbarkeit und der Möglichkeiten ist man sich zunehmend bewußt geworden. Wie Friedrich von Hayek (1972) klar formuliert hat: »Wir haben in der Tat auf vielen Gebieten genug gelernt, um zu wissen, daß wir

(10) Der systemische und kybernetische Ansatz der Club-of-Rome-Studie (Meadows 1972) entgeht jedoch nicht vollkommen der Gefahr, ökologische Systeme einfach als eine »andere Umwelt« zu betrachten, die von einer externen, lokalisierbaren Stelle unter Kontrolle gehalten werden kann. Auch in diesen Studien wird häufig von der unbegründeten Annahme ausgegangen, daß die Kontrolle und Lenkung von außerhalb des Systems erfolgt. So werden bspw. die politisch-legislativen Prozesse von den grundlegenden ökonomischen Prozessen getrennt betrachtet (vgl. Wilden 1980, S.24).

nicht all das wissen können, was wir zu einer vollständigen Erklärung der Phänomene wissen müßten.« Nun ist durchaus wichtig festzustellen, daß wir nie alles wissen können, und daß soziale Systeme immer wieder Verhaltensweisen zeigen, die zwar Resultat menschlichen Tuns und Handelns sind, aber nicht detaillierter menschlicher Absichten. Dies erfordert zwar eine Neubesinnung auf die Möglichkeiten und Grenzen der Machbarkeit, der Lenkung von komplexen Systemen, entbindet jedoch den Manager nicht von seinem Handeln. Vielmehr ruft diese Erkenntnis nach der Akzeptanz und dem bewußten Arbeiten mit der Komplexität, nach entsprechenden Instrumenten, Methoden und Modellen bzw. entsprechend bescheidenen Forschungsstrategien.

Nun entsteht die Komplexität eines Systems nicht einfach aus den Teilen und den Beziehungen heraus, sondern auch aus den Verhaltensmöglichkeiten oder der *Varietät* der Teile selbst. Es stellt sich für den Systemtheoretiker deshalb auch immer die Frage nach den Subsystemen oder Teil-Ganzheiten bei der Auflösung eines Systems. Diese Suche nach *Ganzheiten innerhalb eines Ganzen* ist den Biologen besonders geläufig (vgl. Riedl 1975, 1980; Wuketits 1983; Lorenz 1975; Köstler 1978), spielt aber auch in der Managementkybernetik bereits eine wesentliche Rolle (vgl. das Modell von Stafford Beer 1979, 1981, über das lebensfähige System). Der Systemdenker verzichtet also keineswegs auf den analytischen und auflösenden Teil eines Systems, jedoch führt er seine Analyse unter anderen Bedingungen durch. Er arbeitet gewissermaßen in zwei Richtungen, indem er Schicht für Schicht, gleich einem Anatomen, sich in dem System hinabarbeitet oder Schicht für Schicht hinaufarbeitet, aber immer im Bewußtsein der Ganzheiten und der Möglichkeit, zum System als Ganzes zurückzukehren. Dieses Denken kann einem Arbeiten mit einem Zoom-Objektiv verglichen werden, indem man das Ganze nicht aus den Augen verliert bzw. jederzeit die Teile im Lichte des Ganzen beurteilen kann. Der Systemdenker versucht, abwechselnd auf unterschiedlichen Abstraktionsebenen zu arbeiten und so ein komplexes System bzw. einen Kontext in den Griff zu bekommen. Dieses ständige Hinauf- und Hinabgehen in verschiedene Ebenen, das Erkennen der Ebenen und die Schaffung der Verbindungen zwischen den verschiedenen Abstraktionsebenen ist nicht leicht. Es ist jedoch notwendig, um auf höchster Abstraktionsebene ein System in seiner Komplexität abbilden, gleichzeitig aber auch viele kleine Details und Teile im Lichte des Ganzen analysieren zu können. Es handelt sich gewissermaßen um ein Mittel, um Teile im Detail analysieren zu können, ohne die große Struktur des Ganzen zu vergessen. Dieses Hinauf- und Hinabarbeiten erlaubt auch auf den abstrakten Ebenen jeweils Gemeinsamkeiten eines Systems festzustellen, beispielsweise durch das Anheben auf eine »kybernetische Ebene« Lenkungsphänomene herauszuarbeiten, die im Detail nicht ersichtlich sind. Es handelt sich hierbei keineswegs um einen einseitigen Prozeß von oben nach unten oder etwa von unten nach oben, sondern um ein bewußtes ständiges Wechselspiel mit verschiedenen Abstraktionsebenen (vgl. Keeney 1983; Bateson 1980).

Dieser Abschnitt plädiert sowohl für ein analytisches als auch für ein synthetisches Denken (oder auch ein konvergierendes wie divergierendes, ein vertikales wie laterales Denken, die Förderung und Nutzung der linken wie der rechten Hirnhemisphäre). Das synthetische Denken fördert das Umformulieren, das Herausarbeiten und Herumspielen mit einer Problemsituation; es ist in Anlehnung an die Forschungen der Hemisphären holistisch, zeitlos, diffus, visuell-räumlich, intuitiv und simultan. Hier werden »intuitiv« neue Muster überprüft, zu Ganzheiten zusammengefügt, Möglichkeiten für die Lösung eines Problems produziert. Synthetisches Denken ist integrativ, Ziel und Zweck eines Systems/Teils werden in einem größeren Ganzen beurteilt. Das analytische Denken zielt demgegenüber auf präzise desintegrierende Antworten, die detaillierte Untersuchung und Erklärung von und aus Teilen.

Analytisches Denken hat Wissenschaft und Wirtschaft dominiert und häufig dazu ge-

Wie untersuchen und modellieren wir ein System?

Welche Beziehungen herrschen zwischen den Teilen; wie sind sie verknüpft? Welche Verhaltensmöglichkeiten enthält ein System, bzw. welche Verhaltensmöglichkeiten sind ausgeschlossen? Welche Grenzen, Einschränkungen und Toleranzbereiche bestehen für die einzelnen Elemente, Teilsysteme und das Ganze?	Netzwerke (Filz) zu durchschauen versuchen; der Komplexität gerecht werden; Einbezug der Vielfalt, Vielzahl der Dynamik, Wandlungsfähigkeit; Verhindern eines unnötigen Reduktionismus; Akzeptanz von Nichtwissen-Können.
Welche Teile (Subsysteme) bilden wiederum sinnvolle Einheiten? Welche neuen Eigenschaften hat ein aus Teilen integriertes Ganzes?	Das System bewußt auflösen und zusammenfügen, ohne das Ganze aus den Augen zu verlieren; das Ganze ist etwas anderes als die Summe seiner Teile, es gehört zu einer anderen Kategorie.
Auf welcher Ebene interessieren uns welche Details? Sind (Teil-)Systeme weiter aufzulösen oder genügt eine Black-Box-Betrachtung?	Ständiges Bewußtsein der Ebene des Denkens und Handelns notwendig; bewußtes Arbeiten auf verschiedenen Abstraktionsebenen.

Systemisches und kybernetisches Denken ist: Analytisches *und* synthetisches Denken.

Übersicht 2

führt, gewissen Themen und Problembereichen auszuweichen und Probleme nicht als solche zu anerkennen, wenn keine analytisch-technokratische Lösung möglich war. Probleme, die aus der Vernetzung komplexer Beziehungsgeflechte heraus entstehen und auf Zirkularitäten basieren, wurden kaum beachtet. Gleichzeitig besteht die Gefahr bei synthetischem, divergierendem, lateralem Denken, daß wir schwierige, unangenehme, aufwendige Fakten vernachlässigen und unsere Fähigkeiten zum Denken auf abstrakten Ebenen und im Rahmen umfassender Ganzheiten auf die Darstellung des Problems allein konzentrieren, die Lösung unbegrenzt lange aufschieben und von den »Dingen« zu den »Menschen« flüchten (vgl. Hampden-Turner 1983, S. 107).

Eine Zusammenfassung zur Frage der Untersuchung und Modellierung von Systemen läßt sich in *Übersicht 2* nachlesen.

3.3 Wirkungsgefüge

Überwiegend denken wir in monokausalen, linearen Ketten: Wir suchen für eine Wirkung *eine* Ursache. Dieses Denken prägt weitgehend auch die Managementlehre und das Verständnis sozialer Phänomene. Neben der Vielschichtigkeit oder Kompliziertheit eines Systems interessiert uns im systemischen und kybernetischen Denken besonders die *Vernetzung* und die Art und der Grad *wechselseitiger Abhängigkeiten* zwischen den Teilen eines

Systems sowie zwischen Teilen und dem Ganzen. Erst die Analyse der wechselseitigen Wirkungen zwischen den Teilen gibt uns Auskunft über die Dynamik in einem System und damit die effektive Komplexität. Der Umgang mit komplexen Systemen zeigt uns, daß der Mensch sehr viele »*Komplexitätsfehler*« macht. Dietrich Dörner (1976, 1981) hat mit seinen Untersuchungen anhand von Simulationsmodellen mehrfach gezeigt, daß einige zentrale Denkfehler immer wieder gemacht werden, wenn es um komplexe Strukturen geht:

1. Der Mensch beurteilt meist vor allem den augenblicklichen Zustand eines Systems, ohne sich der zeitlichen Abläufe und der Interdependenzen bewußt zu sein.
2. Uns fehlt die Fähigkeit des Umgangs mit Phänomenen wie Nebenwirkungen, Schwellwerten, Umkippeffekten oder exponentiellen Entwicklungen. Komplexe Systeme verhalten sich für uns hier meist gegenintuitiv, wie es Jay Forrester ausgedrückt hat.
3. Wir sind gewohnt, in Kausalketten zu denken und nicht in Netzwerken. Wir erwarten, daß eine Wirkung eine Ursache hat, daß eine Wirkung wiederum Ursache für eine weitere Wirkung ist usw. Aber nicht nur das menschliche Denken, sondern auch das menschliche Handeln ist an lineare Kausalketten gewöhnt und erwartet von einer Maßnahme einen Effekt, der wieder Grundlage für einen Effekt ist usw.

In einer Besprechung der Dörner-Experimente heißt es: »Gerade die fachlichen Vorkenntnisse schienen besonders Schwierigkeiten zu bereiten, weil die betreffenden Versuchspersonen nicht unvoreingenommen an ihre Aufgabe gingen und sich nur schwer von falschen Vermutungen über die Struktur solcher Situationen zu trennen vermochten ... sie dachten in Wirkungsketten und nicht in Wirkungsnetzen wie erforderlich« (Vester 1980, S. 24). Hier sind wir also bei den Grundlagen der Systemtheorie und Kybernetik angelangt, wie sie Norbert Wiener und seine Kollegen von der Macy-Foundation in den vierziger Jahren vertreten haben (Warren McCulloch, Arthur Rosenblüeth, John von Neumann, Heinz von Foerster, Ross Ashby, Gregory Bateson, Claude Shannon, Warren Weaver, Paul Lazersfeld, Margreth Mead, Joel de Rosnay u.a.). Sie erkannten, daß die für sie relevanten Probleme immer durch Interdependenzen vieler Faktoren, durch komplizierte Wirkzusammenhänge, gekennzeichnet sind, die zu zirkulären Systemen mit Rückkoppelungseffekten führen. Sie erkannten auch, daß die sie interessierenden Systeme wie Organismen selbständig Ziele anstreben können, unabhängig der Störungen, die auf dem Weg zu diesen Zielen auf das System einwirken. Dabei ist es unwichtig, ob die Ursachen der Störungen bekannt und die Störungen wiederholter oder einmaliger Art sind.

So wird der Systemtheoretiker also in einem ersten Schritt die Art der Beziehungen zwischen den Teilen eines Systems analysieren und feststellen, welche *Rückwirkungen* (auch über zahlreiche Stationen) auf die einzelnen Teile feststellbar sind. Das Arbeiten mit sog. Feedback-Diagrammen ist bereits mehrmals ausführlich gezeigt worden (vgl. Dennis Meadows, Jay Forrester, Peter Gomez u.a.). Gerichtete Beziehungen werden aufgezeichnet und in ihrer grundlegenden Art des Einflusses unterschieden, nämlich in positive und negative Einflüsse.

Eine *positive Wirkungsbeziehung* ruft bei gleichbleibenden Bedingungen eine gleichgerichtete Entwicklung der beeinflußten Größe im Sinne einer zunehmenden (Wachstum) oder abnehmenden (Schrumpfung, Einfrieren) Verstärkung hervor.

Eine *negative Wirkungsbeziehung* bewirkt hingegen bei der beeinflußten Größe eine gegenteilige Entwicklung und ist damit Grundlage für die Stabilisierung eines Systems. Nun bestehen die uns interessierenden Systeme gerade nicht aus solchen einzelnen Wirk-Zusammenhängen, sondern aus Netzwerken von Wirkungsbeziehungen bzw. Neben- und Fernwirkungen. Durch das Aufzeichnen solcher Netzwerke verhindern wir, wie im linearen Denken nur einen Haupteffekt zu sehen, ohne die Entstehung von Veränderungen in anderen Bereichen oder Rückwirkungen über mehrere Stationen auf die für uns relevanten Variablen in die Überlegungen mit einzubeziehen. Die Integration der einzelnen Wirk-Beziehungen und Kreisläufe in ein Gesamtmodell ergibt die Möglichkeit, in einer übersichtlichen Abbildung Zusammenhänge einer Problemsituation darzustellen, die einzelnen Beziehungen zu charakterisieren, geschlossene Wirkungskreise zu erfassen und stabilisierende oder verstärkende Wirkungen, Nebenwirkungen, mögliche Schwellenwerte und Umkippeffekte durch das vernetzte System zu verfolgen.

So läßt sich denn auch erkennen, ob bei der Systemabgrenzung nicht wichtige Rückwirkungen weggelassen oder zerschnitten worden sind. Monokausale Erklärungen und damit auch Handlungen werden obsolet, weil mit Feedback-Diagrammen sehr einfach auf Mehrfach-Wirkungen hingewiesen werden kann. Anhand derartiger Feedback-Diagramme kann man ein Gefühl für das Systemverhalten bekommen, da hier sehr einfach bereits gedankliche Simulationen vorgenommen werden können, die erlauben, den Filz eines Systems besser zu durchschauen. Erst durch die Reflektion in solchen Netzwerken wird offensichtlich, daß das Verhalten eines Gesamtsystems nicht aus den einzelnen Elementen oder aus der Summe aller Teile ableitbar ist, sondern daß gerade das Zusammenwirken der verschiedenen Systemelemente und der Umwelt ein völlig unerwartetes Verhalten generieren kann. Vor allem wird aber verhindert, daß man meint, alles sei auf *eine* Ursache zurückführbar.

Ein typischer Ausfluß dieses Denkens ist m. E. die Sündenbock-Theorie, wie sie in Gesellschaftspolitik und Wirtschaft nach wie vor gepflegt wird. Bei einer Katastrophe, einer Umweltzerstörung, Unfällen, Mißerfolgen usw. muß immer wieder ein Sündenbock gefunden werden. Unter Vernachlässigung des Wirkungsnetzes von Einflüssen wird dasjenige Element, welches zufällig das System zum Umkippen oder in einen Mißerfolg geführt hat, gesucht, als Sünder angeprangert und bestraft. Dabei wird meist vergessen, daß dieses eine Element oder dieser eine Prozeß für sich betrachtet unschädlich wäre und nur durch Vernetzung und Kumulation die verhängnisvollen Wirkungen entstanden sind. Es handelt sich um ein eindimensionales Urteilen, das zwar nicht der Realität, jedoch unserer angelernten Denkweise gerecht wird (derartiges *eindimensionales* Urteilen finden wir beispielsweise auch in Urteilen wie: Gehorsam gut, Rebellion schlecht, Systemerhaltung gut, Systemveränderung schlecht usw.).

Das Denken in Netzwerken hilft nicht einfach, den Filz eines Systems zu durchschauen, sondern es gleichzeitig im Lichte der *Lenkungsmöglichkeiten* zu analysieren. So kann man sich etwa immer wieder fragen, wie das System unter Kontrolle gehalten wird, ob über positive Feedbacks die Gefahr eines exponentiellen Wachstums oder eines Einfrierens vorliegt und ob durch übergeordnete negative Feedbacks das System stabilisiert werden kann. Mit sogenannten Feedback-Diagrammen haben wir zwar ein Kausalnetzwerk vor uns, jedoch sind die vorliegenden Beziehungen sowohl *quantitativ* wie auch *zeitlich* weiter zu analysieren. Anhand eines quantifizierten Flow-Charts lassen sich beispielsweise die Beziehungsnetzwerke in Bedeutung, Stärke usw. »quantifizieren« und damit auch die Dynamik einer Problemsituation darstellen. In ein Feedback-Diagramm läßt sich also leicht eine Quantifizierung der Flüsse und Zustände einbauen, insbesondere jedoch auch visuell festhalten, wo möglicherweise Engpässe entstehen können und damit entsprechende Lenkungsmaßnahmen notwendig gemacht werden. Des weiteren sind Beziehungen in einem zeitlichen Rahmen zu analysieren. So weist Gomez (1983) gerade für die Arbeit mit Feedback-Diagrammen bei der Frühwarnung in der Unternehmung darauf hin, daß die Erfassung zeitlicher Verzögerungen bzw. der Einfluß verschiedener Zeithorizonte der Einwirkungen auf das Gesamtverhalten des Systems von größter Bedeutung ist.

Die Kenntnis und Akzeptanz des Zeitverhaltens der Feedback-Kreisläufe ist wiederum im Licht der Lenkung äußerst wichtig, verhindert sie doch unbedachte Eingriffe in das System, unerwartete Folgewirkungen oder Verzögerungseffekte, zu frühe Gegenmaßnahmen, Zusatzmaßnahmen, weil eine Wirkung noch gar nicht festgestellt werden kann usw. Ebenso können die einzelnen Elemente oder Teile des Systems nun im Netzwerk in ihrer Bedeutung analysiert und beschrieben werden. Frederic Vester zeigt zum Beispiel anhand des sog. Papier-Computers die Bedeutung der einzelnen Komponenten im Netzwerk als Resultat der vielfältigen Interaktionen auf und unterscheidet zwischen aktiven, passiven, kritischen und trägen Elementen (vgl. dazu Vester & Hesler 1980; Vester 1980; Gomez 1983).

Auch diese Analyse ist im Lichte der Lenkung eines Systems von zentraler Bedeutung, stellt sich für den Manager eines Systems doch gerade die Frage, bei welchen lenkbaren Größen er mit Maßnahmen ansetzen soll, wie verhindert werden kann, daß nicht-lenkbare Entwicklungen auf die Unternehmung durchschlagen oder für welche Veränderungen von Variablen Toleranzwerte festgelegt werden müssen.

Damit wären wir wieder bei der Frage der Beherrschung von Komplexität bzw. dem »unter Kontrolle halten« von komplexen Systemen. Dieser Frage werden wir im Rahmen der Lenkungsmechanismen besondere Beachtung schenken.

Der Reflexion wissenschaftlicher Instrumente, Methoden und Modelle muß zugrunde

---

Wie wirken die Teile aufeinander?

Welcher Art sind die Beziehungen zwischen den Teilen? - negative/positive Wirkungsbeziehung? - quantifizierte Wirkungsbeziehung? - Zeitaspekt der Wirkungsbeziehung?	Erst wechselseitige Wirkungen (Interdependenzen) und zeitliche Abläufe erlauben die Dynamik und damit die Komplexität eines Systems zu verstehen.
Welche Rückwirkungen - auch über zahlreiche Stationen - bestehen? - negative Rückkoppelungsschleifen? - positive Rückkoppelungsschleifen? Sind bei der Systemabgrenzung Rückwirkungen weggelassen oder zerschnitten worden?	Kausales Denken in Steuerketten wird der Realität nicht gerecht; meistens handelt es sich um zirkuläre Systeme mit Rückkoppelungen über mehrere miteinander verbundene Teile; Zirkularitäten und Vernetzungen dürfen nicht aufgebrochen werden.
Welche Mehrfachwirkungen liegen aufgrund vernetzter Beziehungen vor? Wie würde sich das System in anderen Situationen verhalten? Welche Redundanz, Substituierbarkeit, Verletzbarkeit, Abhängigkeit ist im System enthalten?	Die Zusammenhänge vernetzter Systeme verlangen die Beachtung von Nebenwirkungen, Mehrfachwirkungen, Schwellenwerten, Umkippeffekten, exponentiellen Entwicklungen usw. - nur so kann die Varietät des Sytems erfaßt werden!

Systemisches und kybernetisches Denken ist: Denken in kreisförmigen Beziehungen und Netzwerken.

Übersicht 3

gelegt werden, daß das Verhalten eines Gesamtsystems nicht einfach aus dem Verhalten einzelner Elemente oder aus der Summe aller Teile ableitbar ist, sondern daß gerade das Zusammenwirken der verschiedenen System-Elemente und der Umwelt ein völlig unerwartetes Verhalten generieren kann. Diese starke Verflechtung innerhalb und zwischen sozialen Systemen führt auch dazu, daß Störungen kaum mehr lokalisierbar sind und sich Systeme als Ganzes daher oft unverständlich verhalten oder unerwartete Veränderungen auftreten. Dieser Abschnitt hat zu zeigen versucht, wie der Systemtheoretiker/Kybernetiker nicht unbedingt danach trachtet, noch mehr und noch präzisere Daten über Teile eines Systems zu erhalten, sondern vielmehr sich mit den Mechanismen und Interaktionen der Systeme als Ganzheiten zu beschäftigen. Wissenschaftstheoretisch gesehen ist es ein Versuch, sich von den reduktionistischen Methoden und von rationalistischen Machbarkeitstheorien zu lösen und sich einer weiteren Betrachtungsweise komplexer Systeme zuzuwenden. Rückkoppelungen, Umkippeffekte, Grenzwertüberschreitungen, Dichteschwellen, Selbstproduktionstendenzen usw. sollen in ein Systemmodell integriert werden, um so das Verständnis für die Entstehung, Veränderung, Anpassung, Erhaltung und Weiterentwicklung von Ordnung in einem System zu wecken. Bereits einfache Netzwerke erlauben es, Lernprozesse besonderer Art auszulösen. Fehler müssen nicht mehr am realen System gemacht werden, um Erfolg oder Mißerfolg menschlichen Handelns zu erleben, sondern können durch »Simulationsspiele« im voraus erkannt und durchdacht werden.

Eine Zusammenfassung zu unseren Überlegungen über die Vernetzung und das Denken in Wirkungsgefügen läßt sich in *Übersicht 3* nachlesen.

3.4 Struktur und Verhalten

Was einen Manager oder Organisator besonders interessiert, sind die Verhaltensmöglichkeiten und die Verhaltensweisen eines Systems und damit die Strukturen, die ein bestimmtes Verhalten ermöglichen oder verhindern. Uns interessieren damit die Strukturen, die Phänomene eines Systems wie Selbstregulierung, Selbstorganisation, Anpassung, Veränderung, Lernen oder Sich-Weiterentwickeln erlauben. Mit Begriffen wie Element, Subsystem, System, Supersystem, Interdependenzen oder Wechselwirkungen können wir irgendeine Wirklichkeit in ihrem strukturellen Aufbau erfassen, wobei für das systemorientierte Denken das freie und wechselweise Zuordnen dieser Begriffe zu den uns jeweils besonders interessierenden Sachverhalten kennzeichnend ist. Mit dem strukturellen Aufbau oder den *Strukturen* eines Systems sind im sozialen Bereich jedoch nicht einfach Organigramme oder etwas Ähnliches gemeint, sondern auch Regeln, Normen, Vorschriften, Gewohnheiten, Einsichten, Werte, Erfahrungen, Bindungen, Organisationsbestimmungen, das Gefüge von Denkvorstellungen, tragende Verhaltensprinzipien, das Machtgefüge, das Beziehungsnetz von Sympathie und Antipathie usw. Struktur und Verhalten sind eng miteinander verkoppelt, d.h., das Verhalten wird als notwendige Folge der Systemstruktur betrachtet, die Struktur - und dies gilt für soziale Systeme in besonders offensichtlichem Maße - geht aus dem Geschehen und den Ereignissen hervor, die untereinander verbunden sind und auf sich selbst kreisförmig zurückwirken. So interessieren den Systemtheoretiker und Kybernetiker denn vor allem Fragen dahingehend, was bestimmt das *Verhalten* eines Systems, bzw. innerhalb welcher Strukturen werden welche Verhaltensmöglichkeiten realisiert oder realisierbar? Diese Fragen und diese Sichtweise gehen weit über das hinaus, was in der Organisationslehre unter Strukturen beschrieben wird. Ich behaupte, daß der größte Teil der Organisationslehren auch heute noch eine grobe Vereinfachung der ein Verhalten eines Systems bestimmenden Strukturen darstellt und wenig aussagt über eine Vielzahl von informellen, nicht-bewußt gestalteten und häufig zeitlich begrenzten Strukturen.

So befaßt sich die Organisationslehre auch heute noch weitgehend mit Organisationspolitik, Organisationsgrundsätzen oder Organisationsrichtlinien sowie der formalen Festlegung einer Aufbau- und Ablauforganisation. In der Aufbauorganisation werden Instrumente wie Organigramme, Funktionendiagramme, Stellenbeschreibungen oder Leistungsstandards besprochen, in der Ablauforganisation Ablaufpläne, Datenflußpläne, Netzpläne und Arbeitsanweisungen. Eine wesentliche Ergänzung hat die Organisationslehre ohne Zweifel durch die Organisationsentwicklungsbewegung erhalten, wurden hier doch Überlegungen und Instrumente, wie sie oben genannt worden sind, zur Formalisierung von Hierarchie und Dienstwegen, Aufgaben, Kompetenzen und Verantwortlichkeiten ergänzt durch informale Aspekte (hier häufig mit Organisationskultur bezeichnet), die Strukturen informeller Art enthalten wie Einstellungen, Wertvorstellungen, Gefühle, zwischenmenschliche Beziehungen und Interaktionen, Gruppennormen usw.

Systemische Fragen erlauben es, Strukturen in einem viel weiteren Sinne zu erfassen. Es werden jene Strukturen erfaßt, die die Fähigkeiten und Möglichkeiten eines Systems enthalten, zielgerichtet zu entstehen, sich zu erhalten, zu verändern, anzupassen und weiterzuentwickeln. Hier setzt die Kybernetik an, wenn sie die Lenkungsmechanismen eines Systems analysiert und abbildet. Von zentraler Bedeutung sind dabei die Informationen, bzw. die Übertragung von Informationen oder die Kommunikationsstrukturen. Information einer Nachricht beseitigt beim Beobachter Unsicherheit, sie »vernichtet« Entropie oder Unordnung. Aus Ordnung geht Information hervor und Information enthält ordnungsschaffende Kräfte. Überlegungen im Rahmen der Lenkung von Systemen oder der Bildung von Lenkungsmodellen ist immer mit *Information* und *Informationsübertragung* verbunden. Sie ist damit eng mit dem Phänomen der Komplexität, den Verhaltensmöglichkeiten, des Systems verknüpft, bzw. mit den Fragen der Komplexitäts*bewältigung* (vgl. Probst 1981, S. 234ff und S. 347ff; Watzlawick et al. 1969, 1974; Jantsch 1975; 1979; Malik 1984). Diese Zusammenhänge zwischen Komplexität (einer Ordnung), Struktur und Verhalten wurden bereits ausführlich dargelegt (vgl. Probst 1981).

Aus dem Zusammenspiel von Struktur und Verhalten entsteht für uns so etwas wie *Ordnung* oder Regelmäßigkeit. Ordnung bedeutet Gesetzmäßigkeit, die es dem Systembeobachter erlaubt, Fehlendes in einem System zu ergänzen oder Fehlerhaftes zu erkennen. Ordnung beinhaltet damit eine Einschränkung der Freiheit, indem Willkürlichkeit, Zufall usw., kurz Verhaltensmöglichkeiten, ausgeschlossen werden. Sie stellt gewissermaßen den Gegenpol zu Chaos dar, das jegliche Regelmäßigkeit vermissen läßt. Vollkommene Ordnung bedeutet jedoch, daß jegliche Entwicklungsfähigkeit, freiheitliche Veränderungen oder einfach Dynamik im System ausgeschlossen sind. Letztendlich interessieren uns also Ordnungsmuster, die Abhängigkeiten zwischen Elementen aufweisen, durch die die Verhaltensweisen eines Systems zwar eingeschränkt werden, jedoch können sich die Ordnungsmuster innerhalb gewisser Grenzen verändern, anpassen, weiterentwickeln. Information ist nur dort möglich, wo ein Ordnungsmuster erfaßbar ist. Information bestimmt aber auch die Entstehung von Ordnung (vgl. Bresch 1978; Jantsch 1979; Riedl 1975; Bateson 1980, 1981). Im folgenden Abschnitt geht es deshalb um eine *Kybernetik der Anpassung und des Gleichgewichts* und um eine *Kybernetik der Entwicklung*.

Struktur und Verhalten sind zwei untrennbare Begriffe, wenn wir uns mit dynamischen Systemen befassen. Die Komplementarität von Struktur und Verhalten beschreibt Erich Jantsch folgendermaßen: »Diese beiden Perspektiven sind in ihren Konsequenzen nicht symmetrisch. Während eine vorgegebene Struktur, etwa eine Maschine, in hohem Maße die Prozesse bestimmt, die nie ablaufen können, und somit ihre Evolution verhindert, kann das Zusammenspiel von Prozessen unter angebbaren Bedingungen zu einer offenen Evolution von Strukturen führen. Die Betonung liegt dann auf dem Werden - und selbst

Welche Strukturen bestimmen das Verhalten eines Systems?	
Werden Verhaltensweisen durch ganz bestimmte Strukturen hervorgebracht? Welcher Art sind die Strukturen, die das Verhalten eines Systems bestimmen?	Strukturen bestimmen das Verhalten eines Systems und damit Anpassung, Veränderung, Selbstorganisation, Lernen, Entwicklung. Strukturen sind formell und informell, bewußte und unbewußte Mechanismen, Regeln, Normen usw.
Welche Rolle spielen die Informations- und Kommunikationsstrukturen? Was bedeutet das Fehlen von Informations- und Kommunikationskanälen? Welches sind die zentralen Informationen und Quellen?	Information ist zentral; Informations- und Kommunikationsmöglichkeiten sind Voraussetzung für die Lenkung.
Welche Muster sind erkennbar? Können wir feststellen, ob etwas fehlt, dazukommt, sich verändert?	Ordnung (wie wir sie wahrnehmen) entsteht aus dem Zyklus von Struktur und Verhalten.
Systemisches und kybernetisches Denken ist: Ein Denken in Strukturen und (informationsverarbeitenden) Prozessen.	

Übersicht 4

das Sein erscheint dann in dynamischen Systemen als ein Aspekt des Werdens« (Jantsch 1979, S. 32; vgl. zur Komplementarität von Struktur und Verhalten auch die Forschungsergebnisse von Jean Piaget). Ulrich schreibt daher sehr zu Recht: »Es ist ein Denken in zusammenhängenden Vorgängen, Abläufen oder Geschehnissen, ein dynamisches Denken im Gegensatz zu einem Betrachten statischer Zustände. Philosophisch gesehen, betrachtet die Kybernetik die Welt als etwas Werdendes, sich stets Veränderndes und nie Vollendetes - eine Umschreibung, die sicher auf die Unternehmung zutrifft« (Ulrich 1972, S. 19).

Eine Zusammenfassung ist in *Übersicht 4* zusammengestellt.

3.5 Lenkung und Entwicklung

Haben wir uns im vorangehenden Abschnitt mit dem Zusammenspiel von Struktur und Verhalten, bzw. dem Phänomen Ordnung an sich befaßt, so geht es hier nun um die Frage der Lenkung, dem *unter Kontrolle halten* von Ordnungszuständen eines Systems, sowie der *Entwicklung* von Systemen.

Gleichartige Lenkungsmechanismen und -probleme und »Modelle der Lenkung« finden sich gleichermaßen in *technischen*, *natürlichen* und *sozialen* Systemen. Hier kommt vielleicht am bestem zum Ausdruck, wie systemisches und kybernetisches Denken ein abstrahierendes Denken mit Hilfe von *Modellen* darstellt. Erst dieses Abstrahieren oder Bilden von Modellen auf einer bestimmten Abstraktionshöhe, indem Systeme unterschiedlicher Art im Lichte der Lenkungsmechanismen abgebildet werden, macht Systemtheorie und Kybernetik im Sinne von Ludwig von Bertalanffy und Norbert Wiener vollauf verständlich. *Analogien* zwischen sehr unterschiedlichen Systemen wie Maschinen oder Lebewesen beispielsweise werden sinnvoll, wenn von diesen unter ein und demselben Gesichtspunkt ein Modell gebildet wird. Dieser Gesichtspunkt betrifft die Lenkungsmechanismen und damit das Verständnis für die Bedingungen, unter denen sich Systeme verhalten können. Lenkung wird, wie bereits dargelegt, durch *informationelle* Prozesse bewirkt, d.h. durch Aktivitäten der Informationsverarbeitung von Elementen in einem Kommunikationsgefüge. Absicht bei der Bildung von kybernetischen Modellen, wie z.B. dem Modell des lebensfähigen Systems von Stafford Beer, ist es daher nicht, die Unternehmung als Organismus darzustellen, sondern sich die Frage zu stellen,welche Strukturen der Lenkung ein soziales System haben müßte, wenn es sich wie ein lebendes System erhalten, anpassen, verändern und entwickeln soll. Die Ähnlichkeit liegt folglich darin, daß sowohl biologische wie soziale Systeme komplex sind und Lenkungsstrukturen aufweisen. Der Prozeß der Bildung von Analogiemodellen ist ein wissenschaftlich strenger und eindeutiger (vgl. Beer 1966). Dabei ist es aber wichtig, um ein komplexes Problem der Lenkung eines Systems in den Griff zu bekommen, daß nicht nur auf höherer Abstraktionsebene eine Abbildung im Lichte der Lenkung vorgenommen wird und damit eine Lösung der realen Situation stattfindet, sondern auch, daß der Kybernetiker wieder auf die tieferen Ebenen hinuntersteigt und sich über die Gestaltung der zu lenkenden Problemsituation und Details auf nächsttieferen Ebenen Gedanken macht. Wuketits schreibt in diesem Zusammenhang sehr treffend: »Die Kybernetik beschäftigt sich nicht primär mit vorgegebenen Strukturen der realen Welt wie andere Disziplinen (Realwissenschaften, Wirklichkeitswissenschaften), sondern mit spezifischen Interaktionen zwischen diesen Strukturen. Ihr Betrachtungsgegenstand rekrutiert sich aus informationellen Systemen, aus informationsverarbeitenden, selbstregulierenden Systemen und eben jenen Mechanismen, welche der Informationsverarbeitung und Selbstregulation zugrundeliegen« (Wuketits 1981, S. 76). Hier manifestiert sich also das beschriebene Denken auf verschiedenen Abstraktionsebenen, das Denken in informationsverarbeitenden Regelkreisen und der Interdisziplinarität.

Nehmen wir als Beispiel eine einfache *Lenkungsstruktur*, wie sie ein durch einen Thermostaten geregeltes Heizungssystem eines Hauses darstellt. Hier werden Informationen über die Raumtemperatur bzw. eine Abweichung zwischen Soll- und Ist-Temperatur an das Steuergerät des Brenners einer Heizung weitergeleitet - und zwar unabhängig davon, welcher Art die Ursache für die störende Abweichung ist -, das Steuergerät des Brenners gibt eine Information im Sinne eines Steuersignals an den Brenner, und der Thermostat registriert wiederum die sich verändernde Raumtemperatur. Es handelt sich natürlich um einen sehr einfachen Regelkreis bzw. ein Lenkungsmodell, das für einfache, vor allem technische Systeme geeignet ist. Jedoch bietet der sehr einfache Regelmechanismus die Grundlage für komplexere Formen von Lenkungsmechanismen oder Regelungssystemen. Auf die in der Kybernetik erarbeiteten und untersuchten Lenkungsstrukturen sei hier nicht weiter eingegangen (Servo-Mechanismus, Homöostat, multistabiles Lenkungssystem; vgl. dazu Gomez, Malik & Oeller 1975; Krieg1971; Probst 1981; Malik 1984).

Grundlage für jedes Gleichgewicht eines Systems ist die negative Rückkoppelungsschleife, wie sie am Beispiel des Thermostaten beschrieben worden ist. Die Homöostase als grundlegende Lenkungsstruktur bedeutet die Fähigkeit eines Systems, seine essentiellen Variablen innerhalb bestimmter Grenzen zu halten; d.h., das System kann sich immer auch an unvorhergesehene Störungen anpassen. Komplexe Systeme enthalten nun *Netzwerke von Kreisprozessen*, die für das Gleichgewicht des Gesamtsystems verantwortlich sind. Ein solches Netzwerk der Lenkung muß letztendlich das »*Gesetz der erforderlichen Varietät*« erfüllen; es muß also nicht nur die Möglichkeit besitzen, Abweichungen von einem Gleichgewicht oder Abweichungen vom Prozeß auf ein Gleichgewicht hin messen zu können, sondern es müssen ihm genügend Verhaltensmöglichkeiten zur Verfügung stehen.

Lenken eines sozialen Systems bedeutet Verhindern, daß das System sich in ungewollte Bahnen bewegt, d.h. Zustände annimmt, die nicht wünschbar oder nicht sinnvoll erscheinen. Führungskräfte stellen sich also die kybernetische Frage, wie ein System hoher *Komplexität unter Kontrolle* gebracht werden kann, d.h., welche Lenkungsmechanismen dazu notwendig sind. Das zentrale Problem liegt damit im Komplexitätsausgleich, der vom Verhaltens- oder Antworten-Repertoire des Systems und den Möglichkeiten der »Umwelt« abhängt. W. R. Ashby hat mit seinem Varietätsgesetz genau diese zentrale Problematik getroffen. Er zeigt, daß zur Lenkung einer Situation das Lenkungssystem gleichviel Varietät enthalten muß wie diese Situation selbst. Es handelt sich beim Gesetz der erforderlichen Varietät daher um die Grundlage jeglicher Komplexitätsbewältigung; die Aussage von Ashby läßt sich folgendermaßen formulieren: »Varietät kann nur durch Varietät selbst bewältigt werden« oder »Die Varietät des lenkenden Systems muß mindestens gleich groß sein wie die Varietät der Störungen, die auf das zu lenkende System wirken können« (vgl. Probst 1981, S. 137ff; Ashby 1958, 1974). Welche Überlegungen für den Kybernetiker aus dieser Sicht gemacht werden können, soll hier nur angedeutet werden. Es wird für ihn zur Aufgabe, die Varietät eines Systems bzw. dessen Verhaltensmöglichkeiten zu überdenken, diesen die Lenkungsmöglichkeiten gegenüber zu stellen, aber sich auch Gedanken zu machen über die Übermittlungsmöglichkeiten für Lenkungsmaßnahmen und die Aufnahmemöglichkeiten von Störungen (im Sinne der Frühwarnung) und der Anforderungen an die Eingangs- und Ausgangselemente beim zu lenkenden oder beim lenkenden System. Die theoretischen Überlegungen zu den Möglichkeiten der Varietätsbewältigung sind anderswo ausführlicher behandelt worden (vgl. Probst 1981).

Es ist jedoch nicht leicht, mit diesem abstrakten Gesetz zu arbeiten. Die Varietät eines sozialen Systems ist nicht wie bei den Spielmatrizen von Ashby eindeutig bestimmbar, und die Verhaltensweisen der uns interessierenden Systeme sind vielfältigster Art. Es scheint oft nicht zweckvoll und möglich, sich um alle möglichen Zustände eines Systems Gedanken zu machen, nur um zu erkennen,welche Varietät, welche Verhaltensmöglichkeiten in einem System stecken und wieviele Zustände ein System annehmen könnte, die uns nicht wünschbar und sinnvoll erscheinen. Wir sind aber schlicht und einfach auch nicht gewohnt, uns immer und immer wieder Gedanken darüber zu machen, welche Verhaltensmöglichkeiten ein System hat und wie wir das System unter Kontrolle halten können. Damit ist nicht etwa gemeint, daß Führungskräfte rein technokratisch ein System steuern und lenken können, sondern daß sie sich ganz einfach Gedanken darüber machen, welche Lenkungsmechanismen im System enthalten sind.

Dies ist deshalb häufig nicht einfach, weil es gerade bei den uns interessierenden Systemen nicht möglich ist, das Lenkungssystem vom zu lenkenden System zu isolieren. Wir haben es hier vielmehr mit »*organischer Lenkung*« zu tun, d.h., das Lenkungssystem ist Teil des zu lenkenden Systems und damit nicht ein isolierbares, aufgepfropftes Lenkungssystem, wie wir es in technischen Systemen kennen (vgl. dazu Probst 1981; Gomez, Malik & Oeller 1975).

Das spezifisch kybernetische Denken läßt sich in *Übersicht 5* zusammenfassend charakterisieren (vgl. auch Probst & Dyllick 1985).

Nun hat die Erkenntnis, daß Lenkungsmechanismen sich gleichermaßen in *mechanischen*, *natürlichen* und *sozialen* Systemen finden, nicht einfach zu einem geschlossenen System an Wissen geführt. Vielmehr haben sich hierbei auch unterschiedliche Modelle

Denken in Modellen:	Ziel ist es, Lenkungsmodelle für bestimmte Systeme bzw. Situationen zu bilden und zu erforschen.
Denken in verschiedenen Disziplinen:	Wissen über Lenkungsmechanismen wird aus den verschiedensten Disziplinen beigezogen.
Denken in Analogien:	Unter dem Lenkungsaspekt abgebildete Systeme werden vergleichbar und als nützliche Analogmodelle angewendet.
Denken in Regelkreisen:	An die Stelle der linearen Kausalitätsvorstellung tritt ein Denken in kreisförmigen Kausalitäten, in Netzwerken.
Denken im Rahmen von Information und Kommunikation:	Information wird gleichauf mit Energie und Materie gestellt und zur Grundlage für Lenkung.
Denken im Rahmen von Komplexitätsbewältigung:	Komplexität wird nicht reduziert oder übergangen, sondern im Sinne des Varietätsgesetzes akzeptiert.
Denken in Ordnungsprozessen:	Lenkungsstrukturen bestimmen die Komplexität einer Ordnung und umgekehrt. Organisierte Ordnung kann immer nur von geringer, selbst-organisierte Ordnung kann von hoher Komplexität sein.

Übersicht 5

entwickelt, die diesen Ebenen entsprechen und von unterschiedlichem Nutzen in der Analogiebildung sind. Im Mittelpunkt der Erforschung von Lenkungs- und Entwicklungsprozessen standen zweifellos lebende Systeme. Lebensfähige Systeme bieten verständlicherweise die interessantesten Ergebnisse und vielversprechende Analogiemodelle. Es sei hier nur etwa auf die Modelle von Frederic Vester (1980), der die Natur oder das ökologische System darstellt und biokybernetische Regeln ableitet, auf das Analogiemodell zum menschlichen Nervensystem von Stafford Beer (1979, 1972), das Modell lebender Systeme von James G. Miller (1978) oder die Erarbeitung kybernetischer Gesetzeshypothesen aus Forschungen der Physik, Biologie, Anthropologie, Ökologie, soziotechnischen Systemen usw. von Gilbert Probst (1981) hingewiesen.

Es zeigt sich, daß die Kybernetik *mechanischer* Systeme vor allem die Anpassungsmechanismen untersuchte und entsprechende Strukturen der Steuerung und Regelung entwickelte. Die Frage der Reaktion und Reaktionsmöglichkeiten auf Störungen zur Aufrechterhaltung eines Zustandes bestimmt diese Kategorie. Eine Kybernetik *natürlicher* Systeme führt hingegen zur Erforschung des Funktionierens des Systems als Ganzes im Hier und Jetzt. Die Lebensfähigkeit stellt also die Frage nach der Funktion für das über-

Welches Wissen über Lenkungs- und Entwicklungsprozesse oder -modelle kann uns dienlich sein?	
Welches Wissen aus anderen Gebieten, das die Phänomene Lenkung und Entwicklung betrifft, kann von Nutzen sein?	Es gibt allgemeingültige »Systemgesetze« und Modelle zu »Problemen« der Komplexität, der Lenkungsstrukturen und des Systemverhaltens.
Sind Analogien unter dem Gesichtspunkt der Lenkung und Entwicklung möglich?	Kybernetische Modelle aus Systemforschungen auf der mechanistischen, natürlichen und sozialen Ebene lassen sich nutzbringend anwenden.
Welche selbstdeterminierten, autonomen Möglichkeiten der Lenkung und Entwicklung hat das System? Inwieweit kann das System etwas neu schaffen und *sich* entwicklen?	Systeme können reagieren, entgegnen und/oder handeln. Je nachdem stehen zustandserhaltende, zielorientierte oder zweckorientierte Prozesse im Vordergrund.
Systemisches und kybernetisches Denken ist:	Ein interdisziplinäres, mehrdimensionales Denken in Analogiemodellen.

Übersicht 6

geordnete Systemganze. Selbstlenkung, Selbstorganisation (im Sinne der Bildung von Lenkungsstrukturen aus dem System selbst heraus, ohne isolierbares Konstruktionselement) und Prinzipien der Evolution bilden den Schwerpunkt. Lebensfähige Systeme reagieren nicht nur, sie entgegnen. Sie wirken an den Prozessen und Verhaltensweisen mit, wenn sie zielorientiert (Überleben) ihre Aktivitäten anpassen und lernen. Zweckorientierte Systeme, wie sie *soziale oder humane* Systeme darstellen, können hingegen ihre Ziele ändern. Sie haben die Fähigkeit, neue Eigenschaften zu erfinden, etwas zu erschaffen und zu integrieren. Damit geht es hier nicht mehr einfach um ein Verstehen der Reaktionen oder funktionalen Entgegnungen, sondern das *Handeln*, bedingt durch freien Willen, das zu Veränderungen in der Natur von Elementen, Beziehungen, Teilsystemen oder des Gesamtsystems führt. Auf die Modelle der Kybernetik mechanischer, natürlicher und sozialer Systeme wird im folgenden Kapitel ausführlicher eingegangen (vgl. auch Ackoff & Gharajedaghi 1985; Probst & Dyllick 1985; Ulrich 1984).

Zusammengefaßt sind die Fragen, Charakteristiken und Hinweise in *Übersicht 6* festhalten.

3.6 Wahrnehmung (oder die Kybernetik der Kybernetik)

Es gibt zwar disziplinäres Wissen, aber es gibt *keine disziplinären Kontexte*. Kontexte gibt es nicht an sich, sondern sie werden immer von jemandem erkannt; »Probleme«

muß man also sehen oder, provokativ ausgedrückt: »Probleme« müssen erst erfunden werden. Noch immer tun wir so, als ob die Realität bzw. die realen Probleme eindeutig gewissen Disziplinen zugeordnet werden könnten oder komplexe Situationen so zu gestalten und zu lenken seien, daß man Aufträge unabhängig voneinander den Volkswissenschaftern, Energietechnikern, Biologen, Wasserwirtschaftern usw. geben könnte. Aber wie Frederic Vester schreibt: »Die Realität ist eben nun mal kein unzusammenhängender Themenkatalog - dessen Einzelentwicklungen man addieren könnte, auch wenn sowas dann fälschlicherweise "Systemanalyse" genannt wird - sondern immer ein Netz von Rückkoppelungen und verschachtelten Regelkreisen. Ein Wirkungsgefüge, in dem es weit mehr auf Konstellationen und ihre Gesamtdynamik ankommt, als auf sichtbare Einzelwirkungen.« (Vester 1983, S. 107). Die Vernetztheit erfordert also ein adisziplinäres Abgrenzen und Behandeln von Kontexten. Ulrich schreibt in diesem Zusammenhang: »Die Vorstellung, daß sich der Vorgang der Ableitung von Prognosen und Handlungsanleitungen für die Praxis innerhalb einer Grundlagenwissenschaft abspielen könne, ist nicht haltbar. Das Verhalten komplexer sozialer Systeme ist mit Hilfe der Hypothesen einer wissenschaftlichen Disziplin grundsätzlich nicht erklärbar; entsprechende Gestaltungsprobleme in der Praxis sind adisziplinär, sie haben mit der Einteilung der empirischen Grundlagenwissenschaften überhaupt nichts zu tun.« (Ulrich 1981, S. 14).

So handelt es sich im Zusammenhang mit der Unternehmungsführung selten um nur ein ökonomisches Problem; die Führung des Mitarbeiters ist selten nur ein psychologisches Problem, und es gibt kaum Probleme, die nur organisatorischer Art sind, nur den Führungsstil betreffen usw. Stellen wir uns vielmehr jeweils die Frage, welches System es ist, das eine gewisse Situation produziert, die wir als unbefriedigend empfinden, so werden wir immer zu adisziplinären Systemabgrenzungen gelangen. Unsere Ausbildung führt jedoch dazu, daß wir häufig die Kontexte selektiv im Rahmen disziplinärer Abgrenzungen wahrnehmen und behandeln und dann meinen, wir hätten wirkliche Probleme erfaßt und gelöst. Dabei zeigt gerade die Forschung auf dem Gebiete des Konstruktivismus, daß unser Wahrnehmungsapparat immer nur *Wirklichkeiten konstruiert.* Der Konstruktivismus behandelt die Einsicht, »daß jede Wirklichkeit im unmittelbaren Sinne die Konstruktion derer ist, die diese Wirklichkeit zu entdecken und erforschen glauben. Anders ausgedrückt: Das vermeintliche Gefundene ist ein Erfundenes, dessen Erfinder sich des Aktes seiner Erfindung nicht bewußt ist, sondern sie als etwas von ihm Unabhängiges zu entdecken vermeint und zur Grundlage seines »Wissens und daher auch seines Handelns macht« (vgl. Watzlawick 1981, S. 9f).

Der *Konstruktivismus* hat wissenschaftstheoretische wie praktische Konsequenzen von erheblicher Bedeutung. »Man braucht in der Tat gar nicht sehr tief in das konstruktivistische Denken einzudringen, um sich darüber klar zu werden, daß diese Anschauung unweigerlich dazu führt, den denkenden Menschen und ihn allein für sein Denken, Wissen und somit auch für sein Tun verantwortlich zu machen.« (Glasersfeld 1981, S. 17). Ulrich hat sich deshalb immer vehement gegen eine eindimensionale Aspektlehre als Betriebswirtschaftslehre und damit die Aneignung von disziplinär abgegrenztem Wissen ausgesprochen. Der Praxisbezug führt unweigerlich dazu, daß man es nicht mit disziplinären Problemen zu tun hat und sich damit auch nicht mit einer disziplinären Perspektive begnügen kann. Der Systemdenker versucht also von Anfang an, durch eine relativ abstrakte und umfassende Perspektive verschiedene Betrachtungsweisen einzuschließen und transdisziplinär und mehrdimensional Probleme einzugrenzen. Er stellt sich also immer wieder die Frage: Welche Betrachtungsweisen der Problemsituation sind ebenfalls sinnvoll, welches Wissen ist in einer Problemsituation sinnvollerweise miteinzubeziehen, welche alternativen Standpunkte gibt es, um die Situation sinnvoll wahrnehmen zu können?

Die Rolle des menschlichen Denkens und der menschlichen Vernunft erfährt im Zusammenhang mit Fragen des menschlichen Wahrnehmens, Erkennens, Beurteilens, Gestaltens und Lenkens in allen Lebensbereichen aus systemischer Perspektive radikale Veränderungen. Es zeigt sich, daß die Wahrnehmung zwar ganzheitlich ist, wir aber nicht das Ganze sehen; sie ist abhängig von Erfahrungen, Erwartungen, Einstellungen usw.; sie ist selektiv; und sie ist strukturbestimmt. Es ist eine Perspektive, die zur Bescheidenheit, Zurückhaltung und zu einer Besinnung auf die Grenzen des Möglichen mahnt (vgl. Malik & Probst 1981, S. 121ff; Riedl 1980, 1982, 1984).

Hat sich die Kybernetik (und die Systemtheorie) sehr lange mit den Prozessen in beobachteten Systemen befaßt, so ist jetzt ein deutlicher Wandel, bzw. eine Ergänzung durch eine »Kybernetik zweiter Ordnung« feststellbar. Wohl nur wenige haben dies in den letzten Jahren so klar paraphrasiert wie Heinz von Foerster (1979, S. 5): »Alles was gesagt wird, wird von einem Beobachter gesagt« (Humberto Maturana). »Alles was gesagt wird, wird einem Beobachter gesagt« (Heinz von Foerster).

Die Erforschung von beobachteten Systemen hat sich zu *beobachtenden Systemen* verlagert. Dieser Wandel erlaubt dem Manager, Organisator, Therapeuten, Forscher usw., sich selbst als Teil des Gestaltungs-, Lenkungs- und Entwicklungsprozesses im System zu sehen. Hier verbindet sich Kybernetik und Konstruktivismus (vgl. Watzlawick 1981; v. Foerster 1979, 1981; Maturana 1978; Varela 1984). Damit wird Kybernetik auf sich selbst angewandt, indem der Beobachter in die Beschreibung des Systems miteingeschlossen wird. Damit entfällt gewissermaßen die Objektivität einer positivistischen Wissenschaftsauffassung, in welcher vermieden werden soll, daß die Eigenheiten des Beobachters auf die Beschreibung des Beobachteten einen Einfluß nehmen. Eine objektive Wirklichkeit gibt es nicht, nur eine vom Beobachter konstruierte. Ernst von Glasersfeld beschreibt diesen Ansatz gegenüber einer »traditionellen« Auffassung wie folgt: »Während die traditionelle Auffassung in der Erkenntnislehre« "das Verhältnis zwischen Wissen und Wirklichkeit" »stets als eine mehr oder weniger bildhafte (ikonische) Übereinstimmung oder Korrespondenz betrachtet, sieht der radikale Konstruktivismus es als Anpassung im funktionalen Sinn.« (v. Glasersfeld 1981, S. 19). Modelle der Lenkung und Entwicklung müssen in diesem Sinne passen, einen Dienst erweisen, den wir uns von ihnen erhoffen. Eine weitere, tiefe Konsequenz liegt in der Verantwortung, - der Verantwortung für unsere Konstruktionen, die nicht delegierbar ist. Wir sind Teil der beobachteten Systeme; sie sind unser Produkt.

In engster Weise ist die Entwicklung zur Kybernetik zweiter Ordnung mit Fragen der Autonomie, der Selbstreferenz oder der Selbstorganisation verbunden. Aus dem Verständnis autonomer, selbstreferentieller, sich selbst produzierender Systeme heraus ist die Frage des Beobachters und des beobachteten Systems entstanden (vgl. die Literatur von Maturana und Varela). Diese Problemkreise bilden den Schwerpunkt der vorliegenden Arbeit. Sie sind für die Organisation sozialer Systeme von herausragender Bedeutung. Eine soziale Kybernetik muß von zweiter Ordnung sein, denn ein Beobachter, der »in ein System tritt«, bestimmt seinen Zweck selbst. Er ist autonom (vgl. v. Foerster 1979, S. 8).

Wie nehmen wir Systeme wahr?

Welches Wissen ist in einem Kontext sinnvollerweise miteinzubeziehen? Gibt es alternative Standpunkte, um einen Kontext sinnvoll wahrzunehmen?	Je nachdem, wie wir das System in einer bestimmten Situation wahrnehmen, handeln wir; verschiedene Konstruktionen der Wirklichkeit sind möglich; der Beobachter ist Teil des beobachteten Systems; wir sind für unser Denken, Wissen und Tun verantwortlich.
Wie nehmen wir Struktur und Verhalten wahr? Wo liegen die Grenzen menschlicher Wahrnehmung? Worüber können wir nichts wissen? Ist sich das System über die Verhaltensmöglichkeiten, die systemischen Zusammenhänge bewußt (Selbstreflexion)?	Die Wahrnehmung ist ganzheitlich, aber wir sehen nicht das Ganze; sie ist abhängig von Erfahrungen, Erwartungen usw.; sie ist selektiv; sie ist strukturbestimmt; eine vollständige Erklärung komplexer Phänomene ist nicht möglich.
Was wollen wir mit unserer Modellbildung/Beobachtung? »Paßt« das von uns konstruierte Modell zum Wollen? Erfüllt es seinen Zweck?	Die Bewußtmachung des Zwecks der Beobachtung und der Eigenheiten des Beobachters ist unerläßlich. Modelle passen oder passen nicht, sie sind nicht Abbild einer objektiven Wirklichkeit.

Systemisches und kybernetisches Denken ist: Transdisziplinär und konstruktivistisch (Wirklichkeiten konstruierend)

Übersicht 7

4 Kybernetische Modelle

»That's another thing we've learned from your Nation,« said Mein Herr, »map-making. But we've carried it much further than you...« »We actually made a map of the country, on the scale of a mile to the mile!« »Have you used it much?« I enquired. »It has never been spread out yet,« said Mein Herr, »the farmers objected: they said it would cover the whole country, and shut out the sunlight! So we now use the country itself, as its own map, and I assure you it does nearly as well.«
Lewis Carroll

Im vorangehenden Kapitel habe ich zwischen (Modellen von) mechanischen, natürlichen und sozialen Systemen unterschieden. Diese Unterscheidung ist auch im Zusammenhang mit dem Phänomen Selbstorganisation von besonderer Bedeutung. *Mechanische* Systeme generieren grundsätzlich keine neuen Eigenschaften, Elemente oder Beziehungen zwischen den Elementen oder Teilen. Was immer von einem definierten Zustand abweicht, wird als Störung oder gar als zerstörend empfunden. Entsprechend muß das System *reagieren. Natürliche* (biologische oder ökologische) Systeme passen sich ihrer Umwelt an, verändern ihre Lenkungseinheiten, vergrößern oder verkleinern die Zahl ihrer Elemente als Reaktion auf Veränderungen in der Umwelt. Typisch sind hier die Beispiele von Beute- und Feindtieren. Sie produzieren jedoch keine neuen Elemente oder Beziehungen aus einem freien Willen heraus. *Humane soziale* Systeme zeichnen sich durch die Fähigkeit aus, willentlich neue Eigenschaften zu generieren und zu integrieren, was auch zu Veränderungen in der Natur der Elemente und Beziehungen führt. Sie greifen handelnd in das System und seine Umwelt ein. (11)

4.1 Modelle der Kybernetik mechanischer Systeme

In Analogiemodellen zu mechanischen Systemen werden die Untersuchungsobjekte als regelmäßig arbeitende Maschinen aufgefaßt, deren Verhalten durch die interne Struktur im Sinne einer einfachen Kausalbeziehung determiniert ist. Dies hat weitgehend zu sogenannten Kontrolltheorien geführt. Das dem Analogieobjekt zugrundeliegende Verständnis ist die Kontrollierbarkeit und Voraussagbarkeit. Den Teilen ist ein spezialisiertes Verhalten fest vorgegeben, und es wird höchstens durch Eingriffe eines außenstehenden »Ingenieurs« verändert. Kennt man die Einzelteile und die Art ihrer Interaktion, dann ist damit

(11) Der folgende Abschnitt stellt eine erweiterte und überarbeitete Fassung eines Beitrages von Probst & Dyllick (1985) dar. (Vgl. dazu außerdem Ackoff 1981, Gharajedaghi & Ackoff 1985, Ackoff & Gharajedaghi 1985, Teune & Mlinar 1978, Ulrich 1984).

das ganze System bestimmt. Das System kann letztlich in vollem Umfang verstanden und analysiert werden. Diese Modelle orientieren sich also weitgehend an einem analytischen, zergliedernden Rückführen-auf-letzte-Ursachen und exakten Denken der Physik oder Mechanik.

Störungen können durch einfaches Auswechseln fehlerhafter Teile leicht behoben und das ganze System kann bei vorliegendem »Bauplan« ohne weiteres nachgebaut werden.Die typischen kontrolltheoretischen Modelle unterscheiden klar zwischen lenkenden und zu lenkenden Teilen (vgl. etwa den Heizungsthermostaten). Mechanistisch gestaltete Modelle sind hierarchisch strukturiert und durch isolierbare »Lenkungsinstanzen« kontrolliert. Dabei muß es sich nicht um einfache Servomechanismen handeln, sondern es sind sehr sophistizierte Kontrollsysteme entwickelt worden. Zu diesen Modellbildungen haben die »Väter« der Kybernetik nicht unwesentlich beigetragen. Norbert Wieners Definition (1948) der Kybernetik als Wissenschaft der Regelung oder Lenkung und Kommunikation kann ebenso mit Kontrolle und Nachrichtentheorie übersetzt werden. Wieser (1959) hielt sich immer eng an die wissenschaftlichen Fragen der Steuerungsmechanismen. W. Ross Ashby definierte Kybernetik als »das Studium von Systemen, die gegenüber Energie offen, bezüglich Information und Lenkung aber geschlossen sind«. Mit seinem Gesetz der erforderlichen Varietät hat er ein absolut zentrales und wirksames Instrument für Lenkungsüberlegungen geliefert. Dies kann aber in einer engen Kontrolltheorie auch sehr mechanistisch angewendet werden. In ähnlicher Weise kann auf die frühen Arbeiten und Definitionen von Beer (1962), Neidhardt (1964), Flechtner (1966) oder Frank (1962) verwiesen werden. Auch anfänglich von Ludwig von Bertalanffy (1953, 1968) gegebene Beispiele wurden im obgenannten Sinne reduktionistisch interpretiert, obwohl es gerade sein Ziel war, darzulegen, daß selbst steuernde, systemimmanente Kräfte am Werk sind, die nicht einzelnen Teilen zugeordnet werden können. Ein Beispiel aus dem Buch von Hampden-Turner soll diese Sichtweise bzw. Gefahr der Interpretation verdeutlichen (1983, S. 158): »Die Reize werden von einem Rezeptor R registriert, der speziell dafür eingerichtet ist. Von R aus geht der Informationscode (nicht die Sache selbst) zum Steuerungszentrum A1, das durch Weiterleitung, Blockierung oder andere Steuerungsmechanismen im Handlungsorgan, dem "Effektor" E, eine Handlung auslöst.«

Die Anwendung mechanistischer Modelle ist keineswegs auf die technischen Wissenschaften beschränkt, sondern hat im Verlauf der Geschichte der Management- und Organisationslehre eine bedeutende Rolle gespielt. Man denke nur an die Konzeption einer »Wissenschaftlichen Betriebsführung« von F. Taylor (1911) oder die bis heute einflußreichen Varianten von Bürokratiemodellen (Weber 1922; häufig sind es falsch interpretierte Webersche Ansätze (vgl. dazu Perrow 1985). In der vorangestellten Beschreibung mechanistischer Systemmodelle müssen nur an Stelle der Wörter »Einzelteile«, »Ingenieur« und »Bauplan« die Wörter Mitarbeiter, Vorgesetzter und Organisationsplan eingesetzt werden, und die mechanistische Herkunft solcher Vorstellungen wird augenfällig. Die Gesamtaufgaben der Unternehmung werden analytisch auf elementare Aufgaben reduziert, die von einem Mitarbeiter alleine bewältigt werden können. Seine Arbeit wird durch umfassende Vorschriften normiert und im Extremfall auf eine maschinenähnliche Verrichtung reduziert. »Störungen« werden, falls nötig, durch den Ersatz von Mitarbeitern behoben. Die einzelnen Stellen sind durch eine starre Hierarchie miteinander verknüpft und werden durch eine unabhängige Führungsinstanz kontrolliert. Die ganze Institution wird als Instrument ihrer Besitzer betrachtet, die sich ihrer zur Verfolgung autonomer Zwecke bedienen.

Das in mechanistischen Systemvorstellungen zum Ausdruck kommende *Menschenbild* ist das eines abhängigen, außengelenkten Menschen. Seine Fähigkeiten und Kompetenzen werden auf das gerade zur Aufgabenverrichtung benötigte Maß beschränkt; autonomes Urteilen und Handeln wird als störend empfunden und durch präzise Vorgaben ersetzt. Die

Motivation dieses Menschen wird ihm von außen in Form von Anreizen oder Drohungen vermittelt. Dieses Bild entspricht der von McGregor (1960) herausgearbeiteten »Theorie X«.

Das soeben gezeichnete Bild mechanistischer Organisations- und Managementmodelle ist sicher überzeichnet. Unternehmungen, als soziale Systeme, sind nicht mit Maschinen gleichzusetzen. Aber es sollte deutlich geworden sein, daß Unternehmungen und ihre Organisation sehr wohl im Sinne einer mechanistischen Systemvorstellung aufgefaßt werden können und dies sowohl in der Geschichte der Organisationstheorien als auch in großen Teilen der Organisationspraxis sichtbar wird. Es soll hiermit nicht gesagt werden, daß mechanistische Struktur- oder Lenkungsvorstellungen in jedem Fall unangemessen sind, vielmehr finden sie in Bereichen wie Produktionslenkung, Lagerhaltung, Qualitätskontrolle, Rechnungswesen oder einfachen Marketingentscheidungen ihren berechtigten Platz und Erfolge (vgl. Probst & Dyllick 1985; vgl. auch Ulrich 1968; Flik 1969; Krieg 1971; Röpke 1977; Baetge 1983; Gomez 1978, 1981). In diesen Anwendungsbereichen sind meist wenige Variablen unter Kontrolle zu halten und daher sehr stark auf ein Equilibrium hin orientiert. Die Eigenschaft der Stabilität führt dazu, daß die negative Rückkoppelung zum zentralen Faktor wird; auf jede Veränderung ist eine Reaktion vorgesehen, die Abweichungen korrigiert. Entsprechend haben strukturelle Überlegungen und Maßnahmen die Elemente von Regelungssystemen zum Inhalt.

4.2 Modelle der Kybernetik natürlicher Systeme

In organismischen Modellen wird davon ausgegangen, daß die erfaßten Systeme einen eigenen Zweck verfolgen, im Gegensatz zu mechanischen Systemen, die ihren Zweck von außen vorgegeben erhalten. Das Ziel natürlicher Systeme ist das *Überleben*, wofür Wachstum und Erhaltung als entscheidend angesehen werden. Ein Schrumpfen wird mit Verfall und Verschlechterung gleichgesetzt. Das System wird als *offen* gegenüber seiner Umwelt gesehen, von wo es lebenswichtige Ressourcen bezieht und an die es sich *anpassen* muß. Es ist mithin fähig, ein *Fließgleichgewicht* aufrecht zu erhalten, indem es das Verhalten von Teilen ändert, um das Ganze innerhalb annehmbarer Grenzen zu halten. Dies kontrastriert mit mechanischen Systemen, denen es nicht um die Erhaltung eines dynamischen, sondern um die Erhaltung eines statischen Gleichgewichts geht. Das System macht über seine Lebensspanne eine Entwicklung durch, weshalb man von einem *Lebenszyklus* und von unterschiedlicher *Reife* sprechen kann. Darüber hinaus gibt es eine *Evolution* der Strukturen und Verhaltensweisen der ganzen Population gleichartiger Systeme.

Das Wissen dieser Ebene konzentriert seine Antworten auf die Fragen: Wie funktioniert das System? Die Führungs- oder Organisationsaufgabe wird in Analogiemodellen hier als »organische Lenkung« interpretiert, bei der die selbstorganisierenden, selbstregulierenden und selbstlenkenden Prozesse berücksichtigt und nach Möglichkeit genutzt werden. Viele Weiterentwicklungen kybernetischer Kontrolltheorien haben den Weg zur Kybernetik natürlicher Systeme gefunden. Eine Reihe von plausiblen Gründen spricht für eine »forschungsstrategische« Verbindung zwischen biologischen oder ökologischen und sozialen Wissenschaften. Andererseits darf dies auch nicht zur Annahme verleiten, die Erforschung natürlicher Systeme könne zu allen Bereichen der Führung oder Organisation einen Beitrag leisten (vgl. dazu Probst & Semmel 1984, S. 105ff und Semmel 1984).

Die Teile werden in einem organismischen Modell als *Organe* aufgefaßt, die keine eigenen Ziele verfolgen, sondern deren Funktion zur Sicherung der Lebensfähigkeit des Gesamtorganismus beiträgt. Organe sind weniger leicht austauschbar und ersetzbar wie

Maschinenteile. Betont werden hier *Funktionen für das übergeordnete Systemganze* , während in mechanistischen Modellen die Strukturen im Vordergrund stehen, die bestimmen, wie die Aufgaben auf die einzelnen Teile verteilt sind und wie deren Tätigkeiten koordiniert werden. Die Führungsfunktion wird als »*Gehirn*« verstanden, das zwar oberste Entscheidungsinstanz ist, aber für die Informationsversorgung und die Ausführung der Entscheidungen auf die Beiträge der Organe angewiesen ist. Es besteht somit auch eine hierarchische Struktur im Innern des Systems, die Hierarchie kann aber variieren, je nach Aufgabe und Problem. Gegenüber einer starren Weisungshierarchie, in der Kommunikation und Befehle immer nur in einer Richtung verlaufen, liegt das vor, was F. Vester als *Feedback-Hierarchie* bezeichnet (vgl. Vester 1980, S. 231, 1985; Dyllick 1982, S. 206ff; Probst 1981, S. 210ff). Den Teilen kommt hierbei ein gewisses Ausmaß an Autonomie oder Selbstlenkung zu (vgl. auch Beer 1966).

Im Hinblick auf Probleme der Organisation sind eine Reihe von organismischen Konzepten erarbeitet worden. Zu nennen wäre hier besonders das »Modell des lebensfähigen Systems« von S. Beer (1979, 1981), der dieses Modell analog zum menschlichen Gehirn entwickelt und in der Literatur ausführlich dokumentiert hat. In ähnlicher Form kann das »Living-Systems-Modell« von J. G. Miller (1978) interpretiert werden. F. Vester (1978, 1976) hat mit seinen ökologischen Studien gleichzeitig die Grundlagen für ein neues Verständnis der Interdependenz von Systemen und Teilen zu Netzwerken geschaffen. Das biokybernetische Denken führte besonders zu einem Denken in Regelkreisen und der Ablösung einer exekutiven oder linearen Kausalität durch eine funktionelle, vernetzte oder zirkuläre Kausalität (vgl. Rosnay 1977; Vester 1980; Wuketits 1981; Lorenz 1978; Riedl 1978, 1979, 1980, 1985). Vester gibt zwar selbst nur wenige direkte Anwendungsbeispiele oder Anregungen für den Organisations- oder Managementbereich sozialer Systeme, seine biokybernetischen Regeln haben jedoch viele Interpretationen und Anwendungen bei anderen Autoren erfahren (vgl. Gomez 1981, 1983; Probst & Gomez 1984; Vester & Hesler 1980; Vester 1980, Probst & Güntert 1982).

Die Konzeption des organischen Managements bei Burns & Stalker (1961) und der verwandte systemisch-evolutionäre Management-Ansatz bei Malik (1984) liefern weitere Einsichten in die Aufgaben und Konsequenzen der Organisation komplexer, organismisch aufgefaßter Systeme. Erkenntnisse der modernen Evolutionstheorie waren schließlich wegleitend für die Ausarbeitung evolutionärer Ansätze für das Management von sozialen Systemen bei K. Weick (1979), F. Malik und G. Probst (Malik 1984; Probst 1981; Malik & Probst 1981) und W. Kirsch (Kirsch, Esser & Gabele 1979; Kirsch 1979, 1985). Der Unterschied von gemachten und spontanen, gewachsenen Ordnungen und die Grenzen der Machbarkeit bewegten diese Autoren. Dazu kam ein deutliches prozeßhaftes Verständnis der Organisation von sozialen Systemen: Prozesse wurden über Struktur, Flexibilität und Wandel über Stabilität gestellt. Eine Systemtheorie der Evolution (Riedl 1975, 1976; Bateson 1980, 1981; Wuketits 1981; Eigen & Winkler 1975; Jantsch 1979; Lorenz 1978) führt zur Einsicht, daß Evolution weder das Produkt des Zufalls noch vorausgeplant ist. Die Evolution gewann für Organisationsüberlegungen in sozialen Systemen Bedeutung, weil sie als Entstehung neuer Komplexitätsstufen bzw. Systemebenen verstanden werden kann, als Wachstum von Mustern (Bresch 1978; Hayek 1972, 1969). Es entstehen auf höherer Ebene Ganzheiten bzw. Systeme, die schlagartig (»Fulguration«) neue Eigenschaften aufweisen (vgl. Lorenz 1975)

Weitere evolutionäre Theorieentwürfe für soziale Systeme sind von folgenden Autoren begründet worden: K. Boulding, D. Campbell, F. A. von Hayek, G. Lenski und J. Lenski, H. E. Aldrich, J. D. Bigelow, M. Hannan und J. Freeman, B. McKelvey, R. K. Sprüngli, E. Jantsch, R. F. Zammuto (vgl. besonders die kürzlich erschienene kritische Übersicht evolutionärer Theorien von Semmel 1984).

Im gleichen Zeitraum sind neue Paradigmavorstellungen im Rahmen der Kybernetik natürlicher, evolutionärer Systeme offengelegt worden (vgl. etwa Atlan 1972, 1979; Morin 1973,1977; Le-Moigne & Carr 1977; Prigogine & Stengers 1981; Dupuy 1982; Dumouchel & Dupuy 1983; Luhmann 1984; Ulrich & Probst 1984 sowie die oben angeführte Literatur). Diese Modelle ergänzen die mechanistischen Erkenntnisse der Steuerung und Regelung innerhalb gegebener Grenzen dadurch, daß Strukturen aus dem System selbst heraus entstehen - weitgehend autonom - und die Systeme auf sich selbst bezogen sind (vgl. Probst & Scheuss 1984). Kybernetisch-homöostatische und selbstregulierend-evolutionäre Mechanismen sind komplementär.

43 Modelle der Kybernetik humaner sozialer Systeme

In Modellen humaner sozialer Systeme wird das Untersuchungsobjekt als zweckorientiert aufgefaßt und damit von den zustandserhaltenden mechanischen Systemen sowie den zielorientierten natürlichen Systemen abgegrenzt. Was ist damit gemeint?

Mechanische Systeme reagieren wie im Falle eines Heizungsthermostats auf Veränderungen, um den ihnen vorgegebenen Zustand auch unter verschiedenen Umweltbedingungen erhalten zu können. Dabei ist ihnen der zu erhaltende Zustand von außen vorgegeben und ein festes Reaktionsmuster wird durch Abweichungen ausgelöst. Anders bei den zielorientierten natürlichen Systemen, die auf Veränderungen mit unterschiedlichen Verhaltensvarianten reagieren können. Nur das anzustrebende Ziel - das Überleben - ist vorgegeben, aber in der Auswahl des konkreten Verhaltens besteht im Rahmen des Verhaltensrepertoires Freiheit. Darin kommt zum Ausdruck, daß sich ein natürliches System an unterschiedliche Umwelten anpassen kann, also Lebensfähigkeit aufweist. Ein zweckorientiertes soziales System kann nun nicht nur aus einem bestimmten Verhaltensrepertoire sein konkretes Verhalten auswählen, es kann darüber hinaus sein Verhaltenspotential vergrößern und, bedeutend wichtiger noch, es kann die zu verfolgenden Ziele nach eigenen Zwecken festlegen. Der Zweck sozialer Systeme kann in der *Entwicklung der eigenen Möglichkeiten* gesehen werden. Darin kommt der freie Wille zum Ausdruck, der für menschliche Systeme typisch ist.

Im human-sozialen Systemmodell wird somit von zweckorientierten Objektsystemen ausgegangen. Aber nicht nur diese, auch ihre Teile sind zweckorientiert, und sie sind selber Teil eines umfassenden zweckorientierten Systems. Um ein soziales System verstehen zu können, muß man folglich nicht nur wissen, welches die Ziele des Systems, sondern auch welches die seiner Teile und die seines umfassenden Systems sind und welchen Einfluß deren Interaktionen ausüben. Das angemessene wissenschaftliche Vorgehen besteht in der *Komplementarität von Analyse und Synthese*. Beide werden benötigt, um ein soziales System verstehen zu können. Das System paßt sich zudem nicht nur passiv an Umweltveränderungen an, es greift auch selber *aktiv gestaltend* in diese Umwelt ein. Zwischen die reale Umwelt und das Handeln des Systems schiebt sich eine »*sekundäre Umwelt*«, die aufgrund der Wahrnehmungen und Werthaltungen der einzelnen Systemmitglieder, und auf der Kollektivebene aufgrund der gemeinsamen Systemkultur, konstruiert und sprachlich, handelnd und artefaktisch vermittelt wird (vgl. Probst & Scheuss 1984). Damit werden soziale Systeme nach Luhmann zu *Sinnsystemen*, die durch sinnhaft aufeinander bezogene Handlungen, durch Kognitionen, Werte und Normen zusammengehalten werden.

Das Wissen dieser dritten Ebene erlaubt die Beantwortung der Fragen: Welchen Sinn hat es? Ist etwas wünschens- und erstrebenswert? Unternehmung, Unternehmungsführung und Mitarbeiterführung erscheinen als ein Teil der menschlichen Kultur, eingebunden in ein Netz von Werten (vgl. Ulrich & Probst 1982; Ulrich 1978, 1984).

Haben wir folglich in mechanistischen Modellen die Systemreaktionen und in organismischen Modellen die Entgegnungen eines Systems untersucht, so geht es hier um *Handlungen*, Entscheidungen, Wahlmöglichkeiten. »Eine Handlung ist ein Systemereignis, für dessen Eintreten eine Veränderung in der Systemumwelt weder nötig noch hinreichend ist. Deshalb stellen Handlungen ein autonomes Verhalten und somit ein selbstdeterminiertes Ereignis dar« (Gharajedaghi & Ackoff 1985, S. 291). Dies ist nicht einfach mit dem Autonomiebegriff im biologischen Sinne zu verwechseln, wo Systeme in hinreichendem Maße als operationell geschlossen (i. S. ihres Funktionierens) betrachtet werden, ohne Wahl- und Handlungsentscheide fällen zu können (vgl. Varela 1984a; Probst & Scheuss 1984). Hier kann hingegen nach eigenem Willen etwas geschaffen und entwikkelt werden.

Nehmen wir die sozialen Systeme zum Untersuchungsgegenstand, so ist ersichtlich, daß diese Autonomie auch für die Teile gilt. Führung bedeutet damit nicht nur Gestalten und Lenken von substantiellen Gegebenheiten im Lichte der Lebensfähigkeit, sondern auch ein bewußtes Wählen und Fördern oder Gestalten und Lenken von symbolischen Phänomenen (vgl. dazu Dyllick 1982; Probst & Scheuss 1984). Dabei ist hier besonders zu beachten, daß zwar Entscheidungen gefällt und Handlungen vorgenommen werden, jedoch Entwicklung aus dem System heraus entstehen muß. Die Selbstorganisationsforschung verspricht von daher Erkenntnisse besonderer Bedeutung. Die Entwicklung humaner sozialer Systeme kann nicht gestaltet, nur unterstützt und gefördert werden; die Teile sind selbst autonom handelnde. Damit sind neue Analyse- und Ordnungsvorstellungen für soziale Systeme verbunden. Organisation muß im sozialen Systemmodell Sinn machen, ein Sinnsystem darstellen, symbolisch Sinn vermitteln, die laufende Verarbeitung von Ereignissen und das Handeln im System durch Sinnstrukturen lenken (vgl. Weick 1979; Pfeffer 1979; Dyllick 1982; Luhmann 1984; Peters & Waterman 1984; Kirsch 1985). Es ergibt sich eine Entwicklung von einer kompetitiven Ordnung zu einer kollaborativen, von einer bürokratischen zu einer ökologischen (organizational ecology systems), von einer Wahrnehmung der Fakten zu einer Verschmelzung von »Einschätzungen« (acts of appreciation) und »Beurteilung der Fakten« (judgements of fact), von einer fragmentierten zu einer holonomischen Sicht (vgl. dazu Trist 1976a,b,c, 1979, 1980, 1981; Vickers 1968, 1980, 1983; Ramirez 1983, 1985; Morgan & Ramirez 1983; Morgan 1980, 1985; Ravn 1985a, b; Vester 1985).

Humane soziale Systeme zeichnen sich durch selbstgenerierte Wandlungs- und Entwicklungsfähigkeit aus und haben gleichzeitig die Möglichkeit, Entwicklung in Frage zu stellen und zu werten. Negative Rückkoppelung wird durch positive abgelöst. Diese Prozesse sind jedoch bisher kaum untersucht und verstanden worden, obwohl sie für das Verständnis von komplexen sozialen Systemen von größtem Nutzen sind (vgl. Teune & Mlinar 1978; Maruyama 1963). Entwicklung bedeutet, daß neue Eigenschaften oder Beziehungen entstehen, neu geschaffen oder integriert werden. Mechanische Systeme generieren keine neuen Eigenschaften oder Beziehungen zwischen Komponenten des Systems oder andern Systemen. Alles, was vom definierten Zustand abweicht, unterliegt der Korrektur. Natürliche Systeme passen sich ihrer Umgebung an, vergrößern oder verkleinern die Anzahl ihrer Komponenten in Reaktion auf Veränderungen in der Umwelt oder suchen nach einer anderen Umwelt; sie produzieren jedoch nicht absichtsgeleitet neue Eigenschaften oder Beziehungen. Entwicklungsfähige soziale Systeme zeichnen sich dagegen durch ihr Potential aus, neue Eigenschaften zu generieren und zu integrieren, was zu Veränderungen in der Natur der Komponenten und der Beziehungen führt. Kybernetische Modellierungen von sozialen Systemen wurden in allen Phasen der Entwicklung der Systemtheorie/Kybernetik vorgenommen. Sie haben jedoch im Laufe der Zeit neue Schwerpunkte erhalten, die der Besonderheit humaner sozialer Systeme vermehrt Rechnung tragen.

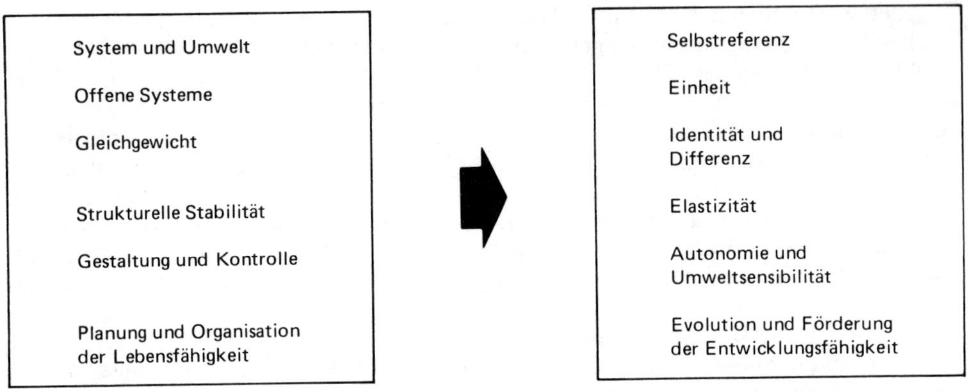

Übersicht 8

Die Entwicklung läßt sich grob durch die Schwerpunktverschiebungen charakterisieren, die in *Übersicht 8* dargestellt sind.

Damit ist keine Wertung verbunden und die »neuen« Schwerpunkte sind kein Ersatz. Sie sind ergänzend und zentral für die Kybernetik von sozialen Systemen.

5 *Entwicklungen in den systemorientierten, kybernetischen Organisationsmodellen*

The world has an uncomfortable way
of not permitting itself
to be fitted into clean classifications.
James G. March

5.1 Entwicklungsschritte als Kategoriensystem

Verschiedentlich haben sich Organisationslehren oder -modelle an den Merkmalen des systemischen und kybernetischen Denkens orientiert. Die Entwicklungsgeschichte zeigt gleichzeitig eine Hinwendung auf das Phänomen Selbstorganisation in den letzten Jahren.

Es scheint mir sinnvoll, die Entwicklung in den Entwürfen von Organisationsmodellen, die sich an systemorientiertem und kybernetischem Denken orientieren, in folgende Kategorien zu unterteilen:

1) Die Organisation offener Systeme.
2) Die Organisation als System kybernetischer Regelmechanismen.
3) Die Organisation des lebensfähigen Systems.
4) Die integrierte, mehrdimensionale Systemorganisation.
5) Die Organisation evolutionärer, fortschrittsfähiger Systeme.

Jeder Kategorie können ihr eigene Schwerpunkte, Eigenschaften oder Kriterien zugeordnet werden. Ausgewählte Eigenschaften oder Schwerpunkte sind etwa:

1) Offenheit, Fließgleichgewicht, Äquifinalität, Entropie/Negentropie.
2) Servomechanismus, Ultrastabilität, Multistabilität, Equilibrium, Komplexitäts- oder Varietätsbewältigung.
3) Lebensfähigkeit, Autonomie, Rekursivität, Wachstum, Adaptation.
4) Integriertes Managementkonzept, Mehrdimensionalität, Differenzierung, Koordination, Dynamik, Interdependenzen, Strategie/Struktur/Kultur.
5) Netzwerk von Struktur und Verhalten, Ungleichgewicht und Gleichgewicht, Gestaltung/Lenkung *und* Entwicklung, Selbststrukturierung, Selbstreferenz, »evolutionäres Management«.

Selbstverständlich wäre auch eine andere Kategorienbildung denkbar. So könnte es durchaus sinnvoll sein, in einem umfassenderen Rahmen die verschiedenen »Schulen der Organisationslehre« oder Organisationsverständnisse (Fach- oder Theoriesprachen) herauszuarbeiten. Neben einen systemtheoretischen, kybernetischen Ansatz (zu dem ich auch die sozio-technischen Systemansätze in der amerikanischen Literatur rechne, wie etwa die Schriften von Emery & Trist, Katz & Kahn, Lawrence & Lorsch, Thompson, Dill u.a.) würden dann etwa entscheidungstheoretische, human-relations-orientierte, aufgabenorientierte oder verhaltenssoziologische Ansätze treten. Ebenso könnten von den einzelnen Disziplinen her, der Soziologie, Psychologie, Betriebswirtschaft, Volkswirtschaft, Biologie usw., Entwicklungen kategorisiert werden.

Eine andere Möglichkeit der Kategorisierung läge in der Auswahl von Kriterien als Rahmen für die Einordnung von Modellen. So unterscheidet Scott (1981a) beispielsweise zwischen offenen/geschlossenen und rationalen/natürlichen Systemen. Diese Kriterien sind jedoch durchaus Bestandteil meiner Besprechung der Entwicklungen in den systemtheoretischen/kybernetischen Organisationsmodellen. Diese Kategorien sind hier jedoch nicht nützlich, will ich mich doch auf die Entwicklung und unterschiedlichen Inhalte von Modellen im Rahmen des ganzheitlichen vernetzten Denkens und der »querliegenden Wissenschaft der Lenkung von Systemen« konzentrieren. (12)

Die hier gewählte Kategorisierung entspricht weitgehend einer historischen Entwicklung seit 1950; es zeigt sich, daß in den jeweiligen Entwicklungsphasen andere Kriterien, Schwerpunkte und Eigenschaften im Vordergrund standen, aber auch viele grundlegende Dinge alle fünf Kategorien durchdringen.

52 *Die Organisation offener Systeme*

Die ersten systemorientierten Organisationsansätze waren ohne Zweifel von der Idee der Offenheit von Systemen geprägt. Sie stellten eine Gegenbewegung zu bis dahin weitgehend *geschlossenen* Modellvorstellungen dar. Bis ca. 1960 wurde vorwiegend die Vorstellung vertreten, daß Systeme, bzw. die Organisation, unabhängig von deren Umwelt verstanden werden können. Damit soll nicht behauptet werden, Vertreter geschlossener Organisationsmodelle wären sich nicht der Beziehungen zur Umwelt bewußt gewesen oder hätten diese gar geleugnet. Diese spielten jedoch bei Organisationsfragen keine oder eine vernachlässigbare Rolle. Relevant erschienen interne Prozesse und Ereignisse. Inputs und Outputs wurden als unproblematisch erachtet, die Grenzen als real, konstant und eindeutig.

Organisationsstrukturen wurden als das Produkt der kreativen Gestaltung, der Konstruktion und der Autorität von Organisatoren oder Managern gesehen. Formale Strukturen standen damit unübersehbar im Vordergrund, und wo informale Strukturen überhaupt zur Sprache kamen, wurden sie auf die Interessen, Fähigkeiten und Talente einzelner Individuen reduziert. In diesem Rahmen wurde etwa von einer informalen Kommunikation, einem informalen Führer oder von Statussymbolen gesprochen, nicht jedoch von einem organisatorischen Phänomen des Gesamtsystems oder von Kollektiven (vgl. Scott 1981a, b).

Die Strukturierungsfragen, insbesondere in amerikanischen Großunternehmungen wie Eisenbahngesellschaften oder Stahlindustrien, wurden beispielsweise unabhängig von der Umweltsituation diskutiert und entsprechende Modelle entworfen. Die Ideen von F. Taylor (1911), M. Weber (1922), H. Fayol (1916), L. Gulick und L. F. Urwick (1937) konzentrierten sich auf Maßnahmen, wie intern menschliche Handlungen untereinander in Einklang gebracht werden können, damit eine Ordnung entsteht. Ihre Organisationsprinzipien betrafen daher vor allem die Arbeitsteilung, Autorität und Verantwortung,

(12) Vgl. für umfassendere Kategorisierungen die Arbeiten von Scott (1981a), Dyllick (1981), Hill, Fehlbaum & Ulrich (1974).

Disziplin, Auftragserteilung, Spezialisierung, Hierarchie oder Dienstwege. In diese Gruppe geschlossener Systeme sind auch die soziologischen, human-relations-orientierten Ansätze etwa von C. Barnard (1938), F. Roethlisberger & W. Dickson (1939), M. Dalton (1959), E. Mayo (1933, 1945) und D. McGregor (1960) einzureihen (vgl. dazu Scott 1981a, b und Hill et al 1974). Ebenso sind diesen intern determinierten Organisationsansätzen die meisten Lehren in der deutschen Literatur im selben Zeitraum zuzurechnen (vgl. etwa Nordsiek 1931, 1934).

Seit den frühen sechziger Jahren prägen *offene* Systemmodelle sowohl die eher entscheidungs- und verhaltensorientierten Ansätze, wie auch die rein systemorientierten Ansätze (vgl. Pfeffer & Salancik 1978; March & Olson 1976; Blau & Schoenherr 1971; Perrow 1970, 1967; Pugh et al. 1969, 1968; Thompson 1967; Lawrence & Lorsch 1967; Katz & Kahn 1966; Woodward 1965; Cyert & March 1963; Blau & Scott 1962; Clark & Wilson 1961; Dill 1958; March & Simon 1958; Ulrich 1949). Die Erkenntnis, daß soziale Systeme und deren Organisation mit der Umwelt eng verbunden und vom Geschehen in der Umwelt abhängig und die Grenzen keineswegs eindeutig und fixiert, sondern variabel und durchlässig sind, hat zu einer der stärksten Bewegungen in der Organisationslehre geführt.

Unternehmungen sind offene Systeme, die von ihrer Umwelt Inputs aufnehmen und an sie Leistungen abgeben, verschiedene Zwecke erfüllen können, Menschen beschäftigen, die Werte und Bedürfnisse von außen mit in das System hineinbringen und von vielen Gruppen in ihrer Umwelt beeinflußt werden (vgl. besonders Kieser & Kubicek 1978; Frese 1980; Chandler 1977 und die obgenannte Literatur). Dabei wurde bewußt von einer einseitigen Abhängigkeit gesprochen, da m. E. die Beeinflussung der Umwelt, die Problematik des Umweltmanagements, noch nicht eine große Rolle spielte (vgl. hierzu besonders Dyllick 1985a).

Ideen, wie sie Karl Weick oder Eric Trist in den 70er Jahren (»enactment processes« und »organizational ecology«: Weick 1979, 1977; Trist 1976a, b, c, 1979, 1980, 1981) und andere Autoren in den 80er Jahren (gesellschaftliches Umweltmanagement und »Öffentlichkeitsarbeit«: Pfeffer & Salancik 1978; Dyllick 1982, 1985a; Dierkes 1980; Post 1978; Sonnenfeld 1981) propagierten, spielten in diesen offenen Systemmodellen noch kaum eine Rolle. Der Erwerb, die Aufnahme und Verfügung über Inputs und damit die effektive und effiziente Abgabe von Outputs wurde als unsicher erkannt und die großen Einflüsse - aufgrund der Abhängigkeit - auf das Funktionieren der Organisation herausgearbeitet. Formale und informale Organisation wurden als sehr responsiv und abhängig von der Umwelt erachtet und die Umwelt meist in verschiedenen Dimensionen analysiert: Technologischen, ökonomischen, politischen, rechtlichen, humanen, sozialen, natürlichen. Häufig wurde eine Dimension besonders betont und untersucht, und ihr Einfluß auf die Effizienz einer Struktur, die Gestaltung der Arbeitsteilung, das Autoritätssystem und die Hierarchie, die Zentralisierung oder Dezentralisierung, die Spezialisierung, die Formalisierung, die Regeln für Kommunikation und Arbeitsabläufe usw., geltend gemacht. (13)

Beispiele dafür liefern J. Woodward (1965), der bei hundert britischen Firmen den Ein-

(13) Diese Ansätze gehen weitgehend von der Grundlage der reinen Gestaltung von Organisationsstrukturen aus. Strukturen werden zweckorientiert entworfen und eingeführt, damit klar spezifizierte Ziele erreicht werden können. Ungeplante, spontane Ordnungsprozesse spielten auch in den sogenannten *organischen* Modellen nur eine untergeordnete Rolle. Immerhin wurde teilweise auf organisch gewachsene, informelle Strukturentwicklungen hingewiesen, die eine mechanistisch gestaltete Organisationsstruktur ergänzten (vgl. Burns & Stalker; Mayo; McGregor u.a.). Als gemeinsames Interesse der Beteiligten wurde etwa die Lebensfähigkeit des Systems anerkannt.

fluß gewisser technologischer Faktoren auf die Organisations- und Managementstruktur untersuchte oder die Studie von P. Lawrence und J. Lorsch (1967), die zehn Unternehmungen aus drei sehr verschiedenen technologischen und marktbezogenen Umwelten (Plastik-, Lebensmittel und Container-Transportindustrie) zum Gegenstand der Untersuchung hatte. Die Strukturen müssen in die Umwelt des Systems passen und sich mit der Umwelt verändern. Um ein Fließgleichgewicht zwischen der Unternehmung und der Umwelt zu erreichen, müssen die Verhaltensmöglichkeiten eines Systems denjenigen der Umwelt entsprechen. Die vorgeschlagenen Organisationsmodelle erfordern je nach Turbulenz, Sicherheit und Diversität in der Umwelt entsprechende Strukturen, genauer eine interne Differenzierung oder Integration. Das Varietätsgesetz von W. R. Ashby fand damit erste heuristische Anwendungen in der Organisationstheorie. Gingen bereits Katz & Kahn (1966) vom Entropiebegriff und der Idee aus, ein offenes System könne den Entropieprozeß aufhalten und Ordnung aufrechterhalten und weiterentwickeln, so findet diese Idee heute in praktischer wie auch in kritischer, pessimistischer Form bei heutigen Autoren eine Weiterführung (vgl. Ben-Eli & Probst 1986; De Greene 1982; Rifkin 1982; Nicolis & Prigogine 1977; Prigogine 1979).

Die Entwicklung von Organisationsmodellen offener Systeme ist keineswegs abgeschlossen. Interessante Ergebnisse über Umweltveränderungen und entsprechende Strukturmodelle zur Bewältigung der komplexen Interdependenzen sind in den letzten Jahren veröffentlicht worden. Neue Studien über die Abhängigkeit der Organisationsstrukturen von Umweltbereichen oder -veränderungen, die zu umfassenden Modellen geführt haben, finden sich bei Terreberry (1968), Hage & Aiken (1970), Starbuck (1976), Khandwalla (1977, 1976, 1975) oder Gebert (1978). Neben die Fragen der Strukturierung von Organisationen, um die aus der Umweltdynamik resultierende Unsicherheit zu reduzieren, tritt häufig auch die Wahrnehmungsproblematik: Wie wird die Umwelt wahrgenommen und reflektiert? (14)

In all diesen neueren Ansätzen geht es nach wie vor darum, daß eine wichtige Funktion der Organisation darin liegt, die Unsicherheit in den peripheren Strukturen der Umwelt(dimensionen) einer Unternehmung wahrzunehmen, zu reflektieren, zu handhaben und zu absorbieren. Dies gilt im weitesten Sinne auch für die Umweltmanagement-Modelle von Weick, Trist, Dyllick oder Pfeffer & Salancik. Die Argumentation begrenzt sich auf die Einsicht, daß sowohl die Umwelt wie die Strukturen der Unternehmung gestaltet werden müssen (vgl. etwa Scott 1981a und Dachler 1984a, b, 1985a, b). (15)

5.3 Die Organisation als System von Regelmechanismen

Um richtig funktionieren zu können, brauchen soziale Systeme - wie Maschinen oder

(14) Auf eine Beschreibung der Inhalte der obengenannten Modelle offener Systeme oder eine Auswahl wird verzichtet (vgl. dazu etwa Grochla 1982, 1978a, b; Jakob 1980; Kieser & Kubicek 1977; Schertler 1982; Hill, Fehlbaum & Ulrich 1974; Wunderer & Grunwald 1980; Raiser 1983; Wolff 1982; Scott 1981a, b; Hoffmann 1980, insbesondere Kap. 2 »Unternehmungsumwelt«, mit der Darstellung der Ergebnisse und Hypothesen zur externen Umwelt, und Kap. 3 »Unternehmungsfaktoren«, mit der Darstellung der Ergebnisse und Hypothesen der internen Umwelt).

(15) Damit sollen kontingenztheoretische Modelle nicht als deterministische Modelle an sich dargestellt werden. Die Einflußnahme(möglichkeiten) auf die Umwelt oder die Märkte einer Unternehmung sind nicht ausgeschlossen worden, jedoch hat eine einseitige Sichtweise die meisten Untersuchungen geprägt.

Organismen - Steuerungs- und Regelungsmechanismen. Elemente oder Teilsysteme werden miteinander gekoppelt, damit sie in integrierter und koordinierter Form funktionieren. Die ersten Ansätze einer »Organisationskybernetik« verstanden sich als eine Disziplin, die von Menschen gestaltete sozio-technische Systeme im Lichte der Steuerung und Regelung zum Gegenstand hat. Sie suchten

1) mit der Realisierung der Prinzipien von Steuerung und Regelung zu einer operationalen, intersubjektiv überprüfbaren, hauptsächlich quantitativen gestaltungsbezogenen Formulierung organisationstheoretischer Aussagen beizutragen,
2) disziplinäre Ansätze zu einer einheitlichen, integrierten Organisationstheorie zusammenzuführen, indem sie die Lenkungsphänomene i. S. einer übergreifenden Wissenschaft erfaßten.

Die Vertreter dieser Strömung (vgl. Beer 1966, 1967, 1970; Ulrich 1968; Flik 1969; Krieg 1971; Bleicher 1972; Galbraith 1973; Lochstampfer 1974; Baetge 1983; Schiemenz 1984) lehnen sich weitgehend an die ersten kybernetischen Arbeiten von Wiener, Ashby, McCulloch, Hall & Fagen, Cannon, Shannon & Weaver, Flechtner und Klaus an und bewegen sich im Bereich der Modelle mechanischer Systeme. Grundauffassung und entsprechendes Instrumentarium (Lehmann 1980) gliedert sich in:

a) Das System als strukturelles Gebilde und Prozeßträger.
b) Steuerung und Regelung als spezifische Formen des Systemverhaltens zur Erreichung des Systemgleichgewichts.
c) Information als funktioneller Bestandteil der Steuerung und Regelung.

Diese drei Punkte beinhalten deutlich die Grundbegriffe und Charakteristika der Organisation als System kybernetischer Regelmechanismen. Es sind Struktur und Prozeß, Steuerung und Regelung, Stabilität und Anpassung, Information und Kommunikation. *Stabilität*, *Gleichgewicht* und *Anpassung* bilden ohne Zweifel den Fokus. Die Eigenschaft eines Systems, gegenüber Störungen ein Gleichgewicht aufrechtzuerhalten oder dahin zurückzukehren, erfordert strukturelle Voraussetzungen, gewisse Steuerungs- und Regelungsmechanismen usw. Gleichgewicht wird meist als dynamisches Gleichgewicht mit der Umwelt des Systems verstanden und als »Fließgleichgewicht« bezeichnet. Wie wird Stabilität erreicht? Wie paßt sich ein System an? Welches sind die Voraussetzungen? Das sind die grundlegenden Fragen.

Entscheidend für die Stabilität des Systems ist entsprechend den zu bewältigenden Störungen ein genügendes Steuerungs- und/oder Regelungssystem. Die hier genannten Ansätze konzentrieren sich deshalb auf die »technische« Erarbeitung von Steuerungssystemen, Regelungssystemen und vermaschten Regelkreisen, um aufgrund des *Varietätsgesetzes* Stabilität erreichen zu können. Durch ein Steuerungssystem oder eine steuernde Instanz läßt sich nur eine geringe Varietät bewältigen. Sie ist inputorientiert, denn Grundlagen der Verhaltensbeeinflussung sind *Nachrichten* über Inputveränderungen und die daraus abgeleiteten Erwartungen über die Auswirkungen auf den Output. Hierbei sind sehr restriktive Voraussetzungen notwendig (vgl. Krieg 1971, S. 72ff). Rückgekoppelte Systeme vermögen hingegen eine große Varietät zu bewältigen und sind eine absolute Grundlage für die Stabilität komplexer Systeme. Rückgekoppelte oder Regel-Systeme sind outputorientiert; die Anpassung wird nachträglich anhand der Regelgröße vorgenommen. Es ist hier nicht der Ort, Steuerung, Regelkreis und vermaschte Regelsysteme einmal mehr zu beschreiben (vgl. besonders Beer 1966, 1970; Ulrich 1968; Flik 1969; Krieg 1971; Ashby 1974; Probst 1981; Schiemenz 1984).

Als ein Beispiel für die regelungstechnische Vorstellung, die den »organisationskybernetischen Ansätzen« zugrunde liegt, mag die Beschreibung eines Regelungssystems und dessen Elemente bei H. Ulrich (1968, S. 122) nachgesehen werden. Folgende Elemente werden darin unterschieden:

- ❑ ein Ist-Wert-Erfasser (Istwert-Fühler, Meßfühler), welcher den jeweils vom System erreichten Istwert ermittelt;
- ❑ ein Regler (welcher Istwert und Sollwert vergleicht und Zielabweichungen ermittelt);
- ❑ eine Entscheidungsinstanz, welche Aktivitäten des Systems auslöst, in Gang hält und aufgrund der Ziel abweichungen Korrekturentscheidungen und -maßnahmen trifft;
- ❑ Elemente, welche Aktivitäten (Transformationen, Prozesse) ausführen; oft auch als »kausale Subsysteme«, in dynamischer Betrachtung auch als Regelstrecke bezeichnet.

Natürlich ist der Stabilitätsbereich eines einfachen Regelkreises begrenzt. Regelungssysteme »höherer« Ordnung und deren »Anwendung« in der Organisation von sozialen Systemen gehören zu den wesentlichsten Erkenntnissen dieser Kategorie von Ansätzen. Ultrastabilität und Äquifinalität, Multistabilität und Lernfähigkeit brachten in den 60er Jahren für die Organisationslehre echte neue Impulse (vgl. dazu Ulrich 1968; Krieg 1971; Gomez, Malik & Oehler 1975; Probst 1981).

In diesen vermaschten Regelsystemen werden die wechselseitigen Beziehungen von Subsystemen gegenüber den Abläufen innerhalb einzelner Systeme in den Vordergrund gerückt. Je nach Komplexitätsstufe ist ein adäquates Varietätsengineering notwendig (vgl. Beer 1966; Probst 1981, S. 137ff, S. 157f; Röpke 1977). Die Auswahl eines Regelungssystems, die Verhaltensänderung, bis ein Gleichgewichtszustand wieder erreicht ist, beinhaltet sprunghafte Übergänge auf andere Beziehungsstufen im Lenkungssystem. Flik (1969) hat daher für die Dimensionierung der Lenkungssysteme und deren Lokalisierung im Rahmen der Aufbau- und Ablauforganisation einer Unternehmung u. a. folgende Prinzipien genannt:

1) Prinzip der ausreichenden Varietät (Stabilitätskriterium).
2) Prinzip der Beziehungsstufe zum Handeln.

Organisationsmodelle im Rahmen regelungstechnischer Ansätze gehen von offenen, zirkulär geschlossenen Systemen (vgl. De Greene 1982) aus; bezogen auf Information handelt es sich um geschlossene Regelkreise, in Bezug auf Energie und Materie (vgl. Thermodynamik) um ein offenes System. Diese Lenkungssysteme sind hierarchisch aufgebaut und haben den Zweck, ein durch Störungen aus dem Gleichgewicht gebrachtes System wieder in den ursprünglichen Zustand zurückzuführen. Natürlich ist diese meine Interpretation für viele Ansätze und Absichten von Autoren reduktiv. Jedoch zeigt sich eine Konzentration auf Stabilität und nur ein geringes Interesse für Sinn und Zweck von Fluktuationen, eine langfristige Anpassungsfähigkeit (Adaptabilität), Selbstorganisation, Innovation oder Evolution. Homöostatische Steuerung und Regelung ist darauf konzentriert, ein System kurzfristig innerhalb gewisser Toleranzgrenzen zu halten. Es handelt sich häufig um relativ deterministische Ansätze, indem die Beziehungen zwischen Steuerung und Regelung und dem gesteuerten und geregelten Prozeß mehr oder weniger als direkt angenommen werden. Untersuchungen der Erfolge von regelungstechnischen Modellen in der Praxis scheiterten meist an den selbst auferlegten, technischen Kriterien, d.h. vor allem der Abbildungs- und Meßproblematik. Varietätsengineering ist in sozialen Systemen nicht wie bei Spielmatrizen meßbar. Organisationskybernetische Erfolge und Untersuchungen konzentrieren sich daher weitgehend auf »technische Bereiche« der Unternehmung(sführung) wie Qualitätskontrolle, Fertigung, Transport, Lagerhaltung (vgl. Faber 1984; Schiemenz 1984; Baetge 1983; De Greene 1982; Lehmann 1980).

Diese Richtung hat jedoch auch vielversprechende Weiterentwicklungen erfahren, die sich gerade mit der Unternehmung als Ganzheit, mit integrierten Führungssystemen, Planungs-, Informations- und Kontrollsystemen oder langfristig adaptiven Organisationsmodellen befassen. Die Loslösung von einer sehr technischen Analyse von Steuerungs- und Regelungssystemen und die Einbeziehung von organismischen, adaptiven, lernorientierten, sich selbstorganisierenden und -entwickelnden Prozeßvorstellungen in die Untersuchung von sozialen Systemen ist unverkennbar. Diese Entwicklung war bei vielen oben genannten Autoren bereits implizit vorhanden oder als Ziel deklariert (vgl. etwa Ulrich, Beer, Krieg). (16)

5.4 Die Organisation des lebensfähigen Systems

In den 70er Jahren betonten viele Autoren statt einer ökonomischen Zielerreichung von Unternehmungen das *Überleben* in einer bestimmten Umwelt und damit die Anpassungsfähigkeit und das Management der Umwelt (vgl. March & Olson 1976; Pfeffer & Salancik 1978; Weick 1979).

Neben die bisherigen kontingenztheoretischen Ansätze stellte sich die Erkenntnis, daß erfolgreiches Management nicht nur aus der Gestaltung und Lenkung von Strukturen im System bestand, sondern auch aus der Einflußnahme auf die Umwelt. Die Beteiligten in einem System-Umwelt-Zirkel nehmen nicht einfach ihre Umgebung wahr und reagieren, sondern agieren und verändern auch in der Umwelt; die Umwelt wird zu etwas subjektiv Geschaffenem, auf einer kognitiven wie auch objektiven Ebene (vgl. Weick 1979; Dyllick 1982, S. 329ff; Semmel 1984, S. 377; Dachler 1983, 1984a, b). In diesem Rahmen entstanden Modelle des Organisationsprozesses als zusammenhängende Handlungsketten, die analog einem evolutionären Prozeß verstanden werden können (vgl. Campbell 1969, 1975; Weick 1979, S. 132; Dyllick 1982; Semmel 1984). Auf diese Entwicklung, das Organisieren als evolutionären Prozeß zu verstehen, kommen wir noch detaillierter zu sprechen.

Einen gewagteren Schritt machten jene Autoren, die versuchten, eine Struktur des *lebensfähigen* Systems zu entwickeln, die in analoger Weise für (lebensfähige) soziale Systeme interpretiert werden kann (vgl. Beer 1972, 1979, 1981; Miller 1978; Gomez 1978, 1981; Malik 1984). Dabei stand immer die Frage im Vordergrund, welche Strukturen der Lenkung ein soziales System haben müßte, wenn es wie ein lebendes System sich erhalten, anpassen, verändern und entwickeln soll. Stafford Beer geht bspw. davon aus, daß jedes lebensfähige System, gleich dem menschlichen Zentralnervensystem, durch fünf Subsysteme der Lenkung charakterisiert ist, die die notwendigen und hinreichenden Bedingungen für das Überleben zum Ausdruck bringen. Diese Behauptung der Invarianz der fünf Subsysteme bedeutet nicht, daß alle Systeme dieselben Komponenten enthalten, sondern daß dieselbe lebensfähige Struktur mit verschiedenen Komponenten erreicht werden kann, solange diese Funktionen wahrgenommen werden.

Lebensfähige Systeme bestehen selbst aus relativ autonomen Subsystemen, die innerhalb ihrer Umwelt wieder Lebensfähigkeit und damit die Struktur des lebensfähigen Systems aufweisen müssen. Das Modell wird folglich *rekursiv - auf verschiedenen Ebenen - angewandt*. Von zentraler Bedeutung sind damit:

(16) Vgl. dazu auch die neueren Ansätze von Gomez, Malik & Oehler (1975), Röpke (1977), Ackoff (1978, 1981), Argyris & Schön (1978), Beer (1979, 1981), Gomez (1981), Probst (1981), Dyllick (1982), De Greene (1982), Ulrich (1984) und die im folgenden Abschnitt angeführte Literatur zu Modellen lebensfähiger Systeme.

❑ Lebensfähigkeit,
❑ Autonomie,
❑ rekursive Ebenen.

Dieses Modell des lebensfähigen Systems besteht gewissermaßen aus einem vernetzten System von Regelkreisen oder Homöostaten. Um der äußerst komplexen Umwelt eines »lebensfähigen Systems« varietätsmäßig gewachsen zu sein, bedarf es der Homöostaten verschiedener Ebenen im Verbund. Diese Regelmechanismen lassen sich kurz wie folgt beschreiben:

1) (Teil-)Autonome Organisationseinheiten (Operationsbereiche) werden innerhalb ihrer Umwelt gelenkt.
2) Über ein Netz von Verbindungen zwischen den Lenkungssystemen der relativ autonomen Teile wird eine Abstimmung bzw. Koordination ermöglicht.
3) Ein »übergeordnetes« Lenkungssystem erfüllt die Abstimmung und Optimierung aller laufenden Aktivitäten im System als Ganzes (internes Gleichgewicht).
4) Eine weitere Lenkungsfunktion besteht in der Erreichung eines externen Gleichgewichts mit dem System.
5) Ein »übergeordnetes« Lenkungssystem stimmt die Lenkungsaktivitäten zur internen Stabilisierung des Gesamtsystems mit den Lenkungsaktivitäten zur Erreichung eines Gleichgewichts mit der gesamten Umwelt ab, im Rahmen der Ziel- und Zwecksetzungen des Ganzen.

Dieses vermaschte Regelungssystem kann durchaus als eine Weiterentwicklung kybernetischer Regelmodellvorstellungen gesehen werden. Ein großer Fortschritt liegt dabei besonders in der Betonung und Beachtung intrinsischer oder organischer Lenkungsmechanismen gegenüber extrinsischen, technisch aufgepfropften und vom zu lenkenden System separierten Mechanismen. Anwendungen und Interpretationen haben sowohl Beer wie auch andere Autoren mehr und mehr von einer sehr technischen Regelungsinterpretation zu einer eher weichen organischen Interpretation geführt, die Fragen der Autonomie, Selbstorganisation, Evolution vermehrt berücksichtigt (vgl. Beer 1979 und 1981 gegenüber 1972; Gomez 1978, 1981; Malik 1984).

Interessanterweise stimmen die fünf Lenkungsmechanismen sehr gut mit grundlegenden Managementfunktionen überein, was zu extensiven Interpretations- und Anwendungsbeispielen geführt und dem Modell im Managementtraining und in der Beratung viele Sympathien eingetragen hat. Die fünf Funktionen sind entsprechend den Lenkungssystemen (Homöostaten):

1) Leitung von strategischen Geschäftsfeldern oder divisionalen Einheiten.
2) Koordination von strategischen Geschäftsfeldern.
3) Operationales Management.
4) Strategisches Management.
5) Normatives Management.

In ähnlicher Weise präsentiert sich der Ansatz von J. G. Miller über »Living Systems«. Er geht davon aus, daß es bestimmte kritische Prozesse für das Überleben auf verschiedenen Systemebenen gibt. Die über Jahrzehnte entstandene Theorie (vgl. die Behavioral-Science-Zeitschrift in den 60er und 70er Jahren) stützt sich auf Erkenntnisse der Kybernetik und Systemtheorie, der Informations- und Kommunikationstheorie, der Thermodynamik und der klassischen Konzepte, die sich jeweils auf den entsprechenden Stufen verwenden lassen (vgl. Miller 1978; Probst 1981, S. 102f; De Greene 1982).

Diese biologischen Analogien des lebensfähigen Systems orientieren sich am einzelnen Organismus, bzw. dessen Lenkungssystem. Damit besteht die Gefahr, daß Kollektivitäten wie Unternehmungen nicht in ihren eigentlichen Kollektiveigenschaften untersucht werden, sondern ein individualistisches Bild den Bezugsrahmen bildet. Unternehmungen sind jedoch in ihrem Aufbau eher mit ökologischen Systemen vergleichbar. Dabei ist einerseits an F. Vesters »vernetzte Systemvorstellungen« zu denken, die vor allem auch die menschlichen Gestaltungs- und Lenkungsaktivitäten miteinbeziehen. Seine acht bio-kybernetischen Regeln, die den Erkenntnissen über das Entstehen unerwarteter Rückschläge, Dichtestress, Sprünge auf neue Organisationsstufen, Selbstregulation, Fließgleichgewicht, Wachstum, das Ausscheiden störender Teilsysteme u. a. Rechnung tragen, haben zwar im Planungs- und Frühwarnbereich ihre explizite Interpretation erfahren, jedoch wurde bisher kein Versuch unternommen, die organisatorischen Konsequenzen zu erarbeiten (vgl. Vester 1976, 1978, 1980, 1985; Vester & Hesler 1980; Gomez 1981, 1983; Probst & Gomez 1984).

Ein vielversprechender ökologischer Ansatz sozialer Systeme ist von Eric Trist ebenfalls Mitte der 70er Jahre vorgeschlagen worden. In einer turbulenten, vernetzten Umwelt (vgl. Drucker 1968; Emery & Trist 1965, 1973; Forrester 1974; Metcalfe 1974, 1976; Ackoff 1975, 1981) müssen für »institutionelle Bereiche« (»organizational domains«) Modelle entwickelt werden, die ökologischer Natur sind.

In der Klasse von sozio-ökologischen Systemen wird nicht ein einzelnes, konstituierendes Teilsystem zum zentralen Bezugspunkt. Die institutionelle Population produziert eine neue ordnungsbezogene Institution, die durch keine einzelne beteiligte Institution dominiert wird; vielmehr lenken alle. In einzelnen Fällen gibt es überhaupt keine Bezugssysteme (vgl. Trist 1976c, S. 13). Wohl besser als von Eric Trist läßt sich die Idee des Konzepts einer institutionellen Ökologie - eines überindividuellen Ansatzes - nicht zusammenfassen. Es handelt sich um eine Evolution von einer kompetitiven zu einer kollaborativen, von einer bürokratischen zu einer ökologischen Ordnung. Diese Modellvorstellungen sind erst kürzlich wieder aufgegriffen worden und erfahren m. E. eine äußerst wichtige Interpretation und Weiterentwicklung (vgl. Trist 1981a, b; Morgan & Ramirez 1983; Ramirez 1983; Ravn 1985a, b).

Eine Weiterentwicklung stellen auch die evolutions-theoretischen und populationsökologischen Ansätze dar. Sie haben ihren Ursprung in der zweiten Hälfte der 70er Jahre. Liegt den oben genannten Modellen zumindest implizit noch deutlich die Ansicht zugrunde, Strukturen werden aktiv und kreativ gestaltet, so suchten die letzteren Ansätze - teilweise in überdeutlicher Weise - ein Gegengewicht zu bilden. Durch die Übertragung evolutionärer Prinzipien und Mechanismen sollte ein völlig anderes Verständnis für dynamische Prozesse und Entwicklungen gewonnen werden. Ordnung wird nicht als Resultat eines bewußten gestalterischen, kreativen Akts, sondern eines spontanen Prozesses interpretiert (vgl.Weick 1979; Kirsch 1979, 1985; Kirsch, Esser & Gabele 1979; Malik 1979; Malik & Probst 1981; Probst 1981; Dyllick 1982; Malik 1984; Semmel 1984).

In ähnlicher Weise heben die Vertreter eines populations-ökologischen Ansatzes hervor, daß Strukturen innere Eigenschaften des Widerstandes gegenüber Wandel haben (Hannan & Freeman 1977; Freeman & Hannan 1975; Freeman 1982), rationale Auswahl eine weit geringere Rolle spielt als natürliche (Selektions-)Prozesse und die Diversität von Organisationsstrukturen ein Resultat derartiger natürlicher Mechanismen ist (vgl.Aldrich & Pfeffer 1976; Bigelow 1978; Aldrich 1979; Aldrich & McKelvey 1982; vgl. auch Semmel 1984). Hiermit wurde eine Grundlage, wenn auch in Form einer Gegenbewegung, für die Ergänzung des Organisierens durch die Beachtung von Selbstorganisationsphänomenen gelegt.

Ähnlich wie bei Eric Trist geht es diesen Autoren nicht um die internen Systemfunktionen und -strukturen (vgl. Kanter 1977), sondern um das Überleben eines »ökologischen Feldes«. Nicht das »Passen« der einzelnen Institution, sondern das über die Population von Institutionen »verteilte Passen« ist von zentralem Interesse (vgl. Aldrich & Pfeffer 1976).

5.5 *Integrierte, mehrdimensionale Systemorganisationen*

Eine besondere Kategorie von Systemorganisationen stellen m. E. jene Ansätze dar, die Organisation oder den Prozeß des Organisierens nicht »isoliert«, sondern im Rahmen der Gesamtführung des Systems Unternehmung betrachten. Auch hier schließen die Ansätze dieser Kategorie nicht aus, daß Offenheit, Regelungsmechanismen, Lebensfähigkeit oder Evolution und Selbstorganisation eine gewichtige Rolle spielen und auf die Erkenntnisse zurückgegriffen werden kann. Zu den integrierten Ansätzen zähle ich etwa die *Organisationsvorstellungen* im Rahmen des St. Galler Management Modells (Ulrich 1968, 1978), im Rahmen einer Theorie der Managementpolitik (Mintzberg 1979, 1983), im Rahmen eines Makroansatzes für die Managementlehre (Dyllick 1982) oder im Rahmen einer Ergänzung von materiellem durch geistig-symbolisches Management (Peters 1978; Weick 1979; Pfeffer 1981; Peters & Waterman 1984 u.a.).

Diese Ansätze sind durchwegs den Modellen sozialer Systeme zuzuordnen; im Vordergrund steht neben dem materiellen das Verständnis von Managementprozessen als wertorientiertes, symbolisches, sinnhaftes Entscheiden und Handeln. In diesen Modellen wird von zweckorientierten Objektsystemen *und* von zweckorientierten Teilen der Systeme ausgegangen, ebenso von einer Einbettung in ein umfassenderes zweckorientiertes System. Dies geht weit über die offenen, kontingenztheoretischen Modelle hinaus und erfordert *integrative* Schritte. Dies soll an Beispielen dargelegt werden: Ulrich hat eine zweifache Integrationsaufgabe im St. Galler Management Modell betont (vgl. Ulrich 1984; Probst 1985a). Einerseits ging es um eine Integrationsaufgabe der Unternehmensführung, die sich auf die Unternehmung als Ganzheit bezieht und damit das Zusammenfügen von Teilen zu einem funktionierenden produktiven sozialen System zum Ziel hat. Es handelt sich gewissermaßen um die *interne Integration*, die zu einem Unternehmungs- und Führungskonzept führte.

Eine weitere Integrationsaufgabe ist *externer* Art, hat doch jedes soziale System einen bestimmten Zweck in seiner Umwelt zu erfüllen. Von den Teilen des Systems wird ein zielgerichtetes, zweckmäßiges Handeln im Rahmen der Umwelt erwartet. Die Organisation wird hier als Teil eines umfassenden Management-Konzepts in seiner Vernetzung mit anderen Elementen betrachtet. Das Ordnungsgefüge, die Entstehung, Aufrechterhaltung und Entwicklung von Ordnung wird folglich nicht isoliert gesehen, sondern im Zusammenspiel mit dem Führungssystem (Unternehmungspolitik, Planung, Disposition und Management-Informations- und Kontroll-System), der Führungsmethodik und dem Führungspotential. Organisationsfragen wie Autonomie, Differenzierung, Koordination, Stabilität, Ungleichgewicht, Veränderung usw. werden im Verbund und mehrdimensional behandelt.

Die von Ulrich zu einer Basisgesamtstruktur zusammengefaßten vier Grundkomponenten (*dezentralisierte, operationelle Einheiten; zentrale Dienste; Innovationssystem; zentrale Gesamtleitung*) lehnt stark an der Idee des lebensfähigen Systems an (vgl. Ulrich 1978, S. 197ff). Diese »statische« Sicht wird jedoch durch die Mehrdimensionalität und verschiedene Strukturebenen sowie die Aufnahme des evolutionären Gedankenguts (vgl. Ulrich 1978, 1984) wesentlich erweitert. Hier werden nicht einfach optimale Strukturen entworfen, sondern nur noch - in einer funktionalen Weise wie im Modell des lebensfähigen Systems - grundlegende Komponenten herausgearbeitet, die je nach Kontext ausgestaltet und in verschiedenen Strukturen realisiert werden. Diese verschiedenen, mehrdimensionalen Konfigurationen (Primärstruktur, Sekundärstruktur usw.) sind bisher nicht im Detail erarbeitet worden.

Ein wesentlich weiter ausgebautes Modell einer integrierten, mehrdimensionalen Systemorganisation stellt m. E. das Werk von Henry Mintzberg (1979, 1983) dar. Seine empirisch herausgearbeiteten Koordinationsmechanismen (abgestimmtes Verhalten, direkte Überwachung, Standardisierung der Arbeitsprozesse, Standardisierung der Outputs und Standardisierung des fachlichen Wissens und Könnens) werden in Abhängigkeit grundlegender Strukturen bzw. Strukturausprägungen besprochen:

- ❑ Einfache Struktur (»Simple Structure«),
- ❑ Mechanistische Bürokratie (»Professional Bureaucracy«),
- ❑ Divisionalisierte Struktur (»Divisionalized Form«) und
- ❑ Ad-hoc-Struktur (»Ad-hocracy«).

Diese *Konfigurationen* stellen Modellvorstellungen dar, die in der Realität je nach Kräften, Abhängigkeiten und Konstellationen ausgestaltet werden. Mintzberg betrachtet seine Strukturforschungen und -überlegungen jedoch ebenso wenig in isolierter Weise wie Ulrich. Sie stellen ein wichtiges Element im Managementprozeß dar, neben Elementen wie Führungsaufgaben und Macht und im Rahmen der strategischen Entscheidungsprozesse durch Führungskräfte (vgl. vor allem die Programmvorstellung in der Einführung von Mintzberg 1979, S. IV).

Eine besondere Klasse integrierter, mehrdimensionaler Systemmodelle liegt jedoch in jenen Modellen vor, die soziale Systeme auch als Sinnsysteme berücksichtigen. Diese werden durch sinnhaft aufeinander bezogene Handlungen, durch Kognitionen, Werte und Normen zusammengehalten. Ihre Struktur besteht neben materiellen, substantiellen Gestaltungsergebnissen aus symbolisch vermittelten und entstandenen Sinnstrukturen, die verbindliche Denk-, Sprach- und Interpretationsschemata festlegen und die laufende Verarbeitung von Ereignissen und das Handeln im System und des Systems als Ganzes durch diese Strukturen lenken (Probst & Dyllick 1985; vgl. auch Peters 1978; Weick 1979a, b; Pfeffer & Salancik 1978; Pfeffer 1979, 1981; Pondy & Mitroff 1979; Dyllick 1982, 1983; Deal & Kennedy 1982; Pascale & Athos 1982; Smircich & Morgan 1982; P. Ulrich 1983; H. Ulrich 1984; Peters & Waterman 1984; Probst & Scheuss 1984; Bolman & Deal 1985). (17)

Symbolisches Management beinhaltet die Gestaltung des Kontextes (struktureller Voraussetzungen) für die Entstehung von Sinnstrukturen. Modelle dieser integrierten (makro- und mikrobezogenen) Art verstehen Unternehmungen nicht nur als offene Systeme, sondern meist auch als solche, die eingebettet in eine hierarchische oder ökologische Stufenfolge von Systemebenen sind.

Diese Ergänzung des materiellen Organisierens durch ein symbolisches Gestalten und Lenken zur Schaffung von Sinnstrukturen, um dem Handeln des Systems wie seinen Teilen eine Orientierung und Selbstvertrauen zu geben, ist eine wesentliche neue Dimension der Tätigkeit des Organisierens (vgl. Probst & Scheuss 1984).

(17) Zu einem großen Teil ist hiermit die Erforschung der »Unternehmenskultur« (in einem weiten Sinne verstanden) verbunden. Von besonderem Interesse ist für uns die Untersuchung des Zusammenspiels von Organisieren und Organisations- oder Unternehmenskultur; vgl. Bleicher 1983, 1985; Staerkle 1985; Schein 1985; Smircich 1983a, b, c; Schein 1984; Louis1981; Evered & Louis 1981; Pondy et al 1984; thematisiert wird dieses Feld außer mit Unternehmungs- oder Organisationskultur auch etwa mit Interkulturellem oder Komparativem Management, Organisatorischer Kognition, Organisatorischem Symbolismus oder unbewußten Prozessen und Organisation (vgl. Smircich 1983a).

5.6 *Die Organisation evolutionärer, fortschrittsfähiger Systeme*

Organisation behandelt die Frage, welche Strukturen und Mechanismen die Funktionsweise eines Systems bestimmen und die Fähigkeit des Systems als Ganzes garantieren, in seiner Umwelt bestehen zu können. Die bisher aufgezeigten Modelle und »Entwicklungsphasen« einer systemorientierten/kybernetischen Organisation haben zur Klärung dieser Fragen wesentliche Erkenntnisse beigetragen. Wir haben jeweils gesehen, daß diese Forschungsrichtungen sich weiterentwickelt haben und alle ihren Stellenwert heute noch besitzen. Sie alle gehen in ihrer Anlage jedoch weitgehend davon aus, daß Strukturen von jemandem, dem Organisator oder der Führungskraft, entworfen und eingeführt werden. Auch wenn teilweise akzeptiert wird, daß Strukturen je nach Situation »entstehen« und »interne wie externe« Kräfte wirken, so wird doch kaum je klargestellt, inwieweit Strukturen gemacht werden (können) oder dem System einfach »passieren«. Die obengenannten Modelle konzentrierten sich weitgehend auf das substantielle Gestalten, den Entwurf und die Einführung von »materiellen« Strukturen. Eine wesentliche Ergänzung fand diese materielle Ebene mit der Akzeptanz und Erforschung der geistig-sinnhaften Ebene, im symbolischen Gestalten.

Fast alle neueren Weiterentwicklungen lassen jedoch ein weiteres Feld erahnen, das nicht mehr einem Organisieren, einem substantiellen wie symbolischen, zugeordnet werden kann. Einige dieser Weiterentwicklungen sollen hier nochmals kurz genannt werden, um zu zeigen, daß sie alle ein komplementäres oder umfassenderes Feld der Organisation anstreben, das *selbst*organisierende, -strukturierende, -gestaltende, -entwickelnde, -referentielle Prozesse beinhaltet. Diese Entwicklungen wurden bewußt bereits in den vorangehenden Kategorien aufgezeigt, denn es soll hier nicht so getan werden, als ob es sich um eine völlig neue »Erfindung« unabhängiger Art handelt. Es wurde dabei nicht von Selbstorganisation gesprochen, sondern etwa von ökologischen Ansätzen, einem kontextuellen Verständnis, Morphogenese, organisationellem Lernen, evolutionärem Management, Ungleichgewichtssystemen usw.

Die offenen (kontingenztheoretischen) Modelle fanden nicht nur in den ökologischen Ansätzen eine wesentliche Ergänzung, sondern auch in jenen Ansätzen, die von einer Ungleichgewichtsmetapher ausgehen. Die ökologischen oder Makro-Modelle (vgl. Emery & Trist 1965, 1973; Vickers 1965, 1968; Bateson 1972; Pfeffer 1972; Trist 1976a, c, 1979, 1980, 1981a, b; Stratton & Flynn 1980) leiteten eine Bewegung ein von der Beschäftigung mit Organisation als diskretem Phänomen weg zu einer Anerkennung eines ganzen Feldes von Beziehungen und Interdependenzen (vgl. Morgan 1982, S. 527f); eine ähnliche Sichtweise führte zu echt zirkulären Beziehungen zwischen System und Umwelt und damit zur Einsicht der Einflußnahme auf das Umweltgeschehen (»enactment«) und die Rückwirkungen (vgl. Pfeffer & Salancik 1977; Weick 1977, 1979; Dyllick 1982). Diese neuere Entwicklung hat auf Überlegungen der Adaptivität von Organisationsstrukturen einen großen Einfluß, ruft sie doch letztlich nach selbst-regulativen, selbstorganisierenden und evolutionären Fähigkeiten.

Die traditionelle »Kybernetik des Gleichgewichts« fand mehr und mehr eine Ergänzung durch eine »neue« Kybernetik (vgl. Probst 1981), die durch folgende Stichworte charakterisiert werden kann:

Musterbildung, Schwellenübergänge, spontane Ordnung, Fluktuation, Diskontinuitäten, Emergenz neuer Eigenschaften und Verhaltensweisen, Instabilität, Wandel, Evolution.

Zwischen *stabilitätsorientierter, strukturbewahrender* und *evolutionärer, strukturverändern-*

der Kybernetik wird keine Wertung vorgenommen. Sie sind komplementär. Der Unterschied liegt in der Betonung des Forschungsgegenstandes. Bei den Stabilitätsfunktionen geht es um die Fähigkeit von Systemen,die essentiellen Variablen innerhalb gewisser Grenzen zu halten, bei den evolutionären Funktionen um die Fähigkeit, die Grundstrukturen ändern zu können, lernfähig zu sein, Instabilitäten überwinden zu können und sich selbst zu entwickeln.

Ein wichtiger Schritt für das Verständnis dieser Entwicklung liegt in einem erweiterten Stabilitätsbegriff. Holling (1976, 1977) unterscheidet zwischen *Stabilität* und *Elastizität* (»resilience«). Er definiert Stabilität im Sinne der traditionellen Kybernetik als die Eigenschaft eines Systems »nach einer zeitlich begrenzten Störung, zu einem Zustand des Equilibriums zurückzukehren: Je schneller es zurückkehrt und je weniger es fluktuiert, umso stabiler ist das System.« Elastizität hingegen kann umschrieben werden als ein »Maß für die Persistenz eines Systems und dessen Fähigkeit, Wandel und Störung zu absorbieren und trotzdem dieselben Beziehungen aufrechtzuerhalten.« Das System verändert bspw. seine Struktur, erhält jedoch seine Beziehungen innerhalb des ökologischen Kontextes mit anderen Systemen (vgl. auch Smith 1985; Ciborra et al. 1984; De Greene 1982).

Organisationsmodelle, die sich mit Veränderung, Ungleichgewicht, Übergang in neue Ordnungsebenen und Eigenschaften usw. beschäftigen, stützen sich meist auf neuere Erkenntnisse aus der Physik (Ungleichgewichtsthermodynamik), der Chemie (Synergetik) oder der Biologie (Evolution). Diese Grundlagen sind im Rahmen kybernetischer Gesetzeshypothesen anderswo aufgearbeitet worden (vgl. Probst 1981; vgl. außerdem besonders Jantsch 1975, 1979; Waddington 1975; Prigogine 1976, 1979; Jantsch & Waddington 1976; Nicolis & Prigogine 1977; Varela 1979; Bohm 1980; Maturana & Varela 1980; Bateson 1981, 1979; Haken 1981; Maturana 1981; Prigogine & Stengers 1981).

Die Idee, neben morphostatischen auch morphogene Änderungen in Organisationsmodellen zu beachten, also auch Änderungen der lenkenden Regeln, lag bereits bei Krieg (1971) vor. Besondere Anstrengungen für die Entwicklung »komplementärer Modelle« finden wir jedoch erst in den sogenannten *evolutionären Theorien*. Diese lehnen sich stark an organismische Vorstellungen an - Überleben, in einer sich ständig ändernden Umwelt ist Ziel und Zweck.

Diese Modellvorstellungen gehen davon aus, daß auch Unternehmungen in hohem Maße evolvierende Systeme sind, deren Ordnung auf Koordinationsprinzipien eigener Art beruht. Kirsch spricht von der innovativen, fortschrittsfähigen oder evolutiven Unternehmung; Malik, Probst, Sprüngli, Dyllick und Semmel arbeiten mit dem Begriff »evolutionäres Management«; Weick, Campbell, McKelvey u.a. vertreten ebenfalls evolutionäre Ansätze (vgl. Campbell 1969, 1975; Kirsch 1979, 1985; Kirsch, Esser & Gabele 1979; Weick 1979; Malik 1981, 1984; Malik & Probst 1981; Sprüngli 1981; Dyllick 1982; McKelvey 1982; Semmel 1984). »Das Modell der innovativen bzw. fortschrittsfähigen Organisation geht über die heute in der Organisationstheorie dominierenden Systemmodelle hinaus. Diese werden im wesentlichen durch die Grundfragestellung geprägt, unter welchen Bedingungen Organisationen als offene Systeme in einer sich ständig ändernden Umwelt überleben« (Kirsch 1979, S. 12). (18)

In ähnlicher Weise beschreibt Malik (1984) in seiner »Management-Kybernetik evolutionärer Systeme« als Grundlage jeder Strukturierung die Lebensfähigkeit als höchstes Ziel. Er lehnt sich dabei einerseits stark an das Modell des lebensfähigen Systems von Stafford Beer, andererseits an die Theorie spontaner Ordnungen von Friedrich A. von Hayek und die Versuchs-Irrtums- Methode von Karl Popper an. Zeichnet er in seinem neuen

(18) *Organisation* ist bei Kirsch mit System oder Unternehmung gleichzusetzen, bei Malik geht es jedoch um die Struktur (des lebensfähigen Systems).

Buch eher eine evolutionäre Problemlösungsmethode auf, so hat er doch immer auch klar die Koordinationsmechanismen oder Organisationsfragen, abgeleitet aus evolutionären Vorstellungen, berücksichtigt (vgl. Malik 1984, 1981; Malik & Probst 1981).

Bei allen obengenannten Autoren wird im Rahmen evolutionärer Ansätze klar, daß Strukturen nicht nur einfach erfunden und implementiert werden können, sondern ganzheitlich aus dem System heraus entstehen. Absichtsvolles Gestalten, Lenken und Entwickeln von sozialen Systemen stellt zwar auch hier einen wesentlichen Teil der Ordnungsbildung dar, jedoch wird bewußt ins Kalkül gezogen, daß Ordnungsphänomene das Resultat einer Selbstproduktion sind oder sein können. Die Teile sozialer Systeme entwickeln ihre eigene Dynamik und haben eigene (Teil-) Ziele, was niemals das Resultat einer geplanten Vorstellung zuläßt. Die Organisation (über-)lebensfähiger Systeme muß folglich eine evolutionäre Form haben. Meines Erachtens geht Kirsch jedoch zurecht über diese (biologische/ökologische) Forderung hinaus. »Das Modell der fortschrittsfähigen Organisation geht über die Frage nach den Bedingungen des Überlebens hinaus und stellt die Frage nach den Bedingungen eines Fortschritts in der Befriedigung von Bedürfnissen bzw. der Realisierung von Werten der direkt oder indirekt von den Aktivitäten dieser Organisation betroffenen Teilnehmer bzw. Interessenten« (Kirsch 1979, S. 12). Damit wird etwas miteinander verbunden, das ich als Weiterentwicklung integrierter Modelle bezeichnet habe, die Erkenntnis nämlich, daß auf humaner sozialer Ebene die Frage nach dem Sinn und der symbolischen Gestaltung eine wesentliche neue Dimension darstellt (vgl. auch Gharajedaghi & Ackoff 1985; Kirsch 1985; Probst & Dyllick 1985; Probst & Scheuss 1984; Ackoff 1981).

Gestützt auf Ackoffs und Emerys Unterscheidung von Klassen funktioneller Systeme (Ackoff & Emery 1972; Ackoff 1981; Gharajedaghi 1985) fordert Kirsch einen Fortschritt im Sinne der *Entwicklung*. Entwicklung kann nicht gemacht, sie kann nur unterstützt, erleichtert und gefördert werden. »Da eine Entwicklung eine Erweiterung der Tätigkeiten mit sich bringt (zum Beispiel Lernen) und eine Person nicht für eine andere lernen kann, wird ein Mensch nicht durch einen anderen Menschen oder eine Institution nicht durch eine andere entwickelt« (Gharajedaghi & Ackoff 1985, S. 295). Kirsch weist m. E. in diesem Zusammenhang bereits auf einen wesentlichen weiteren Schritt hin, an dem gegenwärtig auch Russ Ackoff, West Churchman, Tom Cowan und ihre Mitarbeiter arbeiten. (19) »Erst wenn die moralischen und ästhetischen Dimensionen eines Managements in die Betrachtung einbezogen werden, können auch die "sinngebenden und sinnvermittelnden" Funktionen des Managements erfaßt werden. Freilich setzt dies voraus, daß sich die Diskussion eines evolutionären Managements nicht die Grundfragestellung der naturwissenschaftlich orientierten Evolutionstheorien, nämlich die Frage nach der Lebensfähigkeit der Systeme aufdrängen läßt, mit der letztlich nur die Handlungsfähigkeit des Systems problematisiert ist, sondern sich jenseits der Überlebensfrage bewegt« (Kirsch 1985, S. 348).

Wenn oben erwähnt wurde, daß evolutionäre Ansätze selbstinduzierte Prozesse (Selbstregulation, Selbststrukturierung, Selbstentwicklung) betonen, so wird doch kaum je das Phänomen »Selbstorganisation« (als zusammenfassender Begriff für Selbst- Phänomene) intensiv behandelt. Die Akzeptanz begrenzter Machbarkeit führt schnell zum Thema der »geplanten Evolution«. Eine Folge von kleinen überschaubaren Schritten in Richtung eines Ideals »schafft "Tatsachen", die den Status quo der nachfolgenden Schritte prägen« (vgl. Kirsch 1979, S. 17; ähnlich Malik 1984, S. 223ff). Welcher Art die *Selbstorganisation* oder evolutionären Prozesse der Selbstentwicklung sind, wird kaum untersucht.

In einem kürzlich erschienenen Beitrag habe ich gemeinsam mit R. Scheuss eine erste

(19) Vgl. die neuesten Arbeiten von Ackoff (1981); Gharajedaghi (1985), Ackoff et al (1985a, b).

Vorstellung dargelegt, die die bisher genannten Entwicklungen in einen Rahmen zu bringen sucht (vgl. 1984). Organisieren setzt sich dabei aus einem substantiellen (materiellen) und einem symbolischen (geistig-sinnhaften) Gestalten zusammen. *Selbst-Organisation, als übergeordnetes Konzept*, schließt interaktive Selbststrukturierung, Selbstreferenz, Autonomie und Redundanz in den Funktionen ein (vgl. besonders auch Ben-Eli & Probst 1986). Dieser Rahmen wird im folgenden Kapitel wiedergegeben.

6 *Die Prozesse der Ordnungsbildung in sozialen Systemen: Ein Bezugsrahmen der Selbst-Organisation*

Try to forget about
the explanation
and you will begin to see.
Carlos Castaneda

Als Organisation wird alles bezeichnet, was für eine wahrgenommene Ordnung verantwortlich zeichnet. Ein Organisationsrahmen kann sich damit nicht auf die bewußten organisatorischen Tätigkeiten einzelner Führungskräfte oder gar die Organisationsinstrumente beschränken. Hier wird die Auffassung vertreten, daß intern generiertes Gestalten oder Organisieren als Teil eines selbstorganisierenden Systems zu betrachten ist. Dies führt zu einem viel weitergefaßten Bezugsrahmen, als dies in der traditionellen Organisationsliteratur üblich ist.

Organisieren stellt gewissermaßen ein bewußtes Eingreifen und Intervenieren in die Ordnungsprozesse eines Systems dar. Ein System bezeichnen wir als geordnet, wenn wir Regelmäßigkeiten oder etwas als Anordnung wahrnehmen. Ordnung bedeutet Gesetzmäßigkeit, die dem Beobachter erlaubt, Fehlendes in einem System zu ergänzen oder Fehlerhaftes zu erkennen, Teile zusammenzufügen, Verhalten abzustimmen usw. Ordnung enthält damit Einschränkungen der Freiheiten oder Verhaltensmöglichkeiten in einem System, indem Willkür und Zufall in einem gewissen Maße ausgeschlossen werden (vgl. Bresch 1978; Hayek 1980; Eigen & Winkler 1975; Riedl 1975, 1985; Probst 1981). Dabei ist Ordnung nicht etwas Einmaliges oder Statisches. Sie ist dynamisch, aber weist Konstanz auf (Ordnung hat »Geschichte«). (20)

Im Organisieren wird etwas bewußt kreativ geschaffen, implementiert und kontrolliert. Ein Einzelner (Organisator, Planer, Vorgesetzter...) interveniert und »stellt sich scheinbar momentan außerhalb des Systems«. Er ist jedoch Teil eines komplex vernetzten Systems, das aus seinen interagierenden Teilen und Elementen heraus eine Ordnung produziert. Humane soziale Systeme sind selbstorganisierend, d.h. ihre Ordnung ist nicht auf individuelle Interventionen oder Handlungen rückführbar. Sie ist das Resultat »autonomer«, interaktiver, auf sich selbst bezogener Operationen oder Handlungen. Wenn auch

(20) Dieses Verständnis eines dynamischen Ordnungsbegriffes kann bildlich etwa mit der Beobachtung eines Baumes über die Jahreszeiten dargestellt werden. Das Ordnungsmuster, das wir erkennen, wenn wir den Baum betrachten, hat nichts mit statischem oder ständigem Gleichgewicht zu tun, sondern ist ein »elastisches Muster« (vgl. dazu den Begriff der »Resilience« bei Holling 1976).

Organisieren ein wesentlicher Faktor der Ordnungsbildung in diesen Systemen ist, müssen wir das *System als selbstorganisierend verstehen.* Das verlangt nicht nur ein Verstehen des Phänomens Selbstorganisation, sondern auch der intervenierenden gestaltenden Handlungen als Teil eines selbstorganisierenden sozialen Systems mit all seinen Besonderheiten.

6.1 Über die Besonderheiten humaner sozialer Systeme

Eine physikalische, biologische und humane Systemebene wurde unterschieden. Eine Orientierung an der ersten oder zweiten Ebene kann für das Verständnis humaner sozialer Systeme nicht genügen. *Modelle und Methoden* , die etwa einem mechanistischen, experimentellen Vorbild folgen und das Verhalten der Teile analysieren, »abbilden« und die Ergebnisse zu Aggregaten aufaddieren, können kaum das Wesentliche über das Ganze aussagen. Analogien zu biologischen Modellen bleiben ungenügend, weil deren Teile keine bewußten Wahl- und Entscheidungsmöglichkeiten haben und losgelöst vom Ganzen nicht existieren können. Ich folge den Auffassungen von Mitroff, Ackoff, Trist und Vickers, die deutlich machen, daß die angewandten Sozialwissenschaften *versagen müssen*, wenn sie die Methoden der sogenannt exakten Wissenschaften imitieren wollen (vgl. Mitroff 1985, 1983; Trist 1985; Vickers 1983, 1980; Ackoff 1981, 1975). Humane soziale Systemwissenschaften erfordern, ebenso wie andere Wissenschaften, die Beachtung der Differenzen oder Besonderheiten der untersuchten Objekte, auch wenn wir ein allgemeines Phänomen wie Selbstorganisation diskutieren.

Soziale Systeme sind Teil eines umfassenden gesellschaftlichen Systems, in dem sie einen Zweck erfüllen. Sie entstehen im Rahmen menschlicher Absichten und Ziele, werden von Menschen ins Leben gerufen und in ihren Ordnungsmustern mitgestaltet, -gelenkt und -verändert. Sie sind historische, gewachsene Gebilde, die sich im Laufe der Entwicklungsgeschichte ihre eigene Identität aufgebaut haben und diese aufrecht zu erhalten suchen. Sie produzieren und erhalten ihre Grenzen, ihre Autonomie. Sie sind damit durch ihre Traditionen und Interaktionsmuster geprägt, die sich entwickelt und zur Bewältigung von Aufgaben bewährt haben. Diese Traditionen und Interaktionsmuster haben sich durch interne Informations-, Kommunikations- und Handlungsweisen zur Erfüllung der Integration und durch Interaktion des Systems mit seiner Umwelt zur gegenseitigen Anpassung herauskristallisiert.

Diese Traditionen und Interaktionsmuster haben sich durch systemorientierte Prozesse herausgebildet. Soziale Systeme und die (umfassendere) Gesellschaft stehen in einem wechselseitigen Bestimmungs- und Produktionsverhältnis, in dem durch Interaktion und gegenseitige gedankliche Bezugnahme die Systeme zwar in der Gesellschaft (zweckbezogen) definiert werden, sie ihre Grenzen, die Autonomie und Identität aber aufrechterhalten und durch ihr Handeln in einer Gesellschaft diese selbst bestimmen und definieren. Dieses wechselseitige Bestimmungs- und Produktionsverhältnis, das Paradoxon, daß der Mensch eine Welt produziert, die er jedoch anders als (s)ein menschliches Produkt wahrnehmen kann, ist von höchster Bedeutung (vgl. Berger & Luckmann 1980, S. 65). Es handelt sich dabei um ein tief kybernetisches Verständnis des Geschehens, der Lokalisierung zirkulärer Muster von Interaktionen im umfassenderen System.

Am deutlichsten wird dieser Punkt in der gesellschaftlichen Konstruktion der Wirklichkeit bei Berger & Luckmann (1980); die soziale Welt entsteht aus den Interaktionen von Menschen, die selbst eingebunden sind in die ständige Interpretation der Aktionen anderer. Hier spielt die individual-konstruktivistische Position (vgl. Gergen 1982, 1985; Bateson 1981; Glasersfeld 1981; Maturana & Varela 1980; Varela 1979) eine besondere

Rolle und verbindet sich mit der Erkenntnis von Gregory Bateson (1979), daß wir von einer Evolutionseinheit ausgehen müssen, die System und Umwelt als zirkuläre untrennbare Einheit umfaßt. Damit »verändert sich die ganze Bedeutung von Überleben«, wenn wir aufhören, über das Überleben von etwas zu sprechen, das durch die Haut begrenzt ist, und statt dessen anfangen, uns mit dem Überleben des Systems von Ideen in einem Kreislauf zu befassen« (Bateson 1981, S. 592). Dies gilt m. E. gleichermaßen für soziale Einheiten. Um als Einheit zu entstehen und sich zu erhalten, muß ein Netzwerk von Beziehungen vorliegen, das permanent jene Bedingungen schafft, die für das Überleben notwendig sind. Damit ist nicht die Konsequenz gegeben, daß es bei sozialen Systemen nur um Überleben geht. Diese Einheiten verbinden ihre Handlungen und Reaktionen mit dem Netzwerk in einem rekursiven Sinne und sind fähig, selbst kreativ, sich selbst entwickelnd zu sein.

Die Besonderheiten liegen nicht einfach in neuartigen Eigenschaften, sondern meist in quantitativen und qualitativen Differenzen. Es soll nicht behauptet werden, daß wir nicht vieles aus physikalischen und biologischen Erkenntnissen lernen können oder diese gar irrelevant werden. Gemeinsamkeiten sind nicht von der Hand zu weisen und die Erkenntnisse dieser Ebenen haben zu enormen Fortschritten in den angewandten Sozialwissenschaften geführt. Als wichtige Eigenschaften seien etwa zirkuläre, vernetzte Zusammenhänge, Dynamik, Offenheit (Wechselwirkung mit der Umwelt), Selbstregulierung, Anpassung, Wachstum, Evolution und Selbstorganisation genannt (vgl. Probst 1981). Aber gleichzeitig gilt, was nach Eric Trist schon Angyal klar formuliert hatte: Obwohl alle konkreten Objekte Organisation und Ordnung aufweisen, so sind diese doch von anderen Klassen dahingehend zu unterscheiden, daß sie jeweils auch ihren eigenen (qualitativen) Organisations- oder Systemprinzipien folgen (vgl. Trist 1984, S. 3). Die humane soziale Systeme auszeichnenden Besonderheiten sind im folgenden kurz beschrieben: Rekursive Zweckbezogenheit; Interpretation, Erkenntnis und Selbstbewußtsein; Reflexion, Selbstthematisierung und Handeln; Interaktive Kommunikation und Symbolisierung; Sinnhaftigkeit, Urteilsfähigkeit und innovatives Lernen.

6.1.1 Zweckbezogenheit auf verschiedenen Ebenen

Humane soziale Systeme gehören zum aktiven (zweckbezogenen) Systemtyp. Deren Verhalten und Ergebnisse sind variabel und gewählt (vgl. Ackoff & Emery 1972; Ackoff 1981, 1975, 1971; Gharajedaghi & Ackoff 1985). Sie heben sich ab von reaktiven (selbsterhaltenden) und responsiven (zielsuchenden, -verfolgenden) Systemen. Sie können aus Erfahrungen lernen, neue Verhaltensweisen (Mittel und Strukturen) und Ergebnisse (Ziele, Funktionen) frei wählen. Sie grenzen sich ab von Systemen mit Anpassungen innerhalb gegebener Strukturen und »fixierter« Verfolgung eines Ergebnisses oder Zustandes (wenn auch mit frei wählbarem Verhalten). Zweckbezogene Systeme haben einen freien Willen, d.h. sie können Ziele bewußt wählen und sich nicht nur anpassen und lernen, dasselbe besser zu tun, sondern Verhalten und Ergebnisse neu erschaffen. (21)

Dazu kommt, daß humane soziale Systeme nicht nur selbst zweckbezogene Systeme sind, sondern sie jeweils auch Teil eines umfassenderen zweckbezogenen Systems und ihre Teile wiederum zweckbezogen sind. Damit müssen Modelle und Methoden versagen,

(21) Im Sprachgebrauch folge ich Werner Ulrich (1983), aber auch West Churchman und Russ Ackoff, indem ich von zweckbezogenen Systemen (Handlungssystemen) spreche. Die Zweckbezogenheit enthält sowohl eine praktisch-normative wie auch eine instrumentelle Komponente. Zweckbezogenheit läßt zwischen Zweckhaftigkeit (»purposefulness«) und Zweckmäßigkeit (»purposiveness«) unterscheiden.

die nicht zu einem Verständnis von Teil und Ganzheit zugleich führen. Dieser Kritik müssen sich nicht nur mechanistische Vorstellungen beugen, sondern auch biologische. Mechanistische Modelle haben durchaus zum Verständnis von Komplexitätsbewältigungsproblemen beigetragen, biologische Modelle zum Funktionieren der Teile. Die Teile biologischer Systeme enthalten zwar wichtige Funktionen, die dem Überleben und der Lebensfähigkeit des Ganzen dienen, sie sind selbst jedoch nicht zweckbezogene Systeme (was nicht ausschließt, daß ihnen vom Beobachter ein Zweck zugeschrieben wird). Die Teile sozialer Systeme haben eigene Zwecke und wählen, *ob* sie etwas tun *wollen* und *was* sie tun *wollen*. Humane soziale Systeme sind daher in weit stärkerem Maße nicht aus der Analyse der Teile und ihres Funktionierens verstehbar, sondern bedürfen einer Synthese, die die Relationen zu einem gemeinsamen Zweck beinhaltet (vgl. die Merkmale des systemischen und kybernetischen Denkens). Einheit und Identität eines sozialen Systems entstehen aus den Beziehungen und Interaktionen zwischen zweckhaften Teilen oder Elementen und deren Verfolgung eines gemeinsamen Zweckes (vgl. Ackoff 1971, S. 669).

Natürlichen Systemen kann vom Beobachter ein Zweck zugeschrieben werden; ihr Dasein kann im Lichte eines Kontextes beschrieben werden, für den sie zweckgerichtet eine Aufgabe erfüllen. Sie sind jedoch ohne Zweck verstehbar. Humane soziale Systeme sind ohne Zweck nicht zu verstehen. Unternehmungen, Spitäler, politische Institutionen, Gesellschaften werden für einen bestimmten Zweck konzipiert, gestaltet, gelenkt und entwickelt. Ihre Begründung ist nicht losgelöst vom Zweck zu finden. Dabei ist oder bleibt der Zweck nicht einfach Sache des Konstrukteurs, sondern er wird *Teil des Systems*, von ihm selbst produziert und erhalten oder verändert. Deshalb, weil diese Systeme zweckhaft und zweckmäßig sind, kann man auch von Erfolg oder Mißerfolg sprechen. Sie sind ein Mißerfolg, wenn sie den Zweck nicht erfüllen, für den sie ins Leben gerufen (gestaltet) worden sind oder auch wenn sie »erfolgreich« sind, aber das umfassendere System (die Gesellschaft oder Weltbevölkerung bspw.) wünschte, sie wären nicht erst ins Leben gerufen worden (vgl. Vickers 1980, S. 67).

6.1.2 Interpretation der Wirklichkeit; Erkenntnis und Selbstbewußtsein

Hat die Physik gerade deshalb große Fortschritte gemacht, weil die Physiker davon ausgingen, daß sie alle dieselbe Wirklichkeit studieren, so kann dies für die angewandten Sozialwissenschaften nicht gelten. Hier kann und darf nicht von objektiven Fakten, einer stabilen und konstanten Wirklichkeit und entsprechenden Forschungsmethoden ausgegangen werden. Dieselbe Wirklichkeit kann nicht erforscht werden, weil sie nicht existiert (dies führt Mitroff zu einer vehementen Anklage traditioneller Experimentalforschung, 1985). Humane soziale Systeme sind Systeme vieler Wirklichkeiten, die individuell und sozial konstruiert sind. Sie verändern sich mit den Erwartungen, Wahrnehmungen, Auffassungen, Wertstrukturen usw. Wirklichkeit kann nicht als objektive Tatsache verstanden werden, sondern nur als konstruierte. »Tatsachen« haben keine Bedeutung, bis sie vom Menschen als solche interpretiert werden.

Humane soziale Systeme bestehen aus einer Vielzahl von Wirklichkeiten, womit die Frage entsteht, wie Wirklichkeit wahrgenommen, interpretiert und bezeichnet wird und wie von vielen »geteilte« Konstruktionen entstehen. Dies sind Forschungsfragen, die bisher nur sehr partiell behandelt worden sind (vgl. bspw. Keeney 1983; Gergen 1982, 1985; Glasersfeld 1981, 1985a, b; Starbuck 1982; Watzlawick 1981a; Silverman 1975; Sproull 1981; Berger & Luckmann 1980; Vickers 1980, 1983; March & Olson 1976; Schutz 1967). Ebenso wie Wirklichkeit individuell konstruiert ist, gibt es eine gesellschaftliche oder soziale Konstruktion von Wirklichkeit als ein emergentes Produkt dieser Systeme.

Geoffrey Vickers hat diese Eigenheit sozialer Systeme seit jeher beschäftigt: »Unser Wissen über Wirklichkeit ist immer nur indirekt, eine kulturelle Konstruktion, in der wir unsere Erfahrung interpretieren; und in den wichtigeren Gebieten unserer Erfahrung sind wir nicht nur Interpretierer, sondern auch Gestalter... Humane Systeme formen und agieren kontinuierlich aufgrund ihres Verständnisses darüber, was ist, was sein könnte und was sein sollte.« (Vickers 1983, S. XV).

Auf die mit der Gestaltung verbundene Eigenschaft gehe ich im folgenden Abschnitt ein. Objektivität und Subjektivität, im traditionellen, sich ausschließenden Sinne, lösen sich auf. Der kombinierte Begriff der Gestaltung und Konstruktion (Erfinden) von Wirklichkeit läßt ein instrumentalistisches Wissensverständnis zu, das viele Paradoxa vermeidet (vgl. Watzlawick 1981b; Glasersfeld 1985, 1984a, 1981; Vickers 1980, S. 85). Dies führt zu einer kritischen Reflexion (nicht etwa Ablehnung) empirischer Sozialforschung (vgl. Gergen 1985, 1982; Glasersfeld 1985; Probst 1985b). Wissen und Realität können nicht miteinander auf Übereinstimmung verglichen werden. Wir können nur feststellen, ob unsere Konstruktionen zu einem relevanten Ausschnitt von »Wirklichem« passen. Dabei geht es nicht darum, daß Objektivität ausgeschlossen oder sinnlos wird. Erfahrungen können nur mit Erfahrungen verglichen werden, nicht mit einer objektiven Welt, die irgendwo »draußen« gemessen werden kann.

Konstruktionen sind daher nicht in einem positivistischen Sinne wahr oder falsch, sondern sie passen, sie machen Sinn, sie sind stimmig. Objektivität kann daher mit »erfolgreichen Unterschiebungen« im Kantschen Sinne verglichen werden. »Man unterschiebt anderen und anderem ständig Erfahrungen, die man im eigenen Erfahrungskreis gemacht hat... Man unterschiebt Fähigkeiten, dann unterschiebt man Methoden, man unterschiebt Intentionen usw.; und dann stellt man fest, daß es nicht nur bei einem selber funktioniert, sondern auch bei selbständigen Dingen in der Erfahrungswelt« (von Glasersfeld 1984b, S. 2). Die eigenen Erfahrungen oder Konstruktionen können also anderen erfolgreich unterschoben werden; sie werden auf einer überindividuellen Ebene brauchbar oder »viable«. Empirische Wissenschaft erhält damit für die angewandten Sozialwissenschaften eine etwas andersartige Bedeutung und Interpretation. Theorien werden immer nur an der Erfahrung ausprobiert und nie an der Welt als solche. Die untersuchten oder beobachteten Teile sind aber selbst beobachtende und interpretierende. Die Konstruktion von Wirklichkeiten läßt sich auch mit der besprochenen Zweckorientierung sozialer Systeme verbinden. Zweck selbst ist nicht etwas ontologisch Gegebenes, sondern ein kognitives Resultat, das paßt.

6.1.3 Reflexion, Selbstthematisierung und Handeln

Ordnung ist in biologischen Systemen »eingebaut« und Konsequenz der Funktionen der interagierenden Teile. Diese haben keine Wahl. Auch wenn Ordnung sich wandelt, so ist dies nur ein Resultat der biologischen Evolutionsprozesse. Nun kann auch in sozialen Systemen von evolutiven Prozessen gesprochen werden (vgl. etwa die Publikationen von Morgan, McKelvey, Aldrich, Malik u.a.). Jedoch ist es eine Besonderheit humaner sozialer Systeme, daß Ordnung ein Produkt von Gestaltungsprozessen ist. Humane Systeme zeichnen sich durch Wahlmöglichkeiten aus. Wir können wählen, welche Ordnung wir vorziehen und welcher wir gestaltend eingreifen. Wir haben den Wunsch und die Fähigkeiten, die Zukunft zu gestalten. Wir sind nicht auf die Anpassung an die Umwelt eingeschränkt, sondern können Bedingungen schaffen und uns entwickeln. Phänomenologische Ansätze haben seit jeher erkannt, daß der Mensch und seine sozialen Systeme die Umwelt gestalten, entwerfen und beeinflussen. Die Ansätze des Konstruktivismus betonen die Konstruktion von Wirklichkeiten und weisen nach, daß Erwartungen, Wünsche, Voraussagen usw. Wirklichkeiten schaffen können (vgl. dazu bspw. das Phänomen »selbsterfüllender Prophezeiungen« bei Watzlawick 1978, 1981; Watzlawick et al. 1974; Keeney 1983; Starbuck 1976; Hedberg et al. 1976; Vickers 1980; Brunsson 1982; Bolman & Deal 1984; Kets de Vries & Miller 1984).

Trotzdem ist diese Erkenntnis und Konsequenz weitgehend unbeachtet geblieben und Führungskräfte wie Forscher erfahren sich meist als unabhängiger, außerhalb befindlicher Teil eines sozialen Systems. Als Beobachter sind wir immer gleichzeitig Erfinder und Gestalter, wenn wir Wirklichkeiten aus einem unerschöpflichen Potential von Möglichkeiten schaffen. Gleichzeitig hat jedes auch noch so einfache Handeln in sozialen Systemen erwartete oder unerwartete Wirkungen in verschiedenen Systemen und Teilen. Gestaltende Handlungen sind gewählte Handlungen, ob bewußt oder unbewußt. Erwartungen und Handlungen ermöglichen sich wechselseitig. Erwartungen formen einschränkend den Möglichkeitsraum; sie wirken strukturbildend. In humanen sozialen Systemen müssen Erwartungen ihrerseits wieder erwartet werden. Sie müssen dem Anderen unterschoben werden können, damit ein Kollektiv entsteht und erhalten werden kann. Sie werden reflexiv und sind ein emergentes Produkt humaner sozialer Systeme (vgl. Luhmann 1984).

Dazu kommt, daß humane Systeme bei der Beschäftigung mit Objekten nicht an deren Anwesenheit gebunden sind. Wirklichkeiten können geistig entworfen und Handlungen simuliert werden, ohne daß sie am Objekt selbst durchgespielt werden. Dieses geistige Entwerfen und Simulieren, um im voraus reflektieren, »lernen«, »sich anpassen«, »sich entwickeln« zu können, ist bereits ausführlich diskutiert worden (vgl. March & Simon 1958; Simon 1957, 1965, 1969; Newell & Simon 1972; MacKay 1980 u.a.). Mögliche Welten können geistig entworfen und in ihren Konsequenzen simuliert werden, bevor gestaltend in die »Umwelt« eingegriffen wird.

6.1.4 Interaktive Kommunikation und Symbolisierung

Die obenstehenden Ausführungen haben gezeigt, daß soziale Systeme ihre Identität nur durch und in der Beachtung des Anderen erreichen können. Das Ganze dient den Interessen seiner Teile, der Mitglieder, die vielfältig vernetzt und interaktiv sind und so ein Ganzes produzieren, das wiederum die Beziehungen steuert und regelt (vgl. Trist 1984). Die Beziehungen (kognitive, emotionale, usw.) zwischen den menschlichen »Elementen« und ihren Gruppierungen werden zur Grundeinheit. »Nach Theoretikern wie Weick (1979), Bateson (1979), Watzlawick et al. (1967), Watzlawick (1978) ist das Organisieren, das heißt die Gestaltung von Interaktionen, ein kommunikativer, symbolischer Prozeß, der angewendet wird, um vorerst sinnlosen oder mehrdeutigen Gegebenheiten Sinn, Bedeutung, Erkenntnis, mit anderen Worten eine sinnvolle Ordnung, zu vermitteln und dadurch zu verstehen und zu lernen« (Dachler 1984a, S. 208; vgl. auch derselbe 1985a, c; Luhmann 1971, 1982, 1984; Frankl 1979; Pondy & Mitroff 1979; Trist 1976).

Kommunikative, symbolische Prozesse sind eine Eigenschaft humaner sozialer Systeme, der besondere Beachtung gehört. Kommunikation und Symbolisierung sind »eine Conditio sine qua non menschlichen Lebens und gesellschaftlicher Ordnung«. Damit folge ich der pragmatischen Auffassung Watzlawicks und seiner Ko-autoren, die »Kommunikation und Verhalten hier als praktisch gleichbedeutend verwenden«. Denn das Material der Pragmatik sind nicht nur Worte, ihre Konfigurationen und ihre Bedeutungen - also die Daten der Syntaktik und der Semantik -, sondern auch alle nichtverbalen Begleiterscheinungen, die sogenannte Körpersprache inbegriffen.

Und schließlich ist die die kommunikativen Abläufe mitbestimmende Rolle des Kontextes, also der »Umwelt« jeder Kommunikation, in Betracht zu ziehen. In dieser pragmatischen Sicht ist demnach nicht nur die Sprache, sondern alles Verhalten Kommunikation, und jede Kommunikation- selbst die kommunikativen Aspekte jedes Kontextes - beeinflußt das Verhalten» (Watzlawick et al. 1969, S. 23).

Im Vordergrund stehen damit nicht einseitige Beziehungen zwischen einem Sender und Empfänger, sondern ein systemisches Verständnis der Eigenschaft von Kommunikationsstrukturen, das auch das Eigenleben solcher Strukturen einschließt, in dem das Individuum keinen direkten, kausalen Einfluß mehr hat. Die von den obgenannten Autoren begründeten pragmatischen Axiome scheinen mir heute noch die nützlichsten Formulierungen für die Erforschung und das Verständnis dieses Phänomens zu sein (vgl. Watzlawick et al. 1969, S. 50ff; vgl. auch Probst 1981, S. 250ff.). Sie werden hier ohne weiteren Kommentar angeführt:

- »Man kann nicht *nicht* kommunizieren.
- Jede Kommunikation hat einen Inhalts- und einen Beziehungsaspekt, derart, daß letzterer den ersteren bestimmt und daher eine Meta-Kommunikation ist.
- Die Natur einer Beziehung ist durch die Interpunktion der Kommunikationsabläufe seitens der Partner bestimmt.
- Menschliche Kommunikation bedient sich digitaler und analoger Modalitäten. Digitale Kommunikationen haben eine komplexe und vielseitige logische Syntax, aber eine auf dem Gebiet der Beziehungen unzulängliche Semantik. Analoge Kommunikationen dagegen besitzen dieses semantische Potential, ermangeln aber der für eindeutige Kommunikationen erforderlichen logischen Syntax.
- Zwischenmenschliche Kommunikationsabläufe sind entweder symmetrisch oder komplementär, je nachdem, ob die Beziehung zwischen den Partnern auf Gleichheit oder Unterschiedlichkeit beruht.«

Ein Mindestmaß an wechselseitiger Kommunikation oder Verhalten (und andererseits an wechselseitiger Erwartung oder Interpretation) ist notwendig für die Bildung, Aufrechterhaltung und Entwicklung humaner sozialer Systeme. (Damit ist jedoch nicht gleichzeitig ein gegenseitiges Verständnis vorausgesetzt). Jedes Verhalten wird zur Handlung und damit strukturbildend. Luhmann (1982, 1984) verbindet daher die Selbstreferenz- und Autonomieüberlegungen in sozialen Systemen zu Recht mit Kommunikation, Verhalten oder Handlung. Selbstreferenz ist in sozialen Systemen nur möglich, wenn mindestens zwei informationsverarbeitende Elemente vorhanden sind, die sich aufeinander und sich selbst beziehen können. Der basale Prozeß in sozialen Systemen ist damit Kommunikation. Sie *schafft* eine soziale Situation, die sich selbst begrenzen kann (Eigenverhalten).

Humane soziale Systeme sind Netzwerke zusammengehörender Interaktionen. Der Abgrenzung dazugehöriger von nicht-dazugehörigen Interaktionen stehen dabei in weit stärkerem Maße als bei allen anderen sozialen Systemen *Symbole* zur Verfügung. Symbole sind generalisierte Interpretations- und Zurechnungsregeln, wie wir sie in Sprachspielen, Einstellungen, Meinungen, Werthaltungen, Werten, Rollen usw. finden (vgl. Willke 1982, S. 34). Der enge Zusammenhang mit der Interpretation von Wirklichkeit ist offensichtlich. Dyllick faßte dieses Phänomen hochentwickelter Symbolsysteme wie folgt zusammen: »Sie stellen die symbolisch bearbeitete Erfahrung des Systems dar, die aus den Auseinandersetzungen mit ihrer Umwelt gewonnen und bestätigt wurde. Als relevant erfahrene Umweltaspekte, Erklärungsmuster von Ereignissen und erfolgreiche eigene Problemlösungen sind Elemente solcher kodifizierten und tradierten Symbolsysteme. Sie stellen nichts weniger als eine Rekonstruktion der Wirklichkeit nach systemeigenen Gesichtspunkten dar« (Dyllick 1984, S. 172; vgl. auch Luhmann 1971, S. 308ff.; Berger & Luckmann 1980, S. 49ff. und S. 139ff.; Berger & Kellner 1984, S. 22ff.). Dabei hat ausgerechnet der Biologe Bertalanffy besonders schön gezeigt, inwieweit Symbolsysteme auf humaner sozialer Ebene eine weitreichendere Dimension erhalten. Symbole sind frei geschaffen, repräsentativ und durch Tradition übermittelt (vgl. Bertalanffy 1981; vgl. außerdem Dyllick 1982, 1983).

6.1.5 Sinnhaftigkeit, Urteilsfähigkeit und innovatives Lernen

Humane soziale Systeme sind sinnhaft aufgebaut. Sie sind als Sinnsysteme aufzufassen, die durch sinnhaft aufeinander bezogene Handlungen, durch Kognitionen, Werte und Normen zusammengehalten werden (vgl. Luhmann 1981, S. 50ff, S. 126ff., 1984, 1971). Wirklichkeiten werden nicht nur interpretativ konstruiert, ihnen ist Sinn oder Bedeutung zuzuordnen oder zu verweigern. Erfahrungen einer Erlebniswelt kann (und muß) ein Sinn gegeben und Handlungen können sinnvoll konzipiert und ausgeführt werden. Mit Peter Dachler bin ich der festen Ansicht, »daß die Suche nach Sinn, Sinn der eigenen Person sowie Sinn des Handlungskontextes und der Produkte des eigenen Handelns, die zentrale Rolle im menschlichen Denken und Handeln spielt« (Dachler 1984a, S. 203; vgl. auch ders. 1985a). Dies betont vor allem die individuelle (psychische) Seite. Sinn wird aber auf der kollektiven Ebene zum Abgrenzungskriterium. Im Vordergrund stehen symbolisch vermittelte Sinnstrukturen, die verbindliche Denk-, Sprach- und Beurteilungsschemata festlegen und dadurch die laufende Verarbeitung von Ereignissen und das Handeln der Mitglieder und Gruppen lenken. Handlungssysteme werden selbstreferentiell, »sie konstituieren den Sinn der Handlungen, aus denen sie bestehen« (Luhmann 1981, S. 132). Die Grenzen humaner sozialer Systeme werden zu Sinngrenzen (vgl. auch Luhmann 1971, 1984).

Grundsätzliche Änderungen in Humansystemen sind deshalb nie auf eine »materielle« Ebene beschränkt, sondern durch Änderungen auf einer geistig-sinnhaften Ebene begleitet (vgl. Dyllick & Probst 1983; Probst & Dyllick 1985; Ulrich et al. 1985a). Wir können dies als eine Änderung der Metaregeln bezeichnen, jener Regeln, die etwas als sinnvoll oder sinnlos, dazugehörig oder nicht-dazugehörig, erscheinen lassen.

Humane soziale Systeme vermögen mehr als sich stabilisieren, sich anpassen, wachsen, Ziele erreichen. Sie können bewußt den Kontext ändern und in Frage stellen - Ziele, Werte, Normen, Theorien können thematisiert und verändert werden. Humane Systeme sind zu innovativem Lernen und zur Entwicklung fähig (vgl. dazu »Lernen zu lernen« oder Deutero-learning bei Bateson 1980, 1981; Entwicklungsfähigkeit bei Ackoff 1981; Kirsch 1979, 1985). Im Gegensatz zum tradierten Lernen sind humane Systeme des Lernens fähig, das innovativ Veränderung, Erneuerung, Umstrukturierung und Transformation hervorbringen kann (COR 1979, S. 31). Wir können aber nur lernen, wenn wir einen Sinnbezug herstellen, etwas Neues sinnvoll einordnen können. Damit schließt sich der Kreis zum Thema Selbstorganisation in humanen sozialen Systemen; »Lernen kann nicht übertragen werden, weil Lernen ein Prozeß ist, den der Einzelne selbst vollzieht und kultiviert. Wissen als Endprodukt kann übertragen werden« (COR 1979, S. 144; vgl. dazu auch Ackoff 1981; Gharajedaghi & Ackoff 1985).

Innovatives Lernen, Entwicklung (i. S. der Erweiterung der Fähigkeiten) oder Sinn sind Eigenheiten humaner sozialer Systeme, bei denen das Selbstorganisationskonzept in besonders deutlicher Weise zum Tragen kommt. Sie sind in keiner Weise von außen dem System »aufzupfropfen« oder »machbar«, sondern immer das Resultat des Systems selbst. Und genauso wie Gestalten Teil des selbstorganisierenden Systems ist, jedoch nicht die Ursache der Ordnung, können Lernen, Entwicklung oder Sinnfindung nur unterstützt, gefördert oder kontextuell angeregt werden.

6.2 *Die intrinsischen Charakteristiken selbstorganisierender Systeme*

In der Einführung dieses Buches habe ich Selbstorganisation so definiert, daß Ordnung an sich und eine »Verbesserung« der Ordnung vom Beobachter aus emergentes Produkt einer vernetzten Ganzheit ist. Selbstorganisierende Systeme wurden daher als intuitiv komplex, autonom usw. charakterisiert. Die vorangehenden Kapitel über die Selbstorganisationsforschung auf verschiedenen Systemebenen haben gezeigt, daß sich die Selbstorganisationsprozesse in qualitativ unterschiedlicher Weise manifestieren. Gleichzeitig läßt sich aber eine allgemeine oder abstrakte gemeinsame Basis herleiten. Diese Basis soll hier zusammenfassend dargelegt werden, bevor auf Organisieren, Selbstorganisation und Ordnung im sozialen System vertiefter eingegangen wird.

Selbstorganisation definierte Heinz von Foerster (1960) auf der Basis von Shannons informationstheoretischen Konzepten als ein System, dessen Änderungsrate seiner Redundanz immer positiv ist. Aus den vorhandenen (potentiellen) Beziehungen und Interaktionen heraus organisiert sich das System selbst. Ich unterscheide selbstproduzierte (und gewählte) Regulierungs- und Anpassungsprozesse und kreative/innovative Prozesse der Ordnungsentstehung und -entwicklung (vgl. Probst 1981). Selbstorganisation setzt ein *Selbst* voraus, ein relativ autonomes System, das seine Autonomie aufrechterhält und/oder entfaltet. Dies ist jedoch nicht in einem individual-psychologischen Sinne zu verstehen. »Selbst« qualifiziert den Ort der Prozesse im systemischen Sinne; die Organisation wird intrasystemisch produziert, ohne isolierbaren Gestalter von außen oder innen. Dieses Selbst hängt eng mit der Systemabgrenzung durch den Beobachter zusammen.(22)

Es lassen sich m. E. vier intrinsische Charakteristiken selbstorganisierender Systeme herauskristallisieren; sie sind für das Verständnis und den Umgang mit selbstorganisierenden Systemen unentbehrlich. Die im folgenden kurz beschriebenen Charakteristiken sind deutlich untereinander verbunden, überlappen und definieren und produzieren sich gegenseitig. Dies wird sich in der Diskussion einiger Konsequenzen für den Umgang mit selbstorganisierenden Systemen besonders zeigen. Es handelt sich um folgende Charakteristiken:

- ***Komplexität***
- ***Selbstreferenz***
- ***Redundanz***
- ***Autonomie.***

6.2.1 *Komplexität*

Die Charakteristik der Komplexität ist in der Systemtheorie/Kybernetik ausführlich diskutiert worden (vgl. Probst 1981; Luhmann 1984). Sie schließt eine unvollständige

(22) Ich gehe damit in der Interpretation des Selbst weiter als Karl Weick (1977b, S. 38) oder Vertreter des Tavistock-Institutes (W. R. Bion, E. Miller, A. K. Rice). Von diesen Autoren wird das Selbst auf die Aussage beschränkt, daß »Selbstgestaltung« (Self-design) von Insidern, in einem partizipativen oder autonomen Arbeitsgruppenverständnis vorgenommen wird. Es handelt sich dabei um die Beschränkung auf eine individuell-partizipative Gestaltung; nur in seltenen Fällen wird ein »ökologisches« Verständnis einer Selbstorganisation angestrebt (vgl. etwa Trist 1976a, c, 1979, 1980, 1981, 1985; Herbst 1974, 1980).

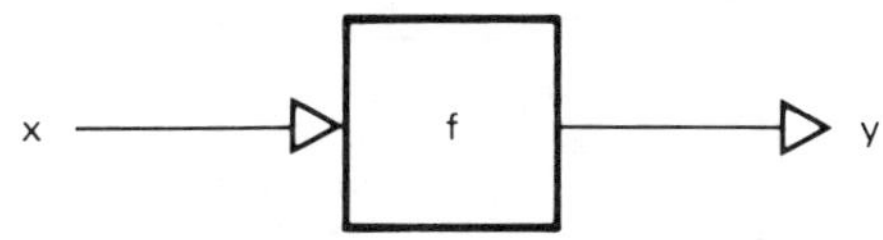

Abb. 2: Das Verhalten wird durch die Funktion f eindeutig bestimmt und nur x ist durch den »Benutzer« gewählt. Variation ist in einer solchen Maschine zwar möglich, aber nur als Störung (»noise«) oder als Zerfall (»Nichtfunktionieren« der Funktion) zu erklären. Es sind jedoch keine »Wahlmöglichkeiten« in der trivialen Maschine

Beschreibbarkeit und eine geringe, uneindeutige Voraussagbarkeit ein und ist das Produkt von Kompliziertheit und Dynamik. Deren Bedeutung in selbstorganisierenden Systemen ist jedoch m. E. am klarsten von Heinz von Foerster (1984a, b, 1981a) herausgearbeitet worden. Er unterscheidet zwei Klassen von Systemen: »Triviale« und »Nicht-triviale Maschinen«. (23)

Es lohnt sich m. E., hier einen Exkurs in die Darlegungen von Foersters (1984a) vorzunehmen, weil mit seinen Beispielen und Nachweisen ein erheblich besseres Verständnis für dieses Charakteristikum gewonnen wird.

Eine triviale Maschine reagiert in eindeutiger Weise auf einen Input und produziert einen vorhersagbaren Output *(Abb. 2)*.

Triviale Maschinen sind analytisch bestimmbar, indem die Input-Output-Beziehungen von Beobachtungen her abgeleitet werden können. Diese Eigenschaft kann durchaus auch mit anderen Begriffen verglichen werden:

Input →	Funktion→	Output
Reiz→	Organismus→	Reaktion
Frage→	Individuum→	Antwort
unabhängige Variable→	Korrelation→	abhängige Variable
Ursache→	Naturgesetze→	Wirkung

Triviale Maschinen sind damit

- im Verhalten vorhersagbar
- von der Geschichte unabhängig
- synthetisch deterministisch
- analytisch determinierbar.

Eine nicht-triviale Maschine dagegen reagiert nicht nur auf Inputs, sondern auch auf inter-

(23) Der Ausdruck »Maschine«, wie er in der Kybernetik gebraucht wird, ist heute kaum mehr beliebt und verwendet. Maschine wird hier jedoch als ein Verhalten produzierendes System definiert (genauso wie der Begriff von W. R. Ashby in einer Theorie des Verhaltens verwendet worden ist).

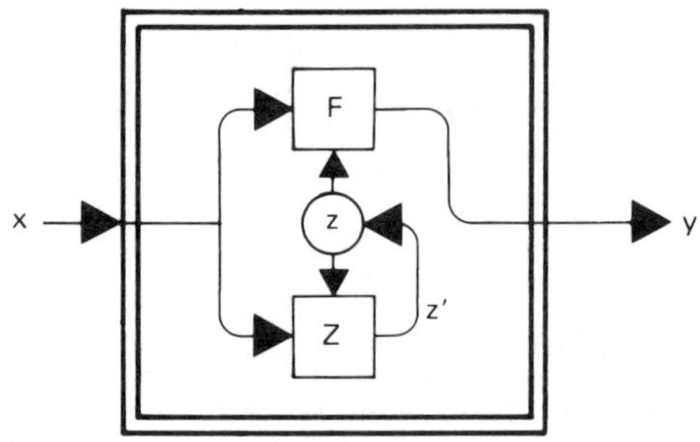

Abb. 3

ne Zustandsänderungen. Sie enhält zusätzlich eine interne Zustandsfunktion. Im einfachsten Falle sieht dies folgendermaßen (wie in *Abb. 3* dargestellt) aus.

In einer nicht-trivialen Maschine beeinflussen die internen Zustände sich selbst. Sie wirken auf sich selbst zurück (vgl. Selbstreferenz). Damit erhalten sie eine Art »Eigenleben«. Diese internen Zustände können gleichsam als eine Quelle von Geschichte interpretiert werden; diese ist jedoch nicht von außen beobachtbar. Das Verhalten der Maschine kann weder aus den Inputs noch aus den internen Zuständen abgeleitet werden. Es ist ein Produkt der Interaktion von Beiden. Obwohl solche nicht-trivialen Maschinen in ihrem Verhalten vom außenstehenden Beobachter nicht vorausgesagt werden können, sind sie aus vollkommen deterministischen Komponenten konstruierbar (und werden daher als synthetisch deterministisch bezeichnet). Zusammenfassend läßt sich damit sagen, daß nicht-triviale Maschinen folgende Eigenschaften aufweisen:

- von der Vergangenheit abhängig,
- analytisch unbestimmbar,
- analytisch nicht vorhersagbar,
- synthetisch deterministisch.

Kurz gesagt weist eine nicht-triviale Maschine nicht einfach dieselben Antworten oder Outputs auf dieselben Stimuli zu einem späteren Zeitpunkt auf. Durch ihr Verhalten - das Handeln - verändert sie ihren internen Zustand. Mit der analytischen Unbestimmbarkeit gehen notwendigerweise Unvollständigkeit (i. S. von K. Gödel), Unsicherheit (i. S. von W. Heisenberg) und Unbestimmtheit (i. S. von A. Gill) einher. Kein Wunder also, daß wir gerne trivialisieren wollen und immer wieder in diese »Falle der Trivialisierung« geraten. Triviale Maschinen sind einfach zu handhaben, zu manipulieren, zu verändern oder im Gleichgewicht zu halten. Aber nicht-triviale Maschinen sind nicht trivialisierbar. Wir können das Verhalten sozialer Systeme nicht auf einige Führungseigenschaften reduzieren. Wir können auch keine Systeme öffnen und im Detail analysieren; ja meist ist nicht einmal klar, wo die Grenzen sind (d.h. es geht nicht einfach um eine »Black Box«, sondern die »Box« selbst ist unklar). Im Prinzip ist im Rahmen selbstorganisierender sozialer Systeme eine Nichtreduzierbarkeit der Komplexität zu anerkennen.

6.2.2 *Selbstreferenz*

Selbstorganisierende Systeme sind operationell geschlossen; (24) d.h. jedes Verhalten des Systems wirkt auf sich selbst zurück und wird zum Ausgangspunkt für weiteres Verhalten.

Das System produziert daher i. S. von Luhmann (1984) jene Elemente, die es als soziales System auszeichnen, mit Hilfe der Elemente, aus denen es besteht. Die Eigenschaften, Verhaltensweisen und Grenzen sind selbst konstituiert. Eine solche operationelle Geschlossenheit ist nicht nur Grundlage für die Grenzbildung und -erhaltung (»Ausdifferenzierung gegenüber einer Umwelt«), sie artikuliert, kreiert und erhält auch die Identität eines Systems.

Ein solches System zeichnet sich durch Eigenverhalten aus, das Resultat seiner inneren Kohärenzen ist. Operationelle Geschlossenheit bedeutet geschlossen in Bezug auf die Relationen, die *selbstreferentiell* das System konstituieren. (25) Diese inneren Kohärenzen sind verantwortlich dafür, was das System tut. Sie, und nicht Repräsentationen von Eigenschaften der Umwelt, bestimmen, was einem System als wichtig erscheint, welche Konstanten und Regularitäten es für das System gibt und wie es sich wandelt.

Damit ein System sich als Einheit erhalten und entfalten kann, muß es als selbstreferentielles Netzwerk jene Bedingungen (immer wieder) schaffen können, die es selbst erhalten und entfalten. »Systeme müssen, um dies zu ermöglichen, eine Beschreibung ihres Selbst erzeugen und benutzen; sie müssen mindestens die Differenz von System und Umwelt systemintern als Orientierung und als Prinzip der Erzeugung von Informationen verwenden können« (Luhmann 1984, S. 25). Damit wird nicht gesagt, daß diese Systeme keine Beziehungen zur Umwelt haben, und damit wird nicht ein Schritt zurück, von offenen zu geschlossenen Systemen, getan. Sie sind nur in der Produktion der Organisation geschlossen, jedoch offen gegenüber Energie, Materie oder Information (vgl. auch Boulding 1981). (26)

Niklas Luhmann hat in diesem Sinne seine Theorie sozialer Systeme aufzubauen versucht und deutlich gemacht, daß operationelle Geschlossenheit und Selbstreferenz sich auf eine durch Synthese von Elementen gebildete Ebene beziehen, ohne die Umweltabhängigkeit auf einer anderen Ebene zu leugnen. »Das heißt unter anderem, daß Systeme sich nur durch Ausdifferenzierung, nur in Differenz zu einer Umwelt, konstituieren können; und dies gilt nicht nur für ihre Strukturen, sondern auch für die Elemente, aus denen sie bestehen. ... Immer ist dabei die Umwelt - und fast könnte man sagen: die »Unterwelt« - als Bestandesvoraussetzung mitgedacht« (Luhmann 1982, S. 367).

Hierbei handelt es sich keineswegs um eine besondere Eigenschaft sozialer Systeme. Jedoch geht es nicht wie in den biologischen Systemen um die Selbst*re*produktion (die eine Klasse von operationell geschlossenen Systemen darstellt), sondern um jene geistig-

(24) Dieses erstmals von Biologen beschriebene Phänomen wird auch für das Verstehen von sozialen Systemen als bedeutend erachtet. Viele dieser Gedanken verdanke ich Diskussionen mit Heinz von Foerster, Peter Gomez, Klaus Krippendorff, Ib Ravn, Ken Smith, Fred Steier und Francisco Varela. Wie Varela ziehe ich heute den Begriff »operationelle Geschlossenheit« jenem der»organisatorischen« vor (vgl. Maturana & Varela 1980; Varela 1979, 1984, 1985).

(25) Selbstreferenz hat zwar die Wissenschaft immer wieder beschäftigt und fasziniert, meist wurde ihre Diskussion aber umgangen oder verleugnet (vgl. Spencer Brown 1969; Whitehead & Russell 1910; Whitehead 1979; Glanville 1979; Glanville & Varela 1981).

(26) Das Sein, Werden und Entwickeln beinhaltet Produktionsprozesse des Selbst und die »Mittel« dazu. Boulding (1981) nennt hier Wissen, Energie und Material als die primären Faktoren. Mit jeder Systemebene sind diese Faktoren wesentlich erweitert und verstärkt worden.

sinnhaften Elemente, die einen humanen sozialen Bereich spezifizieren und damit die *Identität* einer Einheit. Soziale Systeme sind wirklich, wenn sie für sich selbst eine Bedeutung haben (in Anlehnung an A. N. Whitehead, vgl. Luhmann 1982, S. 370).

Damit wird eine verschiedenartige Vorgehensweise für die Untersuchung und das Verständnis von Struktur und Organisation notwendig, die sich von einfachen Input/Output-Modellen abhebt. Es sind die inneren Kohärenzen, die für Struktur und Organisation verantwortlich zeichnen. (27) Input/Output-Modelle haben die Sozial- wie auch die Naturwissenschaften dominiert. Dabei denke ich bei der Organisationslehre nicht nur an die kontingenztheoretischen oder situativen Ansätze, sondern an fast alle Interventionsmodelle. Interventionen können als Inputs für das System betrachtet werden, als Information, die dem System eingegeben wird, damit es sich ändert. In der Kontingenztheorie liegt die Idee vor, daß das Geschehen im System allein durch die Interdependenzen mit der Umwelt erklärbar sei, d.h. also outputorientierte Reaktionen auf Inputs. Vom Standpunkt der operationellen Geschlossenheit her, wird Information jedoch nicht eingegeben, sondern intern selbst konstruiert und definiert.

Kontingenztheoretische Modelle implizieren eine (»passive«) Reaktion auf externe Inputs. Sie sind nicht selbstreferentiell orientiert, sondern enthalten einen kontrolltheoretischen Aspekt, indem bei einem bestimmten Input eine bestimmte Anpassung, ein Output, erwartet wird und das System, bzw. seine Anpassung oder Entwicklung, folglich durch die Kontrolle des Inputs oder die Lokalisierung in einer bestimmten Umwelt gelenkt werden kann. Operationelle Geschlossenheit erfaßt Sein, Werden und Entwicklung als selbstproduziert. Humane soziale Systeme sind aktiv gestaltende Systeme. Wir interagieren mit Einheiten, die selbstreferentiell funktionieren und sich selbst organisieren. Dies erfordert eine klare epistemologische Basis im Umgang mit solchen Systemen, denn eine Input/Output-Modellierung führt zu vollkommen anderen Ergebnissen und Konsequenzen als eine Betrachtung operationeller Geschlossenheit. Umwelt-System-Interdependenz (Ökologie) und Autonomie werden komplementär. Durch die Interdependenzen mit der Umwelt in bestimmten Bereichen kann ein System in seinem operationellen Bereich geschlossen und damit *autonom* sein, seine *Grenzen* aufrechterhalten und seine *Identität* bewahren.

In diesem Zusammenhang ist noch zu erwähnen, daß Selbst-Organisation ein autologisches Konzept ist, ein Konzept, das sich selbst verlangt, um entstehen zu können. »Die Frage ist hier, unter allen möglichen Organisationen jene zu finden, die sich selbst organisiert, d.h. die ihre eigene Organisation organisiert; die Organisation einer Organisation« (v. Foerster 1984b, S. 7). Damit ist eine vollkommen andere Erkenntnis(theorie) verbunden. Organisationsprozesse in sozialen Systemen sind selbstreferentiell, weil die Organisatoren Teil des Systems sind - sie stellen die rekursiven Kreisläufe dar. Management- und Organisationstheorien zeichnen sich geradezu dadurch aus, daß ihnen eine derartige Epistemologie (»Kybernetik zweiter Ordnung«) fehlt. Wir tun meist so, als ob Organisatoren oder Führungskräfte vom zu gestaltenden und lenkenden System zu trennen seien. Wir tun so, als ob es ein »*es*« gibt, statt zu erkennen, daß es ein »*wir*« ist. Damit ist einerseits die Trivialisierung eng verbunden, denn wenn es sich um ein »es« handelt,

(27) Steier und Smith (1985) haben darauf hingewiesen, daß Gruppen von S. Freud und W. Bion in Konzepten interner Relationen im Sinne der operationellen Geschlossenheit beschrieben worden sind. Für die Beschreibung der Entstehung und Aufrechterhaltung einer Gruppe, bzw. ihrer Identität, wurden keine außerhalb stehenden Elemente benötigt. Gomez und Probst (1985) haben in diesem Sinne das Phänomen der Unternehmungskultur und Verhaltensweisen der katholischen Kirche interpretiert. In Anlehnung an Angyal definiert Trist (1984) Autonomie auf individueller Ebene als operationell geschlossen und Keeney (1983) zeigt sowohl die epistemologischen als auch praktischen Interpretationen und Konsequenzen für die Familientherapie auf.

so ist ethisch die Verantwortung viel leichter wegzuschieben und zu entledigen. Andererseits ist mit der Selbstreferenz die Autonomie von humanen und sozialen Systemen eng verbunden. »Und mit der Autonomie eines jeden lebenden Organismus muß auch der Grund seines Handelns in ihm gefunden werden. Auf der menschlichen Ebene erwächst aus dieser Betrachtung die Verantwortlichkeit des einzelnen gegenüber seinen Handlungen, und eine Weiterführung dieser Gedanken läßt uns die Grundlagen einer Ethik sehen.« (v. Foerster 1984b, S. 13).

6.2.3 Redundanz

Im selbstorganisierenden System gibt es keine Trennung zwischen dem organisierenden, gestaltenden oder lenkenden Teil und dem organisierten, gestalteten oder gelenkten. Gestaltung und Lenkung sind über das System verteilt. Damit entfällt eine Orientierung am Hierarchieprinzip, und in den Vordergrund tritt ein Heterarchieprinzip. Es wird nicht Hierarchie an sich ausgeschlossen, jedoch eine vollkommen andere, flexiblere, prozeßhafte und ganzheitliche Sicht gefördert. Somit gelangen alle Gestaltungs- und Lenkungsmechanismen zur Diskussion und nicht nur formale materielle/substantielle Organisationsstrukturen. Die Gestaltungs- und Lenkungspotentiale und -mechanismen sind Eigenschaft des Systems als Ganzes, und es besteht das Prinzip, daß jene Elemente des Systems gestaltend und lenkend handeln, die (am meisten) Informationen haben. Dieses Prinzip ist als »Principle of Redundancy of Potential Command« in der Gehirnforschung bekannt geworden (vgl. McCulloch 1965). Diese Charakteristik steht im Konflikt mit traditionellen Management- und Organisationsauffassungen, in denen der Vorgesetzte immer als Quelle des Wissens angesehen wird. Die Ausrichtung ist dabei gegen oben, in der Entscheidungsfindung, Information, Kommunikation usw. (vgl. Nystrom & Starbuck 1984, S. 60). Alle Mechanismen der Kompensation sind darauf gerichtet, daß diese Sichtweise noch verstärkt wird.

Redundanz ist Voraussetzung im selbstorganisierenden System. Eine positive Veränderungsrate der Redundanz wird durch Erhöhung in den Teilen, Beziehungen und Interaktionen erreicht. Redundanz ist durchaus so zu verstehen, daß mehrere Teile dasselbe tun können (also gestalten und lenken), und damit mehr vorhanden ist als notwendig. Dieses Potential wird über das System verteilt und ist nicht eindeutig lokalisierbar. Es entfällt damit die Notwendigkeit, daß jeder Teil separat identifiziert und in seinen Operationen analysiert wird, denn *potentiell* sind dieselben Funktionen in vielen Teilen (weshalb auch etwa die Metapher des Holismus beigezogen wird, d.h. das Ganze ist in seinen Teilen in allen Funktionen repräsentiert; vgl. Morgan & Ramirez 1983; Morgan 1986). Durch die Redundanz der Funktionen (vgl. Emery & Trist 1981a, b) wird potentiell interne Flexibilität geschaffen. Selbstproduktion und -entwicklung sind nur möglich, wenn eine bestimmte Redundanz gegeben ist. Damit ist die Fähigkeit verknüpft, zu reflektieren, Veränderungen vorzunehmen, zu erfinden, etwas zu schaffen und initiieren usw. Es stellt sich natürlich die Frage, wieviel vom Ganzen in den Teilen sein muß. Als Gestaltungsprinzip drängt sich hierbei das Varietätsgesetz auf, das implizit das notwendige Verhaltenspotential, die Freiräume oder Flexibilitätsanforderungen definiert.

Eng mit der Frage der Förderung von Redundanz sind Prinzipien des Lernens, des Lernens zu Lernen, minimale kritische Spezifikationen, dezentralisierte, relativ autonome Einheiten usw. verbunden. Hier liegt ein weites Instrumentarium der Flexibilisierungsförderung vor, dem für die Gestaltung und Lenkung sozialer Systeme hohe Bedeutung zukommt.

Aus der Interaktion von Redundanz und Selbstreferenz entsteht die Quelle für innovatives Verhalten, Lernen höherer Ordnung, Kreativität usw.

6.2.4 *Autonomie*

Autonomie liegt vor, wenn die Beziehungen und Interaktionen, die das System als Einheit definieren, nur das System selbst involvieren und keine anderen Systeme (28).

Autonomie bedeutet folglich Selbstgestaltung, -lenkung und -entwicklung und wird durch diese wiederum selbstproduziert (Zyklus von Ursache und Wirkung). Diese Prozesse sind in der Hand oder Macht der interagierenden Teile eines Netzwerkes und nicht von »Außenstehenden«. Dies bedeutet nicht gleichzeitig eine vollständige Unabhängigkeit von anderen Systemen. Susman (1976) hat im Rahmen seiner Untersuchungen über die Autonomie sozialer Systeme drei Klassen von Entscheidungen unterschieden, die für eine Autonomiedefinition relevant sind. Sie betreffen Entscheidungen über

a) die Unabhängigkeit,
b) die Selbstgestaltung und -lenkung (»selfgovernance«) und
c) die Selbstregulierung.

Der hier verwendete Begriff der *relativen Autonomie* basiert auf den letzteren zwei Entscheidungsklassen. Kein System, das Teil eines umfassenderen, »ökologischen« Systems ist, kann vollkommen autonom (oder unabhängig) sein. Es kann nur autonom in bezug auf gewisse Kriterien sein. Systeme, die nicht von außen gestaltet, gelenkt und entwickelt werden, können trotzdem starken Einflüssen von außen ausgesetzt sein (bspw. abhängig von Ressourcen, Absatzmärkten, Technologien usw.).

Ein System wird von außen bestimmt oder geführt, wenn das Verhalten irgendeines anderen Systems seine Strukturen und Verhaltensweisen bestimmt. Auf Autonomie und damit Selbstorganisation kann zugunsten eines umfassenderen Ganzen teilweise verzichtet werden. Andererseits sind die Regeln und Normen, der Wille, die Ressourcen und die Akzeptanz im umfassenderen System gegeben, daß ein System seine Gestaltung, Lenkung und Entwicklung selbst produziert, evaluiert, überwacht, verstärkt oder vermindert.

Anpassungs- und Entwicklungsfähigkeit sind Eigenschaften des Systems. Im Mittelpunkt der Betrachtung liegen daher nicht grundsätzlich Reaktionen auf Umweltveränderungen und eine entsprechende reaktive Interpretation des Varietätsgesetzes (vgl. Woodward 1958; Burns & Stalker 1961; March & Simon 1963; Emery & Trist 1965; Terreberry 1966; Thompson 1967; Lawrence & Lorsch 1967a,b). Im Mittelpunkt liegen die vernetzten Prozesse oder Interaktionen, die bestimmen, warum das System tut, was es tut (vgl. dazu Selbstreferenz/operationelle Geschlossenheit).

Autonomie bedeutet auch nicht Unabhängigkeit von der Umwelt, weil Systeme gerade nicht in einer einseitigen Anpassung an eine separate Umwelt verstanden werden können. Das Geschehen im System wird je nach Zustand durch Signale aus der Umwelt beeinflußt. Wie ein System sich aber verhält, welche Entscheidungen es trifft, hängt von ihm selbst, seinem Interaktionsmuster und seiner Geschichte ab. Statt ein System einfach im

(28) Autonomie wird hier anders definiert als in der Organisations- und Unternehmungslehre üblich ist (vgl. bspw. die Literatur über Dezentralisation, autonome Arbeitsgruppen, strategische Geschäftsfelder, politische Unabhängigkeit). Diese sind meist mit hierarchischen Konzepten und außenorientierten interdependenten Beziehungen verknüpft. Die Autorität oder Garantie für die Autonomie wird außerhalb und übergeordnet lokalisiert. Herbst (1962) hat diese Auffassung der Autonomie klar und ausführlich herausgearbeitet (vgl. dazu auch Publikationen anderer Vertreter des Tavistock Institutes wie E. Trist, F. Emery, A. Wilson, H. Murrey, G. Higgin, A. Rice in den 50er und 60er Jahren). Die Eigenschaft der Autonomie orientiert sich hier nicht an Fragen der Dezentralisation, hierarchisch verschiedener Ebenen usw., sondern am Funktionieren des Systems in seiner *operationellen Geschlossenheit*.

Lichte seiner Anpassung an die Umwelt oder als selektierte Einheit in einer Umwelt zu betrachten, werden im Selbst-Organisationskonzept die aktive Rolle, die selbstinitiierten Handlungen, die Gestaltung oder Einflußnahme auf System und Umwelt, die Formung und Aufrechterhaltung der (funktionalen) Grenzen und der Identität betont. Diese Konzeptualisierung erlaubt ein weitergefaßtes und integratives Verständnis von System und Umwelt und verhindert eine Dichotomie von Determinismus und Wahl (vgl. Hrebiniak & Joyce 1985; Varela 1976).

Wenn wir von einer zweckvollen Anpassung sprechen, so handelt es sich grundsätzlich um eine Interpretation a posteriori, in der wir einen Sinn suchen. Da jedoch System und Umwelt (oder »figur and ground« nach Bateson) ko-definiert und ko-entwickelnd sind, macht es wenig Sinn, einfach von einer »Anpassung des Teils an das Ganze« zu sprechen. Der.Kontext als Ganzes evolviert und es ist daher nicht möglich, einen Teil auszusondern, der unilateral gestaltet und lenkt. Über rückgekoppelte Beziehungen erfährt das System, was »erreicht« und »nicht-erreicht« worden ist. Es wird von daher ebenso sinnvoll, statt der eindeutig und klar definierten Ziele, die zu vermeidenden oder unerwünschten Zustände oder einfach die Einschränkungen und Grenzen zu bestimmen, innerhalb derer wir wollen, daß sich ein System entfalten kann und soll (vgl. Bateson 1981, S. 515ff.; Morgan 1983, S. 348).

Es ist zu betonen, daß operationelle Geschlossenheit und Autonomie nicht immer gut oder schlecht oder etwa zu maximieren ist. Statt zu einer gewünschten Produktion und Aufrechterhaltung der Grenzen und Identität können im letzteren Falle Rigidität, Isolierung, Verstärkung von Schwächen usw. resultieren (vgl. bspw. die Politik, nur mehr Leute aus den eigenen Reihen zu rekrutieren oder das Gefangensein in einer unternehmungspolitischen Idee oder einem Planungsziel). Das Selbst-Organisationskonzept führt jedoch deutlich zu integrierten Sichtweisen. So tritt neben eine kontingenztheoretische Argumentation eine Selbstreflexion, eine Analyse der selbstinduzierten Handlungen in System und Umwelt und eine Beachtung der Selbstreferenz (vgl. bspw. Morgan 1986; Smircich & Stubbart 1985; Nystrom & Starbuck 1984; Mason & Mitroff 1981; Weick 1979; Starbuck 1983).

Komplexe Systeme, in einer sich ständig und in nicht vorhersehbarer Weise ändernden Umwelt, bedürfen konstanter und vielfältiger Anpassungen, um zu überleben und lebensfähig zu bleiben. Sie müssen ihre essentiellen Variablen innerhalb bestimmter Grenzen halten, um als Ganzheit zu überleben und ihre Autonomie und Identität aufrecht zu erhalten. Eine solche Leistung kann nur von polyzentrischen, selbstorganisierenden (Teil-) Einheiten erbracht werden. Die Fähigkeit der *Komplexitätsbewältigung* wird durch Selbstorganisation bedeutend und ständig erhöht. Regeln im sozialen System, die bewußt oder unbewußt und konstruiert oder evolutionär entstanden sind, bilden die Grundlage, um es anpassungsfähig zu halten (vgl. Hayek 1980, 1972, 1969; Probst 1981; Malik & Probst 1981, Malik 1984). Homöostase und Ultrastabilität sind kybernetische Modelle, die die Anpassung garantieren. Sie passen ihre Strukturen innerhalb eines Sets von Störungen selbständig an, um ein System im Gleichgewicht und lebensfähig zu halten. Gleichgewicht ist dabei nicht auf einen Zustand i. S. eines Equilibriums beschränkt. Ein solches System hat viele gleichgewichtige Zustände. Im Sinne von Holling ist daher von Elastizität zu sprechen. Ein adaptives selbstorganisierendes System enthält also immer ein Set von stabilen Zuständen, die potentiell offen sind. Auf der Suche oder im Streben nach Stabilität selektiert das System jene Zustände, die Instabilität bedeuten. Für einen Beobachter mag es deshalb so aussehen, als ob das System ständig intelligente Entscheidungen trifft, um einen bestimmten stabilen Zustand zu erreichen.

Selbstorganisierende Systeme (re-)produzieren nicht nur ihre Grenzen, i. S. einer Ausdifferenzierung gegenüber einer Umwelt, und die Elemente und Eigenschaften des Systems - seine Identität - selbst. Sie entfalten auch innovativ Strukturformen, die evolutionären Mechanismen unterliegen. Innovative selbstgestaltende Prozesse der Strukturierung auf materieller und symbolischer Ebene gehen über die adaptiven Modelle innerhalb eines Sets von Störungen und Verhaltensweisen hinaus. Sie sind Grundlage für Lebensfähigkeit und Entwicklung und nicht nur Überleben. Von besonderem Interesse sind die *Lernprozesse* und das *Lernen zu lernen* von sozialen Systemen. Verhalten als Konsequenz systemischer Ordnungsmuster wird evolutionär verändert, selektiert und bewahrt. Lernen ist nur im selbstorganisierenden System möglich und stellt einen wesentlichen Aspekt jeder Entwicklung dar. Erweiterte und verbesserte Fähigkeiten als Konsequenz von Lernprozessen können nur durch das System selbst erreicht werden. Zwar kann ein günstiger Kontext geschaffen, ein Anstoß gegeben oder ein Lernprozeß gefördert werden, jedoch handelt es sich immer um einen internen, aus dem System selbst generierten Prozeß.

6.3 Organisieren, Selbstorganisation und Ordnung im sozialen System

Soziale Systeme werden von Menschen für menschliche Zwecke geschaffen, gestaltet und umgeformt; jedoch sind es selbstorganisierende Humansysteme, die nicht wie Maschinen entworfen, geplant und konstruiert werden können. Ordnung ist das Resultat von Selbstorganisation, die in humanen sozialen Systemen die bewußte Gestaltung von Strukturen einschließt. *Organisation* ist nicht (mehr) gleichzusetzen mit der Gesamtheit aller formalisierten und generalisierten Regeln (vgl. Nordsiek 1934; Ulrich 1949; Wild 1961; Child 1972; Galbraith 1973; Khandwalla 1977; Kieser & Kubicek 1977, 1978; Wunderer & Grunwald 1980; Hoffmann 1973, 1980; Kieser 1981).

Organisation wird auch nicht als Institution verstanden, als soziales Gebilde. Eher kann man beim hier verwendeten Begriff oder Phänomen von einer Kombination des instrumentalen und beziehungsorientierten Begriffs sprechen (vgl. Staerkle 1984, S. 2). Konsequenz der Organisation als Ganzes ist Ordnung. Eine Ordnung kann sehr verschiedenartig zustandekommen und es können sehr verschiedenartige Ordnungen entstehen. Mit denselben Strukturen und Prozessen lassen sich verschiedene Ordnungen und dieselbe Ordnung läßt sich mit verschiedenen Strukturen und Prozessen erreichen (vgl. Ackoff 1981; Gharajedaghi & Ackoff 1985; Gharajedaghi 1985; Ackoff & Emery 1972). Diese auf E. Singers Unterscheidung von Produzenten und Produkt aufgebaute Idee weist in besonderem Maße auf das systemische Denken hin, bzw. hier auf eine systemorientierte Organisation. Ordnung verstehen wir nicht aus der Analyse der Strukturen und Prozesse heraus - hierbei entsteht »nur« Wissen -, sondern erst synthetisch, wenn diese als Ganzes funktionieren (die Funktion Ordnungsbildung erfüllen), kann Verständnis erwachsen.

Organisieren als menschliche Gestaltungshandlung ist Teil der Prozesse der Ordnungsentstehung, -aufrechterhaltung und -entwicklung wie alle übrigen interaktiven Beziehungen, die als gestaltende Prozesse nicht isoliert werden können. Wenn auch Erkenntnisse über Selbstorganisation in physikalischen oder biologischen Systemen genutzt werden können (vgl. Ulrich & Probst 1984; Semmel 1984a, b; Probst & Scheuss 1984; Probst & Dyllick 1985), so geht es hier nicht um eine Reduktion auf eine organismische oder physikalische Perspektive. Die qualitativen Unterschiede humaner sozialer Systeme sind miteinzubeziehen. Humane soziale Systeme sollen überlebensfähig, langfristig lebensfähig und entwicklungsfähig sein. Selbstorganisationsprozesse erlauben die Erhaltung und Erhöhung des Potentials eines Systems und garantieren damit seine Autonomie, Anpassungsfähigkeit und Evolution. Humane soziale Systeme sind zu evolutionären Änderungen der Organisation in beliebiger Richtung fähig, jedoch ist damit immer ein Wählen einer Konstellation von Struktur, Funktion und Umwelt verbunden. Die Richtung kann als Ideal geplant und entsprechende Interventionen können vorgenommen werden. Sie sind aber in die interaktionalen Prozesse im System integriert, die gestaltend und lenkend wirken und können zu »ungeplanten« Veränderungen in den Teilen, der Natur der Teile und Beziehungen und des Systems als Ganzes führen.

Organisieren vermittelt eine lineare, uni-kausale Sicht der Ordnungsentstehung, -aufrechterhaltung und -entwicklung. Entsprechend wird die Position des internen oder externen Organisators oder der Führungskraft als *Individuum* betont (vgl. Kilman et al. 1976, bes. S. 1ff und 9ff; Weick 1977b, S. 36; Mc Kelvey & Kilman 1975, S. 24; Nystrom et al. 1976, S. 210). Es ist leicht festzustellen, daß die traditionelle Organisationslehre sich auf das *Entwerfen und Einführen* von Organisationsstrukturen konzentriert hat (vgl. die Verfahren und Instrumente der Aufbau- und Ablauforganisation). Sie erliegt auch dem Versuch, ein letztes »Ordnungskonzept«, einen definitiven Plan oder eine geniale Management- oder Strukturierungshandlung zu isolieren. Dabei ist unschwer zu erkennen, daß nur triviale Systeme (»Maschinen«) durch einzelne Handlungen und einen »Intervenierer« gestaltet und gelenkt werden können.

Ordnung in komplexen Systemen ist das Resultat vernetzter interaktiver Prozesse eines selbstreferentiell geschlossenen Netzwerkes. Dabei wird hier nicht »spontane« Ordnung einer »geplanten« oder gemachten entgegengesetzt. Organisieren ist Teil dieser Prozesse, wenn auch Ordnung nicht darauf reduzierbar. Gestalter und gestaltetes System sind nicht trennbar. Es erscheint uns etwas als selbstorganisierend, wenn - um in Bildern von Rupert Riedl (1984) zu sprechen - sich etwas unabhängig, wie von selbst entwickelt, z.B. wie in einem Trickfilm aus einem Haufen von Bausteinen ein Haus. Dabei handelt es sich beim Resultat um eine Möglichkeit, die im Haufen von Bausteinen drin war, aber es gibt unzählig andere Möglichkeiten, so daß eine Voraussage nicht möglich gewesen wäre. Die Bausteine waren prädisponiert, aber nicht prädeterminiert oder gar prädestiniert. Struktur und Organisation verändern sich von innen, sie sind emergentes Produkt des Ganzen.

Heinz von Foerster (1960) geht davon aus, daß die Änderungsrate der Redundanz eines Systems immer positiv ist. Ein solches System wird in seinem *Verhaltenspotential* reicher und komplexer, solange es selbstorganisierend ist (was natürlich im Beispiel von »Bausteinen und Haus« gerade nicht der Fall ist). Zweckvolle soziale Systeme mit zweckvollen Elementen enthalten die Fähigkeit, willentlich zu handeln und bewußt zu wählen. Jeder Mitarbeiter und jede formale oder informale Gruppe ist fähig, zweckvoll zu handeln oder nicht zweckvoll zu handeln. Was immer getan wird oder geschieht, bspw. eine gestaltende Intervention, kann im Resultat nicht vorausgesagt werden. Aber jede Gestaltungsmaßnahme, auch wenn sie (von einem Beobachter aus) nicht erfolgreich ist, beeinflußt das System und hinterläßt ein verändertes System (vgl. Dell & Goolishian 1981; Vickers 1977b, 1979; Vester 1980). Wird die (Selbst-) Organisation des Systems bei gestaltenden Eingriffen nicht anerkannt, so versucht das System auszubrechen, die Situation zu ignorieren, Abwehrmechanismen zu entwickeln, Maßnahmen zu unterminieren usw. (vgl. etwa Hedberg 1981; Hedberg et al. 1976; McKelvey & Kilman 1975). Aus den vorhandenen Beziehungen und Interaktionen heraus organisiert sich das System selbst (29).

Selbstorganisation wurde lange weitgehend mit informeller, paralleler oder sekundärer Organisation abgetan und höchstens als zu duldende und/oder ignorierende, meist aber als störende Erscheinung aufgefaßt. Die Systeme werden in isolierte abhängige und unabhängige Teile aufgeteilt, die nicht Konsequenz der Prozesse aus dem System selbst sind, sondern individueller, fast willkürlicher Eingriffe. Daran hat auch ein symbolisches Strukturieren nur Unwesentliches verändert, denn häufig wurden gerade auch kulturelle Phänomene auf einzelne Führungskräfte oder die Aufgabe von Führungskräften reduziert.

»Die Aufgabe des Managements besteht dann darin, für akzeptierte, gemeinsame Interpretationen und Erklärungen einer widersprüchlichen Wirklichkeit zu sorgen, die als Basis für das produktive Handeln dienen können. Management wird deshalb zur Manipulation sprachlich und symbolhaft vermittelter Strukturen, zur Manipulation von Mythen, Symbolen und Etiketten, von Denk-, Sprach- und Interpretationsmustern« (Dyllick 1984, S. 187; vgl. in ähnlicher Weise Bennis & Nanus 1985; Peters & Waterman 1982; Pfeffer 1981; Peters 1978 u.a.).

In dieser Form lehnen sich Organisationslehren weitgehend an ein mechanistisches Systemverständnis an, in dem Gestaltung, Lenkung und Entwicklung isolierten (Steuer- oder Lenkungs-) Einheiten zugeschrieben werden. Damit ist meist ein starres Hierarchiekonzept (vgl. Organigramm, Rollenverständnis usw.) verbunden, das Macht monozentrisch konzentriert und zementiert (vgl. Dachler 1985a, b, c). Dem stelle ich eine Sichtweise entgegen, die *Lehren aus selbstorganisierenden Systemauffassungen* und der Analyse der *Besonderheiten sozialer, humaner Systeme* beinhaltet. Diese Sicht verneint nicht etwa Hierarchie, Macht, Lenkung, Gestaltung usw., versteht diese Eigenschaften jedoch anders, über das System verteilt, flexibler, sich ständig verändernd, emergent aus dem Zusammenwirken einer Vielzahl vernetzter Elemente, Teile, Beziehungen und Interaktionen entstehend.

In *selbstreferentiellen Netzwerken* können Ordnungsentstehung, -aufrechterhaltung und -entwicklung nicht auf individuelle Eigenschaften, Entscheide, Anordnungen, Maßnahmen und Handlungen oder auf einzelne Interaktionen oder Teile reduziert werden. Um Ordnung zu verstehen, müssen wir die Emergenz von Mustern verstehen. Dies führt auch zu einer anderen Sichtweise der Führungskräfte oder Organisatoren. Eine nichtrepräsentative Untersuchung, durchgeführt zu einem besseren Verständnis dieses Aspektes, hat gezeigt, daß Führungskräfte sich selbst bei einer Beschreibung von sozialen Systemen außerhalb des Systems sehen und stellen. Sie beschreiben das zu gestaltende und lenkende System als von ihnen losgelöst (in derselben Weise wird dies m. E. von Forschern im Sozialbereich getan). (30)

Diese Beschreibungen implizieren, daß das System »von außen« organisiert, gelenkt und verändert wird (Input-Output-Modellierung). Gleichzeitig akzeptieren und bestätigen Führungskräfte die Erfahrung, daß »das System als Ganzes sich selbst organisiert«, »Dinge (dem System) einfach passieren«, »Ergebnisse unerwarteter oder ungeplanter Natur sind«, »Resultate nicht voraussagbar waren«, »viele Dinge gar nicht organisiert, entworfen, geplant, konstruiert oder befohlen werden können« (bspw. werden folgende »Din-

(29) Die Prozeßorientierung ist zu betonen, weil es nicht um die Festlegung *einer* (statischen) Struktur geht (vgl. die Instrumente des Organisierens wie Stellenbeschreibung, Organigramm, Ablaufdiagramm usw.), sondern um Interaktion, Wandel, Anpassung, die Fähigkeit, Regeln zu ändern, sich selbst zu entwickeln usw. Es ist notwendig, daß freie Interaktion möglich ist, damit aus dem System selbst heraus Strukturen initiiert werden und entstehen können. »Ordnung durch Fluktuation« ist deshalb (auch) in sozialen Systemen nicht einfach ein Schlagwort. Fluktuation gilt hier nicht als Störfaktor des Equilibriums und ist möglichst zu minimieren oder gar zu unterdrücken, sondern wird zum Vehikel für die Entfaltung von Ordnung. Dabei ist bekannt, daß beide Extreme für ein System »pathologisch« sind (vgl. Probst 1981).

(30) Auf die Idee, Beschreibungen sozialer Systeme von Führungskräften zu analysieren, brachten mich Diskussionen innerhalb einer Gruppe von Forschern in Philadelphia. Mehrere Mitglieder haben ähnliche Erfahrungen gemacht und beschrieben (vgl. Steier & Smith 1985; Steier 1985; Smith 1984; Smith & Simmons 1983; Ravn 1985a, b). Meine Untersuchungen und Erfahrungen verdanke ich Kontakten mit Führungskräften aus Projekten des Busch Center (The Wharton School) und Projekten von Michael Ben-Eli, Cybertec, New York.

ge« genannt: Identifikation, Sinn, Motivation, Loyalität, unternehmerisches Denken, Freundschaft, Zusammenhalt, Kreativität, Spontaneität, usw.).

Die Frage stellt sich nicht, wie ich in einem Falle Ordnung durch Gestaltung erreichen und im andern spontane, nicht-machbare Phänomene akzeptieren oder erfassen kann. Das Problem liegt vielmehr darin, daß Systeme selbstorganisierend verstanden werden und ein entsprechendes Verständnis des Gestalters/Gestaltens und Lenkers/Lenkens folgt.

Selbstorganisation und Organisieren, Planen, Entscheiden sind keine widersprüchlichen oder dichotomen »Dinge«, spontane und geplante Ordnung keine sich ausschließenden oder a priori gute oder schlechte Vorstellungen. Alle Managementaktivitäten sind Teil selbstorganisierender humaner sozialer Systeme. Es macht wenig Sinn, diese vom System zu trennen. Aber gerade in diesem Punkt herrscht(e) Unklarheit, Konfusion, Widerspruch und Schwarz-Weiß-Urteil. Dies ist vorwiegend auf die zwei oben behandelten Punkte zurückzuführen:

- Selbstorganisation in einem System ist immer die Konstruktion eines *Beobachters*. Ob gestaltende und lenkende Handlungen als Teil »spontaner« Aktivitäten betrachtet werden oder als etwas »Systemfremdes«, »Aufgepfropftes«, ist eine Frage der Grenzziehung durch den Beobachter. Eine Mikrobetrachtung mag eine gestaltende und lenkende Handlung als außengeleitet, isoliert vom Ganzen, definieren. Eine Gesamtschau hingegen offeriert eine Sichtweise, die den Blick für das Ganze fördert und Einzelaktionen vernachlässigt, dafür die selbstorganisierenden Kräfte beachtet.
- Es gibt keine völlig außenstehenden *Intervenierer*, die Ordnung in soziale Systeme von außen einbringen und sich anschließend zurückziehen. Es gibt keine »Götter der Gestaltung, des Organisierens, der Lenkung« usw. Jedoch wird gerade Management oder Organisieren so beschrieben (und häufig so verstanden), als ob Individuen von »außen« und unabhängig vom zu gestaltenden und lenkenden System Einfluß nehmen, kontrollieren, prognostizieren usw.

Von Selbstorganisation kann einerseits im Rahmen selbstgenerierter Regulierungs- und Anpassungsstrukturen eines Systems gesprochen werden. Darauf hat sich die Kybernetik I konzentriert. Eine erhöhte Strukturierung und ein »unter Kontrolle haben« ist nicht an sich positiv. Systeme können sehr rigide werden.

Die Organisations- und Managementlehre hat sich ausgesprochen auf *Stabilisierungs- und Anpassungsprobleme* konzentriert. Dies gilt weitgehend auch für deren Manifestationen in der Praxis. Beispiele dafür finden wir etwa in Untersuchungen von Nystrom et al. (1976): Strukturen werden mit bleibendem Charakter entworfen und in ihnen kaum vorgesehen, sich wieder zu ändern, zu evolvieren, zu lernen, und sich zu entwickeln. So werden bspw. Stellen entworfen, beschrieben und fixiert, Abläufe und Methoden standardisiert, Hierarchien und Rollen definiert, Kommunikationsflüsse routinisiert und zeitlich fixiert. Innerhalb dieser »unveränderlichen Strukturen« wird dann auch gehandelt und häufig entstehen so rigide Formen, daß ein Ausbrechen auch kaum mehr möglich ist (vgl. dazu etwa die Reaktionen auf Krisen, die jegliche Selbstorganisation mißachten: Nystrom & Starbuck 1984, S. 55; vgl. außerdem Kimberly & Quinn 1984).

Selbstorganisation umfaßt andererseits auch Prozesse, bei denen die Organisation grundsätzlich verändert wird und eine neue Ordnung entsteht. Diese *Veränderung* schließt kreative Formen ein, die nicht innerhalb vorgegebener Regeln gelegen sind. Beide Prozesse sind notwendig und in Balance zu halten. Gestalten und Lenken wird geradezu zum Balancieren zwischen zu viel Rigidität und zu viel Freiheit, damit Konstanz, Flexibilität und das Potential für Wandel gesichert sind. Änderungen »1. Ordnung« sind adaptiver Art, wo die Regeln gegeben sind, innerhalb deren sich das System anpassen kann (oder muß). Änderungen »2. Ordnung« sind innovativ. Die Regeln, die die Beziehungen und

Interaktionen im System lenken, werden geändert. Sie ent-falten eventuell eine neue, vollkommen andere autonome Einheit und Identität. (31) Sie sind hier von besonderem Interesse. Selbstorganisierende Prozesse dieser Art schließen Lernen zu lernen, Improvisation, Wahrnehmung und Nutzung von Gelegenheiten, Erfindungen und Experimente, Diskontinuitäten, Zweifel, Störungen usw. in eine Ordnungsentstehung ein. Systeme *entwickeln sich.*

Entwicklung wird nicht in einem biologischen Sinne verstanden (Lebensfähigkeit, Wachstum), sondern beinhaltet auf sozialer (kollektiver) Ebene eine Veränderung der *Fähigkeiten* und des *Potentials* des Systems. Auf individueller Ebene kann »Entwicklung als der Prozeß beschrieben werden, in welchem die Individuen ihre Fähigkeiten und Wünsche erweitern, um ihre eigenen Bedürfnisse und legitimen Wünsche sowie auch die von anderen zu befriedigen« (Gharajedaghi & Ackoff 1985, S. 294; vgl. a. Ackoff 1981, S. 35). Kirsch spricht daher zurecht von einer »fortschrittsfähigen Organisation«. Entwicklung ist qualitativ zu verstehen, denn sie umfaßt Wissen, Verstehen, Weisheit, Motive, Erkennen, Werte usw. Sie kann nicht gestaltet oder befohlen werden, sondern ist emergentes Produkt selbstorganisierender Prozesse. Sie kann jedoch gefördert, erleichtert, verstärkt oder ermutigt werden. Gestalter und Gestalten stehen in einem neuen Lichte (vgl. dazu Emery & Thorsrud 1969; Churchman 1971, 1976; Starbuck 1975; McKelvey & Kilman 1975; Nystrom et al. 1976; Weick 1977b; Kirsch et al. 1979; Probst 1981; Malik & Probst 1981; Sprüngli 1981; Steier 1983; Malik 1984).

Organisieren wird zur Frage, ob durch Intervention (eines Facilitators, Koordinators, Integrators, Förderers usw.) das System vermehrt selbstorganisierend wird, so daß es Wandel im System wie in der Umwelt besser integrieren und sich entwickeln und lernen kann. (32)

Der *Organisator* als intervenierender Teil des Systems sucht Selbstorganisation auszulösen, zu fördern und zu verstärken und nicht Symptome zu heilen. Er muß, gleich einem Familientherapeuten, »homöostatische Bindungen« brechen (vgl. Steier 1983; Hoffmann 1976; Minuchin 1974; Watzlawick et al. 1974). Reorganisation kann daher auch nicht mehr bedeuten, daß Strukturen - gleich wie in einer Maschine - repariert oder neu konstruiert werden. Das Problem liegt häufig darin, daß zu viele oder zu rigide Strukturen vorliegen (vgl. Bleicher 1985; Weick 1977) und das System in einem unveränderlichen Netz von Strukturen gefangen ist. Diese müssen erst aufgelöst, »gestört« und verlernt werden, damit das System sich neu organisieren kann (vgl. Nystrom & Starbuck 1984; Starbuck 1982; Hedberg 1981; Hedberg et al. 1976).

In Anlehnungen an die Vorgehensweisen aus der Familientherapie bedeutet dies, daß eine Ordnung nicht einfach repariert oder restauriert, sondern Komplexität eingeführt wird, die das System ins Schwingen bringt, um selbstorganisierende Prozesse zu fördern (vgl. neben der obengenannten Literatur auch Keeney 1982, 1983 ; Dell & Goolishian 1981, sowie weitere Veröffentlichungen von J. Haley, L. Hoffmann, G. Bateson). So wird das System als Ganzheit zu einer Änderung 2. Ordnung *befähigt*, indem sich Struktur und Organisation entfalten können (vgl. auch Wilden 1972).

Karl Weick zeigt m. E. im Rahmen von »Selbstgestaltenden Systemen«, wodurch

(31) Der von Erich Jantsch (1975) vorgeschlagenen Unterscheidung von selbstorganisierendem Verhalten kann ich nur bedingt folgen. Er unterscheidet mechanistische, adaptive und inventive Arten von Selbstorganisation.

(32) Ansätze sind auf der individuellen Ebene in der Organisationsentwicklung zu finden. So geht es etwa darum, »Organisationsmitglieder in die Lage (zu) versetzen, Probleme selbst zu erkennen, selbst interpersonelle Beziehungen experimentell zu erproben und selbst organisatorische Bedingungen zu schaffen, die ihren Bedürfnissen angemessen sind« (Kieser & Kubicek 1978b, S. 35; vgl. auch Bleicher 1985).

sich rigide, überstrukturierte Systeme mit mangelnder *innovativer Selbstorganisation* auszeichnen. Diese sind dadurch zu eruieren, daß sie leicht verletzlich sind; starr und unveränderbar bleiben; Improvisation ausschließen; an Voraussagen festhalten und daran glauben; durch Bedingungen und Grenzen gelenkt werden statt durch Chancen und Möglichkeiten; Lösungen entlehnen und kopieren statt er-finden; alte (bewährte) Handlungen verteidigen, ohne zu hinterfragen, und neue verhindern oder nicht fördern; Permanenz kultivieren statt Ungleichgewicht und Änderungen einzuführen; Alter und Althergebrachtes höher werten als Argumente; durch Rechnungswesensysteme die Messung von Erfolg und Leistung bestimmen und Messungen qualitativer Art kaum eine Rolle spielen; Zweifel eher wegbedingen als fördern; letzte Lösungen anstreben und kontinuierliches Experimentieren und Widersprüchliches vermeiden (vgl. Weick 1977b, S. 37).

Entwicklung kann nie für andere Menschen oder ein soziales System »gemacht« werden. Organisation erhält damit eine Dimension, die alle Beteiligten und Interaktionen automatisch einschließt. Organisieren kann deshalb auch nicht mehr aus einem Aggregat von Lösungen zu »Teilproblemen« bestehen, die losgelöst vom Ganzen behandelt werden. Vielmehr ist vom Ganzen zu den interagierenden Teilen auszugehen. Organisationsprobleme sind immer Probleme interdependenter, vernetzter Natur, die nicht isolierbar sind oder gar einzelnen Teilen, bzw. Individuen, zugeordnet werden können.

In vielen Managementtheorien haben Vorstellungen oder Ideen über Selbstorganisation bereits einen ersten Niederschlag gefunden. Hier sei nur auf folgende Modelle, Konzepte oder Methoden hingewiesen:

- ❑ Partizipation,
- ❑ autonome Arbeitsgruppen,
- ❑ Arbeitszeitflexibilisierung (z. B. job sharing),
- ❑ Dezentralisation,
- ❑ Delegation von Entscheidungen an die tiefstmögliche Stelle,
- ❑ interaktive Planung,
- ❑ Organisationsentwicklung,
- ❑ evolutionäres Management,
- ❑ kooperative Führung,
- ❑ unternehmerisches Management (»entrepreneurial management«),
- ❑ Selbstgestaltung (»self-design«) und Selbst-Management.

Viele dieser Ansätze experimentieren mit Erkenntnissen über Selbstorganisationsphänomene und suchen nach einer »Nutzung« oder Verstärkung dieser Prozesse. Sie schaffen Kontexte zur Erhöhung des Potentials der Anpassungsfähigkeit und Innovation. Sie sind ein Zeichen für die Anerkennung der selbstorganisierenden Prozesse in sozialen Systemen. Selbstorganisation ist jedoch nicht mit diesen Ansätzen gleichzusetzen. Sie ist auch nicht einfach mehr als Partizipation oder weniger als Evolution, sondern sie formt eine *Klasse von Systemen.* Dabei kann oder muß der Selbstorganisation eine mehr oder weniger starke Bedeutung oder Ausprägung zukommen, wenn es um die obengenannten Ansätze geht. Ein Vergleich mit der Organisationsentwicklung soll beispielhaft zeigen, weshalb es sich um etwas Anderes handelt.

Organisationsentwicklungsansätze haben zweifellos das Phänomen der Selbstorganisation erkannt und versuchen, es sich zu Nutze zu machen (vgl. geplanter Wandel, evolutive Ansätze, katalytische Intervention, »Auftauen«, um Lern- und Veränderungsprozesse zu fördern usw.). Veränderungen sollen ohne große Eingriffe und Maßnahmen entstehen, sich also aus dem System heraus entwickeln.

Gewisse Vorteile der Selbstorganisation sollen genutzt werden:

- Höherer Grad an antizipatorischem und innovativem Lernen,
- integrierte Sichtweise,
- Einbindung der Betroffenen,
- Berücksichtigung der Entwicklungsprozesse,
- hohe Konfliktoffenheit,
- Versuch-Irrtum-orientiertes permanentes und schrittweises Lernen.

Jedoch sind Organisationsentwicklungsansätze fast durchweg am Individuum orientiert und nicht am vernetzten, selbstorganisierenden Ganzen. Im Mittelpunkt steht die Veränderung des Individuums, dessen Schulung, Weiterbildung und Reedukation, um das Verhalten zu ändern und damit die Strukturen des Systems. Es wird einmal mehr von Individuen, den Handlungen Einzelner, vom Durchschnittsverhalten usw. auf das Ganze geschlossen, ohne die zirkulären, vernetzten, selbstreferentiellen, sich selbstentfaltenden Wechselwirkungen zu berücksichtigen (vgl. Dachler 1985b). (33)

In ähnlicher Weise kann dem Argument »Selbstorganisation ist nichts als ...« Partizipation, demokratisches Prinzip, Selbst-Management usw. entgegengetreten werden.

(33) Vgl. dazu auch Walton (1973), Margulies et al. (1977), Kieser & Kubicek (1978), Porras & Berg (1978), Jones et al. (1980), die alle deutlich zeigen, daß die Organisationsentwicklung individualorientiert ist und Erfolge besonders beim Individuum und nicht bei der Organisation verzeichnen. In diesem Sinne versucht sich auch W. Ouchi mit seiner Theorie von Organisationsentwicklung abzugrenzen (vgl. Ouchi 1981; Ouchi & Price 1978).

7 *Die Dimensionen des Organisierens im selbtsorganisierenden sozialen System*

If you want to see,
learn how to act.
Heinz v. Foerster

Als Organisatoren müssen wir uns die Frage stellen, welche Mechanismen überhaupt die Funktionsweise eines Systems bestimmen und die Fähigkeit des Systems als Ganzes garantieren, in seiner Umwelt bestehen zu können. Dies genügt jedoch nicht. Die Gestaltungsaufgabe orientiert sich am *Überleben,* an der *Lebensfähigkeit* und der *Entwicklung* des Gesamtsystems. Führungskräfte greifen permanent gestaltend in den Werdensprozeß eines sozialen Systems ein, um dieses durch aktives, prospektives und sensitives Management auf einen bestimmten Entwicklungspfad zu kanalisieren. Gestaltende Eingriffe in ein zweckorientiertes produktives soziales System bedingen, daß eine Ordnung nicht nur auf einer materiellen Ebene entsteht, sondern diese auch geistig nachvollzogen, interpretiert, erklärt und begründet werden kann. Den zu gestaltenden Ordnungen soll also ein Sinn abgewonnen werden können.

Analytisch unterscheide ich hier zwei Dimensionen der Gestaltung in sozialen Systemen, die im Alltag auf das engste miteinander verwoben sind:

- ***substantielles (materielles) Organisieren und***
- ***symbolisches (geistig-sinnhaftes) Organisieren.***

Substantielles Organisieren

Substantielle Gestaltung umfaßt alle jene Strukturierungsmaßnahmen auf einer materiellen Ebene, die in Form von organisatorischen Vorschriften und Regelungen Verhaltensmöglichkeiten ausschließen oder Verhaltensweisen in einem System produzieren und kanalisieren. Mittels konkreter organisatorischer Hilfsmittel und Verfahren soll ein strukturelles Gerüst die Tätigkeiten in einem System auf die anzustrebenden Ergebnisse, die Erfüllung des Zwecks eines Systems, ausrichten, Fehlleistungen verhindern, Doppelspurigkeiten und unwirtschaftliche Verhaltensweisen ausschließen. Eine effektive und effiziente Leistungserstellung soll durch entsprechende »vorprogrammierte« Strukturierung garantiert werden. In der Dimension substantieller Gestaltungsmaßnahmen beziehen wir uns also auf konkrete materielle inhaltliche Aspekte der Gestaltung. Der große Vorteil liegt in den im voraus bekannten und eingespielten Constraints, die wie Repertoires erlernt und genutzt werden können. Hierzu zähle ich daher weite Teile der Aufbau- und Ablauforganisation im traditionellen Sinne.

Symbolisches Organisieren

Symbolische Gestaltung dient der Vermittlung oder Erfassung von Sinn, der Stützung und Legitimierung von Handlungen, der Mobilisierung von Mitarbeiterpotentialen, der Herstellung und dem Verständnis einer konsequenten Zielorientierung und der Implementierung von Neuerungen und Veränderungen. Die symbolische Perspektive bezieht sich damit auf einen interpretativen Aspekt; hier stellt sich die Frage, ob sich Ergebnisse substantieller Gestaltungsmaßnahmen sinnvoll interpretieren lassen, ob den Strukturen ein Sinn abgewonnen werden kann, wie Arbeitsprozesse erlebt und Ergebnisse bewertet werden. Die Gestaltungsaufgabe liegt darin, »Sprachspiele«, Mythen, Symbole, Etiketten, Denkmuster, Leitvorstellungen, Zeremonien, Riten usw. zu strukturieren, verändern, nutzen, fördern oder zu verhindern. Dies unterstützt die Entstehung einer *Kultur* in sozialen Systemen, die es den Mitgliedern erlaubt, sich einzuordnen und zurechtzufinden. Damit kann von einem strukturellen Kontext gesprochen werden, der sinngebende und sinnmachende Prozesse auslöst. Ausprägungen des Kulturellen und Ansätze zu einer Gestaltung finden sich im *Handeln*, in *Artefakten* und im *Sprachlichen*. Sinngebende oder sinnmachende Prozesse können also nicht direkt gestaltet werden; es ist ein symbolischer Kontext zu schaffen. Dieses symbolische Gestalten versucht gewissermaßen direkt durch die Manipulation der Handlungen, der Artefakte und des Sprachlichen, die Wirklichkeitsvorstellungen oder Möglichkeiten der Konstruktion von Wirklichkeiten der Beteiligten (»stake-holders«) in einer Institution zu beeinflussen und zu ermöglichen.

Substantielles und symbolisches Organisieren hängen auf kaum zu trennende Art und Weise zusammen, sie stützen und bedingen sich gegenseitig. Ohne die orientierende und legitimierende Wirkung geistig-sinnhafter Strukturen können sich substantielle Gestaltungsmaßnahmen nicht wirklich entfalten; umgekehrt verstärken aber Erfolge in strukturellen Gestaltungsmaßnahmen auch die geistig-sinnhaften Strukturen.

Organisieren in selbstorganisierenden Systemen erfordert eine ganz andere Sicht- und Handlungsweise, als wenn man davon ausgeht, daß Ordnung in sozialen Systemen das Resultat geplanter und realisierter Handlungen von »Organisatoren« ist. Damit ist auch eine neue Rolle des Gestalters und der Organisationsinstrumente verbunden.

Die Inhalte der oben beschriebenen Dimensionen der Gestaltung sollen in den folgenden Kapiteln konkretisiert und der *Stand des Wissens* dargestellt werden. Dabei kann und soll es nicht darum gehen, die Inhalte bestehender Organisationslehren zu replizieren. Besonders das Gebiet des substantiellen Organisierens ist in derart tiefer Weise bereits mehrfach behandelt und aufgearbeitet worden, daß kaum mehr wesentlich Neues dazu gesagt werden kann. Ebenso ist die Literatur zum Thema »symbolisches Organisieren« in den letzten Jahren enorm schnell angewachsen und es zeichnen sich m. E. hier vielversprechende konkrete Anwendungsbereiche ab. Wenig ist jedoch bis dahin über die Konsequenzen für das Organisieren im selbstorganisierenden System und die Aufgaben, Fähigkeiten und Rollen von Organisatoren in der vorliegenden Perspektive gesagt worden. Diese Problematik soll daher anschließend an die Dimensionen der Gestaltung ausführlicher erläutert werden.

7.1 Substantielles Organisieren

Das Gestalten von Strukturen umfaßt im allgemeinen den *instrumentalen* Organisationsbegriff (vgl. Mag 1983), geht es hier doch um den Entwurf und die Implementierung formaler Strukturen, bestehend aus »der Gesamtheit der organisatorischen Regelungen«, die von den zuständigen und verantwortlichen Chefs oder von Mitarbeitern, die durch sie ermächtigt wurden, »in Kraft gesetzt« sind. Diese formalen Spielregeln bilden Aufbau- und Prozeßstrukturen, die als Mittel zur Erreichung vorgegebener oder selbstgewählter Ziele betrachtet werden« (Staerkle 1984, S. 3). Formale Strukturen stellen hier also koordinierte und kontrollierte Aktivitäten eines soziotechnischen Systems im Austauschprozeß mit seiner Umwelt dar. Diese Vorstellung baut leider häufig auf der Ansicht auf, daß produktive soziale Systeme gemäß einem formalen Entwurf funktionieren, Koordination damit Routine bedeutet, Regeln und Vorgehensweisen befolgt werden und die aktuellen Aktivitäten oder Handlungen mit den Vorschriften der formalen Struktur konform sind (vgl. Meyer & Rowan 1977, S. 342; vgl. auch Khandwalla 1977; Galbraith 1973; Thompson 1967; Dessler 1982; Grochla 1982, 1972; Bolman & Deal 1985, S. 27ff.).

Eine solche isolierte oder eingeschränkte Sichtweise der Organisation wird zwar seit langem negiert und es ist durch empirische Untersuchungen nachgewiesen worden, daß formale durch informale Strukturen zu ergänzen sind, da das Resultat nie den Absichten formaler Strukturierung entspricht (vgl. Homans 1950, 1961; Gouldner 1954; Blau 1955; Dalton 1959; Crozier 1964; Bittner 1965; Whyte 1969; Silverman 1970).

Diese Einsicht führte zu einer *relativen* Organisationsauffassung, die von Netzwerken oder Beziehungen zwischen den Mitgliedern und Sachmitteln ausgeht. Sie »umfaßt die formalen Regelungen, die den Zielen der Führungsspitze entspringen, und die informalen Erscheinungen, die durch die Bedürfnisse und Erwartungen aller Mitglieder der Institution entstehen« (Staerkle 1984, S. 3). Dabei spielen besonders die informellen Beziehungen und die Emotionen und Werthaltungen die wichtigsten Diskussionspunkte. Über ein Bekenntnis und einige Hinweise auf diese Lücken sind jedoch nur wenige Organisationsbücher hinausgegangen. Wo die informale Organisation als Strukturierungsphänomen überhaupt diskutiert wird, beschränkt sie sich meist auf individualpsychologische Phänomene (vgl. Kast & Rosenzweig 1970; Silverman 1970 oder Vertreter der Human-Relations-Bewegung und der Tavistock-Gruppe). Teilweise wird sie als ergänzendes und notwendiges Phänomen zur formalen Organisation genannt - ohne tiefere Untersuchung -, häufiger jedoch als Störquelle formaler Strukturierungsmaßnahmen betrachtet, indem etwa von Abwehrreaktionen, Widerstand gegen die Autorität, Untergrabung der Ziele, Verschlechterung der Wirtschaftlichkeit, neuer oder gar illegitimer Machtansprüche usw. gesprochen wird (vgl. etwa Dessler 1982, S. 97). Wesentliche Arbeiten, die der oben genannten Erkenntnis der Ergänzungsbedürftigkeit formaler Strukturvorstellungen in vertiefter Weise Rechnung tragen, sind jedoch im letzten Jahrzehnt häufiger geworden (vgl. Weick 1979a, 1976, 1977b; Weick & Daft 1983; Daft & Weick 1984; March & Olson 1976; Silverman 1970, 1975; Pfeffer 1978, 1981; Pfeffer & Salancik 1977; Mintzberg 1979, 1983; Nystrom et al. 1976; Hedberg et al. 1976; Starbuck 1982).

Diese Ansätze suchen in irgendeiner Form (wenn auch mit anderen und unterschiedlichen Begriffen) selbst*gestaltende* oder *-strukturierende* Prozesse in eine Organisationstheorie und -forschung einzubeziehen. In dieser Weise argumentieren auch Ranson, Hinings und Greenwood (1980), wenn sie die traditionelle Perspektive, die die Struktur als Funktion der Umwelt und kontextueller Bedingungen beschreibt, durch eine Perspektive ergänzen, die die Kreativität zur Generierung und zum Aufbau von Strukturen in allen Beteiligten anerkennt (vgl. Moch & Huff 1983, S. 293).

Der größte Teil der Organisationsliteratur konzentrierte sich auf den hier mit substantiellem Organisieren umschriebenen Bereich der formalen Organisation. Dieser ist weitgehend durch Webers Bürokratieansatz (1922) beeinflußt und gründet auf autoritärer Hierarchie, Differenzierung der Rollen, Spezialisierung in den Funktionen, Spezifizierung der Regeln und Handlungsweisen, formalen Kommunikationsbeziehungen - immer personenunabhängig (vgl. Khandwalla 1977; Meyer & Rowan 1977; Röpke 1977; Ranson et al. 1980; Engwall 1982; Perrow 1985 u.a.).

In dieser Weberschen Tradition finden wir nahezu alle formalen Organisationstheorien (vgl. etwa Hall 1963; Woodward 1965; Hage & Aiken 1966, 1967, 1970; Pugh et al. 1968, 1969; Blau 1955, 1970, 1974; Blau & Schoenherr 1971; Meyer 1972; Child 1972, 1977; Galbraith 1973; Khandwalla 1977; oder im deutschsprachigen Bereich Ulrich 1949; Staerkle 1961; Kosiol 1962; Böhrs 1963; Bleicher 1966; Grochla 1966, 1972, 1978a, b, 1982; Frese 1968, 1980; Hoffmann 1969, 1973, 1980; Hill et al. 1974; 1974; Kieser & Kubicek 1977, 1978; Bühner 1986). (34) Sie behandeln fast ausschließlich das substantielle Gestalten von Strukturen.

Struktur wird dabei mit einer mehr oder weniger dauerhaften Anordnung der Teile eines Ganzen und deren Beziehungen gleichgesetzt. Diese Dauerhaftigkeit und die formelle Sanktionierung der Anordnung und Beziehungen ist absolut zentral. Dabei geht es um dauerhafte Beziehungen zwischen den Individuen eines Systems, zwischen den Individuen und Maschinen und zwischen den Arbeitsgruppen. Zur permanenten Struktur zählt, wer an wen rapportiert, wie mit andern Teilen/Beteiligten zu kommunizieren ist, welche Aufgaben zu erfüllen sind und welche Regeln und Verfahrensweisen die Aktivitäten verbinden. Außerdem gehört dazu, welche Belohnungen und Sanktionen die Beziehungen zwischen den Beteiligten und zwischen Beteiligten und Einrichtungen bestimmen, wie Gruppierungen bei den Beteiligten vorgenommen werden, welche Beziehungen zwischen Vorgesetzten und Untergebenen, Stab und Linie usw. herrschen (nach Khandwalla 1977, S. 482).

Substantielles Gestalten von Strukturen setzte traditionellerweise folgendes voraus:

- Es gibt einen designierten oder nicht-designierten Gestalter, der die Macht oder Autorität hat, absichtsvoll und zielorientiert ein System zu gestalten;
- es bestehen Wahlmöglichkeiten aus alternativen Strukturformen, wenn auch eingeschränkt durch Kontingenzfaktoren, Constraints und Potential;
- es besteht die Idee, daß eine bestimmte dauerhafte Strukturform systematisch entworfen, eingeführt und erreicht werden kann. Die Kausalzusammenhänge werden als bekannt vorausgesetzt und angenommen, es gäbe *eine* Struktur, die für die Ziele, Umweltsituation, Technologie, Beteiligten usw. »richtig« ist.

Die Voraussetzung eines Gestalters ist wichtig, unabhängig davon, ob er designiert worden ist. So bestimmen und gestalten etwa häufig Ärzte in einem Spital die Organisationsstruktur, auch wenn sie nicht als Organisatoren designiert sind. Die bewußte Wahl und Einführung einer Organisationsstruktur wird angenommen, selbst dann, wenn das Resultat dem Gestalter nicht wünschenswert erscheint - bspw. wenn aufgrund gewerkschaftlicher Forderungen organisatorische Maßnahmen getroffen werden.

Im Rahmen der substantiellen, formalen Gestaltung von Strukturen wird üblicherweise die Beziehungs- oder Aufbau- und die Prozeß- oder Ablauforganisation unterschieden. Diese werden zweckrational und dauerhaft geschaffen (vgl. Staerkle 1984, S. 7; Bühner 1986, S. 10 und S. 58ff.). Ausgangspunkt stellen dabei die im System notwendigen Prozesse für die Zweckerfüllung dar. Da eine Arbeitsteilung meist unumgänglich ist, müssen die Funktionen der Teile erfaßt und definiert und das Zusammenwirken der Teile (Geschäfts-

(34) Vgl. für eine Diskussion der »bürokratischen Organisationstheorien oder -formen« und deren Hintergrund auch Wunderer & Grunwald (1980, S. 312ff.) und Röpke (1977).

stellen, Abteilungen, Menschen usw.) geregelt werden (vgl. zur Notwendigkeit der Arbeitsteilung und dem Zusammenwirken vor allem Grochla 1972; Böhrs 1963; Kosiol 1962; Nordsiek 1934).

Damit reduziert sich das substantielle Organisieren auf zwei Grundfragen: *Differenzierung* und *Koordination* (vgl. besonders Lawrence & Lorsch 1967a, b; Frese 1972, 1980; Galbraith 1973; Khandwalla 1977; Hoffmann 1980; Dessler 1982; Staerkle 1984). Khandwalla spricht dabei von Superstruktur. Bei der Differenzierung geht es um die eigentliche Arbeitsteilung und die Zuordnung der Aufgaben, um eine Zerlegung in Entscheidungseinheiten, die Zuteilung von Kompetenzen und die Übernahme von Verantwortung. Die Komplexität der Unternehmung und ihrer Umwelt wird durch horizontale und vertikale Differenzierung zu reduzieren, besser unter Kontrolle zu bringen, versucht (vgl. Hoffmann 1980, S. 262ff.; Kieser 1981; Kieser & Kubicek 1977; Kirsch 1971; Bleicher 1966; Kosiol 1962; und auch die Untersuchungen der Aston-Gruppe über Entscheidungszentralisation und -dezentralisation: Hage & Aiken 1967; Pugh et al. 1968, 1969, u.a.).

Um die Komplexität zu bewältigen, wird eine bestimmte Struktur gewählt, die mehr oder minder differenziert ist und ein entsprechendes Gewicht den Teilen zukommen läßt. Als Strukturmodelle werden grundsätzlich funktionale und divisionale oder zusätzlich matrix- oder tensororientierte unterschieden. Sie zeichnen sich je nach Situation durch eine unterschiedliche Anzahl Hierarchieebenen (vertikale Differenzierung) und unterschiedliche Breite an Aufgabengliederungen auf der einzelnen Hierarchieebene und damit die Anzahl an Leitungsstellen (horizontale Differenzierung) aus. So wird eine effiziente Abwicklung der Unternehmungsprozesse, eine Beherrschung des Geschehens, eine Voraussagbarkeit des Verhaltens und eine kurze Reaktionszeit für intervenierende Anpassungsmaßnahmen möglich (vgl. Hoffmann 1980, S. 307). Hier setzen im Prinzip auch die offenen Systemmodelle, die regelungstechnischen Modelle und Modelle des lebensfähigen Systems an. Das Letztere fordert bspw. (dezentrale) relativ autonome Einheiten i. S. strategischer Geschäftsfelder oder Divisionen und Koordinationsmechanismen im Lichte der Komplexitätsbewältigung. Die Funktionen lebensfähiger Systeme stellen Lenkungssysteme verschiedener Ebenen dar (vgl. Malik 1984; Gomez 1978, 1981; Beer 1979, 1981).

Die Wahl einer Struktur ist von der Komplexitätsbewältigung abhängig; sie muß kybernetisch (gerade) genügend Varietät aufweisen. Differenzierung ruft gleichzeitig nach Koordination, einer Zusammenfügung der Teile zu einem Ganzen, um ein integriertes, koordiniertes, zielgerichtetes Zusammenwirken zu erreichen. Thompson (1967) sieht deshalb die Wahl einer Struktur von den minimalen Koordinationskosten der Aktivitäten oder Teile abhängig (vgl. auch Hoffmann 1980, S. 328ff.). Eine Strukturform ist je nach Aufgabenbedingungen in der Umwelt angemessen. Differenzierung, bis hinunter zu den kleinsten Einheiten und der einzelnen Stelle, und die notwendige Koordination werden durch die Bedingungen (Komplexitätsbewältigungsanforderungen) bestimmt (vgl. Galbraith 1973; Lorsch 1977; Ulrich 1978; Duncan 1979; Kieser 1981; Bleicher 1981 und die empirischen Untersuchungen von Gulick 1937; Woodward 1965; Thompson 1967; Lawrence & Lorsch 1967a, b; Khandwalla 1973; Kieser 1973; Blau et al. 1976; van de Ven et al. 1976; Kieser & Kubicek 1977).

Koordination oder *Integration* ist ein Problem aller Kollektive; sie beinhaltet das Zusammenfügen zu einem Ganzen, das Einordnen, Sich-Einfügen und Aufeinanderabstimmen von Teilen, Personen, Sachverhalten, Techniken usw. Die formale Struktur ist Kombination »unterschiedlicher Arten von Regelungen der Arbeitsteilung und Koordination«. Die Koordination umfaßt daher sowohl aufbau- wie ablauforganisatorische Aspekte. Wir verstehen »Koordination als notwendige und bewußte Abstimmung und Ausrichtung dezentraler, genereller und fallweiser Handlungen und Entscheidungen interdependenter organisatorischer Einheiten im Hinblick auf die Erfüllung von Unternehmungszielen unter Anwendung *struktureller, technokratischer und personeller Koordinationsmechanismen*« (Hoffmann 1980, S. 305). Je nach Art und Intensität der Interdependenzen differenzierter Teile (Verrichtungen/Funktionen; Objekten/Produkten; Märkten/Regionen; Projekten) und der vertikalen Abstufung der Entscheidungsfunktionen (Delegation und Dezentralisation) entsteht ein Koordinationsbedarf, der direkt oder indirekt über strukturelle, persönliche oder technische Mittel gedeckt werden kann (vgl. Staerkle 1984; Hoffmann 1980; Khandwalla 1977; Frese 1972, 1980; Lawrence & Lorsch1967a, b). (35)

Die klassische Organisationstheorie hat sich fast ausschließlich mit der individuell gestaltenden oder »Fremd-Koordination« auseinandergesetzt. Es ist jedoch auf einige Ansätze hinzuweisen, die selbstgestaltende oder -strukturierende Prozesse als Koordinationsmechanismen sozialer Systeme erkannten und in die Untersuchungen und Überlegungen miteinbezogen. Unter dem Titel »dezentrale Selbstkoordination« oder (m. E. fälschlicherweise) »passive Koordination« wurden Phänomene der Koordination diskutiert, die unabhängig von *einem* Gestalter oder Gestaltungsakt aus dem System erwachsen können. (36) Koordination ist dann Resultat von interaktiven Prozessen, von Eigeninitiative, impliziten allgemeinen Regeln usw. (vgl. Lindblom 1965; Tuominen 1969; Kieser & Kubicek 1977; Kirsch et al. 1977; Ulrich 1978; Malik & Probst 1981; Malik 1984; Klimecki 1984; Kirsch 1985 und auch bei Hoffmann 1980, S. 319ff. genannte Autoren).

Dabei handelt es sich keineswegs bei allen beschriebenen Phänomenen der Selbstkoordination um eine eigentliche autonome Selbststrukturierung (vgl. bspw. die Führung durch Zielsetzungsidee bei Hax 1965; die themenspezifische und institutionalisierte Interaktion bei Kieser & Kubicek 1977; der geplante Wandel bei Kirsch et al. 1977). Vielmehr handelt es sich hierbei um überlappende Bereiche und manipulativ genutzte Selbststrukturierung in Systemen. Als Beispiel für einen Vorschlag eines integrierten Organisationskonzeptes, das eine flexible Organisation anstrebt, die der Komplexität der Umwelt gewachsen ist, sei hier auf Ulrich (1978) hingewiesen. Dieser systemorientierte Ansatz enthält bereits Hinweise auf das Selbstorganisationsphänomen, stellt jedoch grundsätzlich ein weites Konzept substantieller Gestaltung dar. Die kybernetische Bedeutung von Strukturen als Ursache für den Ausschluß von Verhaltensweisen des Systems und die Förderung bestimmter Verhaltensweisen im Hinblick auf angestrebte Ergebnisse ist die Basis dieses Konzeptes. Aufgrund von Varietätsüberlegungen gelangt Ulrich zur Einsicht, daß unterschiedliche, alternative Strukturen eine Grundstruktur (vergleichbar mit der Struktur des lebensfähigen Systems) ergänzen müssen. Die Grundstruktur wird durch vier miteinander verknüpfte Komponenten geprägt, nämlich durch

- ❑ dezentralisierte, operationelle Einheiten (Differenzierung, Dezentralisationsprinzip),
- ❑ zentrale Dienste,
- ❑ Innovation (innovative Aufgaben oder die Produktion von Neuerungen in das System hineinorganisieren),
- ❑ zentrale Unternehmungsleitung (Koordination aller Aktivitäten).

(35) Ich verwende hier die von Khandwalla und Hoffmann verwendeten Begriffe in leicht abgeänderter Form. Der Begriff *technokratisch* wurde in anderem Sinne verwendet (vgl. Malik 1984; Malik & Probst 1981) und scheint mir irreführend. Es geht um technische Hilfsmittel wie Planungs-, Budgetierungs- und Controllingsysteme. R. Staerkle geht mit dieser Gliederung teilweise einher; die strukturellen Koordinationsmittel sind jedoch sowohl direkter wie auch indirekter Natur.

(36) Dies ist nicht mit formaler oder informaler Organisation zu verwechseln, denn beide Formen können »Fremdkoordination« beinhalten (vgl. Hoffmann 1980, S. 321; Tuominen 1969, S. 208f).

Um eine flexible, der Umweltkomplexität adäquate formalisierte Struktur zu erhalten, gelangt er zu sich überlagernden Strukturen. Ein einfaches »Kästchen-Denken« genügt nicht, »da dabei nur einfache, eindimensionale Strukturen entstehen, die zahlreiche notwendige Verknüpfungen zwischen den unterschiedenen Stellen vernachlässigen und daher nicht geeignet sind, die erforderliche Varietät zu erzeugen. Notwendig ist vielmehr ein mehrdimensionales Denken, das zur Unterscheidung von Strukturen verschiedener Ordnung führt« (Ulrich 1978, S. 207; vgl. auch die Grundlagen des Systemdenkens und integrierte, mehrdimensionale Systemorganisationen).

Substantielles Organisieren ist aufgrund dieser Überlegungen in einem weiteren Verständnis

- Resultat von allen interaktiven gestaltenden Handlungen von Beteiligten, von Eigen- und Fremdinitiativen und impliziten Regeln,
- abhängig von der zu bewältigenden Komplexität auf unterschiedliche, mehrdimensionale, sich überlagernde und alternative Strukturen gerichtet.

Mit der Diskussion der Grundprobleme des substantiellen Organisierens haben wir inhaltlich keineswegs alles abgedeckt. Hinzu kommt das heute bereits fundierte und häufig empirische Wissen über die Bedingungen, Ziele, Instrumente und Vorgehensweisen wie Hierarchie, Autorität, Arbeitsteilung, Macht, Kontrollmechanismen, Kommunikation, Hilfsmittel usw. Es handelt sich um die *Infrastruktur* des substantiellen Organisierens. Die »Elemente der Infrastruktur« sind in der traditionellen Organisationslehre ausführlich behandelt worden. Für das Verständnis des substantiellen Organisierens mögen die vorliegenden Ausführungen genügen.

7.2 Symbolisches Organisieren

7.2.1 Die geistig-sinnhafte und die materielle Dimension als Koproduzenten

Ein materielles, substantielles Organisieren wird durch eine geistig-sinnhafte Ebene überlagert, die strukturelle Entscheidungen, Handlungen und Instrumente stützt und legitimiert. Beide Ebenen hängen auf kaum zu trennende Art und Weise zusammen, sie bedingen sich gegenseitig. Ohne die legitimierende und orientierende Wirkung durch sinnmachende Prozesse können substantielle Strukturen nicht greifen, kaum Wirkung zeigen oder sich entfalten. Umgekehrt verstärken die positiven Erfahrungen und Erfolge mit substantiellen Strukturen wiederum eine damit verbundene Kultur (vgl. Dyllick & Probst 1983, S. 27).

Materielle und symbolische Strukturen sind Ko-produzenten i. S. von Singer (1959; vgl. auch Trist 1950, 1981).

Der Mensch ist nicht einfach Teil im Organigramm, Aufgabenträger, ausführendes Element, Benutzer eines Kommunikationskanals usw. Strukturen sind nicht nur funktionell, indem sie Komplexität bewältigen und ein System »lebensfähig machen«. Sie erfüllen einen Zweck, dienen einem zweckvollen System und müssen daher in ihrer Interpretation Sinn machen. Der Mensch sucht ständig zu interpretieren, was er getan hat, zu definieren, was er gelernt hat und Sinn zu gewinnen aus dem, was er tun wird. Strukturen werden gewissermaßen durch die Interpretationen der Beteiligten ständig neu geschaffen, stabil gehalten oder verändert. Dabei geht es mir hier nicht einfach um einen partizipativen Ansatz beim Entwerfen, Einführen und Anwenden von Strukturen oder etwa ein psychologisch ausgefeiltes Vorgehen bei einer Reorganisation. Strukturen werden im Rahmen des kulturellen Kontextes geistig immer wieder konstruiert und interpretiert und müssen letztlich Sinn machen. Strukturen sozialer Systeme sind »sinnvoll« konstituiert und selbst sinnkonstituierend (vgl. Trice & Beyer 1984; Daft & Weick 1984; Smircich 1983a; Moch & Huff 1983; Tichy 1982, 1983; Deal & Kennedy 1982; v. Keller 1982; Siehl & Martin 1981; Beyer 1981; Pfeffer 1981; Meyer 1981; Louis 1981; Ranson et al. 1980; Luhmann 1971, 1984). Diese Interpretationsidee ist eng mit Bouldings Prozessen auf hohen Ebenen verbunden, die das Besondere humaner sozialer Systeme beinhalten (vgl. Boulding 1956). Mechanistische und organismische Modelle oder Metaphern haben jedoch dazu geführt, daß diese Ebene geistig-sinnhafter Prozesse wenig erforscht worden ist (vgl. Gharajedaghi 1985; Daft & Weick 1984; Moch & Huff 1983; Weick & Daft 1983; Daft 1980; Pondy & Mitroff 1979; Boulding 1961).

Aufgabe jedes Gestalters ist es daher, Strukturen als Vehikel zu sehen, das entworfen und konstituiert wurde, um Sinn zu reflektieren und sinnmachende Prozesse zu erleichtern. Strukturen enthalten normative Erwartungen, Werte usw. und unterstützen selbst wieder Erwartungen, Werte, usw.

Dieser Abschnitt enthält wenig Hinweise auf existierende Theorien oder empirisch getestete Hypothesen. Vielmehr geht es hier um die Herausarbeitung der Bedeutung eines lange weitgehend vernachlässigten Aspektes und die prätheoretische Rahmenlegung, aus der Hypothesen abgeleitet werden können. Neben die Abhängigkeiten der materiellen Strukturen von kontextuellen Constraints (i. S. von Kontingenzfaktoren, Machtsituation usw., soweit sie überhaupt eine Rolle spielen und Korrelationen vorliegen: Vgl. dazu Grinyer & Norburn 1975; Downey et al. 1975; Starbuck et al. 1978; Starbuck 1982; Nystrom & Starbuck 1984) tritt hier ein kognitiver, phänomenologischer Aspekt, der Strukturen als adäquat erscheinen läßt oder verwirft (vgl. Ransom et al. 1980, S. 3f). Damit soll nicht behauptet werden, daß es sich um eine völlig neue Erkenntnis handelt, jedoch ist erst in den letzten zehn Jahren - und nur äußerst selten vorher - eine geistig-sinnhafte, interpretative Sichtweise in Organisationsüberlegungen aufgenommen worden. Empirische Untersuchungen sowie ausgefeilte Theorien fehlen (vgl. als Ansätze hier Pettigrew 1973, 1979; Mitroff 1974; Mitroff & Kilman 1976; Meyer & Rowan 1977; Starbuck et al. 1978; Pondy & Mitroff 1979; Weick 1979a, b; Dandrige et al. 1980; Ransom et al. 1980; Meyer 1981; Smircich & Morgan 1982; Moch & Huff 1983; Smircich 1983a; Starbuck 1983, 1982; Weick & Daft 1983a; Daft & Weick 1984; Kieser 1984; Nystrom & Starbuck 1984; Trice & Beyer 1984; Bolman & Deal 1985).

Eine Fundierung fanden diese organisationstheoretisch orientierten Autoren in jenen älteren soziologischen Ansätzen, die erkannten, daß soziale Strukturen kontinuierlich interaktiv produziert und reproduziert werden und so selbst Sinn oder Bedeutung enthalten und konstituieren (vgl. Goffmann 1959, 1974; Eliade 1963; Berger & Luckmann 1966; Buckley 1967; Schutz 1967, 1972; Silverman 1970; Goodenough 1971; 1974; Gouldner 1971; Luhmann 1971; Cicourel 1973; Emery & Trist 1973; Geertz 1973; Schutz & Luckmann 1973; Luckmann 1975; Giddens 1976, 1977; Bourdieu 1977; Crozier & Friedberg 1977; Bateson 1981). Eine neue (wenn auch auf E. Vico, E. Kant und J. Piaget zurückgehende) und tiefe Fundierung liegt heute im Konstruktivismus vor. Die Welt, wie wir sie wahrnehmen, ist unsere eigene Konstruktion. Jeder konstruiert seine eigene Realität, er findet also interpretativ seine Wirklichkeit. Das muß er folgedessen auch den andern zugestehen. Damit entfällt automatisch so etwas wie *die* objektiv richtige Struktur. Der Gestalter kann also nur den anderen betroffenen Menschen etwas unterschieben, das nach eigenen bislang erfolgreichen Erfahrungen, Plänen, Begründungen, Vorstellungen sinnvoll erscheint. Eine Bestätigung erfährt er jedoch erst durch deren Interpretationen (vgl. Glasersfeld 1981, 1984a, 1985b).

Obwohl es Individuen sind, die interpretativ die Strukturen wahrnehmen, interessiert hier ein kollektives Phänomen, die »Interpretation durch die Gruppe, eine Abteilung oder die Unternehmung«. Dieses kollektive Phänomen bezeichne ich als Kultur. Dieses kollektive Phänomen ist etwas anderes als die Aggregation individueller Interpretationen. Institutionen haben in diesem Sinne ein Gedächtnis, kognitive Systeme und Lernfähigkeit (vgl. Hedberg 1981, Daft & Weick 1984, Argyris & Schön 1978, Argyris 1982, 1985).

Ich verstehe *Kultur* in einem sozialen System als erworbenes Wissens- und Erkenntnissystem zur Interpretation der Erfahrungen und zur Generierung von Handlungen. Es ist ein Netz von Werten, Glaubensvorstellungen, kognitiver und normativer Orientierungsmuster, die das System auf geistiger Ebene zusammenhalten (vgl. Siehl & Martin 1981; Tichy 1982; Deal & Kennedy 1982). Unternehmungs- oder Organisationskultur ist ein moderner Begriff, der aus der Anthropologie entlehnt worden ist (vgl. Hofstede 1980, 1984; v.Keller 1982; Matenaar 1983; Smircich 1983a, c; Schein 1984, 1985; Trice & Beyer 1984; Bleicher 1985). Edgar Schein (1984, S.3) definiert Unternehmungskultur als ein Muster von Grundannahmen, die durch eine bestimmte Gruppe erfunden, entdeckt oder entwickelt wurde, indem sie lernte, mit ihren Problemen der externen Adaptation und der internen Integration umzugehen. Diese Grundannahmen haben sich in genügender Weise bewährt, um als allgemeingültig betrachtet und an neue Mitglieder weitergegeben zu werden, damit diese die »richtige« Art wahrzunehmen, zu denken und zu fühlen haben, wenn es um derartige Probleme geht. Eine Kultur enthält »Orientierungen« über Ziele und Zwecke, Beziehungen, Verhaltenserwartungen, die Natur menschlichen Handelns und Seins. Kieser schreibt ihr folgende Funktionen zu: »Organisationskultur schafft ein gemeinsames Bezugssystem, eine Linse, die Wahrnehmungen filtert und Erwartungen beeinflußt, gemeinsame Interpretationen und Verständnis ermöglicht, Komplexität reduziert, Handlungen lenkt und legitimiert« (Kieser 1984, S. 4).

Dies heißt: Soziale Systeme haben sich meist im Laufe ihrer Entstehung und Aufrechterhaltung, analog zu Gesellschaftsformen (vgl. Berger & Luckmann 1980; Berger & Kellner 1984), einen »kulturellen Code« erarbeitet, der Reaktionen, responsive Aktivitäten und Handlungen leitet. Dieser bestimmt die Innen- und Außenwelt eines Systems (Grenzen, Identität), umreißt und konzipiert eine ideale Zukunft, umfaßt Werte, Glaubensvorstellungen, Normen. Eine reale Welt, wie sie theoretisch angenommen werden kann, spielt keine Rolle, sondern die Charakteristika und Dynamik der Interpretationen der Welt (vgl. Boulding 1961). (37) Kultur ist implizit, geistig, teilweise unbewußt, nicht sichtbar; sie ist selbstverständlich und quasi undiskutierbar (vgl. Schein 1984, 1985; Staerkle 1985; Smircich 1983a; Smircich & Morgan 1982; Schutz 1967). Verhaltensweisen, Werthaltungen oder Einstellungen, Rituale, Ausdrucksweisen, Mythen, Geschichten, Firmenzeichen, Zeremonien, Einrichtungen, Vorschriften und Normen usw. sind Manifestationen der Kultur. (38)

Im Gegensatz zu Edgar Schein unterscheide ich nur zwischen *Kultur-* und *Manifestations*ebene. Manifestationen sind beobachtbar, erfahrbar, explizit und offen für eine ge-

(37) In ähnlicher Weise ist die Diskussion der doppelten Bedeutung der »Einschätzung« bei Geoffrey Vickers (1968) oder die »Ökologie von Ideen« bei Gregory Bateson (1981) zu verstehen. Hier liegt m. E. der tiefere Grund dafür, daß Vickers (1968), Ulrich (1978) oder Ackoff (1981), im Rahmen »unternehmungspolitischer« Entscheidungen, in einem ersten Schritt die Einstellungen oder Werthaltungen der Beteiligten erarbeiten, bewußt analysieren und ausdiskutieren.

(38) Diese Unterscheidung mag an der von Ulrich und Probst (1982) vorgenommenen Differenzierung zwischen Werten und Werthaltungen erklärt werden. Unter Werthaltungen verstehen wir grundlegende Einstellungen, Urteile und Überzeugungen aufgrund derer Zustände,

wisse Einflußnahme. Auf dieser Ebene werden sinngebende und sinnmachende Bedeutungen ausgedrückt, an die Beteiligten kommuniziert, bestätigt oder korrigiert. Diese Formen »charakterisieren« gewissermaßen die Kultur, die ein Netzwerk von geistig-sinnhaften Prozessen darstellt, bestehend aus Werten, Normen, Ideologien usw. Manifestationen wie diskrete Elemente einer Kultur isoliert zu untersuchen, widerspricht dem ursprünglichen soziologischen Kulturbegriff wie auch einem systemischen Denken. Diese Manifestationen sind interdependent, beeinflussen sich gegenseitig, interagieren (vgl. Kluckhohn 1942, S. 65; Boulding 1961, S. 64ff; Pettigrew 1979, S. 576; Bateson 1981, S. 99ff.; Trice & Berger 1984, S. 653).

Eine Gefahr isolierter Betrachtung liegt sicher darin, ein falsches oder verzerrtes Bild zu erhalten, was leicht in der Art von Beschreibungen erfolgreicher Unternehmungen geschehen kann (vgl. Peters & Austin 1985; Peters & Waterman 1984; Schwartz & Davis 1981). Jedoch geben die wenigen vorliegenden Untersuchungen eine Idee von der Bedeutung und neuen Forschungsbereichen. Untersuchungen von Riten oder Zeremonien haben gleichzeitig ergeben, daß auch andere Formen kultureller Manifestation eine Rolle spielen und zu berücksichtigen sind, bspw. die Sprache, Gestik, Artefakte, Legenden usw. (vgl. Trice & Beyer 1984; Thomas & Dandrige 1985). Ich fasse die Manifestationen in drei Bereiche zusammen: *Handeln, Sprache* und *Artefakte* (vgl. Probst & Scheuss 1984). (39) Hier können Gestaltungsansätze ansetzen und zumindest teilweise auf die Kultur wirken, sie selbst sind jedoch wieder Ausdruck der Kultur (vgl. Bolman & Deal 1985; Schein 1985, 1983; Grabendörfer & Meyer 1984; Kieser 1984; Peters & Waterman 1984; Trice & Beyer 1984; Dyllick 1983; Sathe 1983; v. Keller 1982; Peters 1978).

Die Gestaltung von Handlungen, Sprache und Artefakten nenne ich *symbolisches Organisieren.* Dabei verstehe ich »symbolisch« in einem weiten Sinne des Wortes (nicht nur als Symbol wie Logo, Firmenzeichen, Statuszeichen usw.).

Die grundlegenden Annahmen sind:

- Was an sozialen Strukturen wichtig ist, liegt nicht in einer »objektiven Welt«, sondern in den Sinnzusammenhängen, Werten, Bedeutungen usw., die wir ihnen zuordnen.
- Dieselben Strukturen können verschiedene Sinnzusammenhänge, Werte und Bedeutungen repräsentieren, je nachdem wie sie interpretiert werden. Dieselben Sinnzusammenhänge, Werte und Bedeutungen können sich auch durch verschiedene Strukturen manifestieren.
- Strukturen sind grundsätzlich mehrdeutig. Durch die Zuordnung von Symbolen werden Vereinfachungen vorgenommen, Unklarheiten aufgelöst, Möglichkeiten ausgeschlos-sen, Orientierungshilfen geboten, usw.
- Je unsicherer und konfuser die »materielle« Situation, umso notwendiger und wahrscheinlicher wird die Verwendung, Schaffung und Notwendigkeit von Symbolen.

Ereignisse oder Sachverhalte beurteilt werden. Sie sind zwischen allgemeinen, »absoluten« oder »letzten« Werten, die nicht mehr weiter begründbar sind, und konkreten Entscheidungs- und Verhaltenskriterien, die ausschließlich auf die jeweilige Situation bezogen sind, zu lokalisieren. Derartige grundsätzliche Einstellungen zu Sachverhalten lassen sich empirisch erfassen (vgl. Ulrich & Probst 1982; Dyllick & Probst 1983; Ulrich et al 1985a). Obwohl die individuellen Werthaltungen von Führungskräften bereits verschiedentlich erhoben worden sind, hat kaum jemand deren Einbettung in eine Unternehmungskultur oder in sinngebende und -machende Prozesse in einer Unternehmung untersucht (vgl. dazu Smircich 1983a, S. 355).

(39) In derselben Weise schlagen Dandrige et al. (1980) die Unterscheidung von drei »Typen von Symbolen« vor: »Verbal, actions, material«.

Das symbolische Organisieren bezieht sich auf sinngebende und sinnmachende Prozesse und hat die Funktion, Ungewissheit, Komplexität und Unsicherheit für die Beteiligten zu reduzieren und Ereignisse, Prozesse und Strukturen sinnvoll zu machen oder sinnvoll erlebbar aufscheinen zu lassen. »Die Aufgabe des Managements besteht dann darin, für akzeptierte, gemeinsame Interpretationen und Erklärungen einer widersprüchlichen Wirklichkeit zu sorgen, die als Basis für das produktive Handeln dienen können« (Dyllick 1983, S. 12). (40)

7.2.2 *Die symbolische Gestaltung von Handlungen*

Handlungen widerspiegeln tief liegende Werte, Normen, Welt- und Menschenbilder; diese sind handlungsleitend. Hier ordne ich sämtliche Tätigkeiten oder Aktivitäten von Mitgliedern der Unternehmung ein: Traditionen, Gewohnheiten, Routinen, Tabus, Neuerungen im Verhalten sind Ausdruck der Kultur. Die Art und Weise, wie eine Arbeit ausgeführt und erfüllt wird, Mitarbeiter geführt, informiert, ausgebildet, gefördert werden, Initiativen ergriffen und unterstützt werden, die Zusammenarbeit oder laterale Kooperation verhindert, aufrechterhalten und verstärkt wird, Aufgaben an Mitarbeiter delegiert werden, Kommitees, Task-Force-Gruppen usw. gebildet werden, Kameradschaft und Freundschaft über die Arbeitsprozesse hinaus gepflegt werden, sind Handlungsbeispiele. Dazu zählen auch Verstärkungs- und Bestrafungsprozesse von Handlungen, die Selbstdarstellung der Führungskräfte oder der Unternehmung, das Auftreten und Verhalten gegenüber der Öffentlichkeit, die Durchführung von Zeremonien wie Aktionärstreffen, Betriebsausflügen, Ehrungen, Belohnungen usw., die Gepflogenheiten der Begrüßung, Einführung, Selektion, Versetzung, Beförderung, Entlassung, Weiterbildung, Pensionierung, das Ausmaß der Intensität der Beziehungen zwischen Mitarbeitern und Vorgesetzten, die Suche nach Sündenböcken, die Konflikthandhabung, die Festlegung von Zielen usw.

Hierbei handelt es sich nicht um eine abschließende Aufzählung; diese Beispiele sind repräsentativ, wecken ein Verständnis und Gefühl für die Kategorie symbolischer Gestaltungsansätze bei Handlungen.

Daß Handlungen symbolische Wirkung haben und symbolisch gestaltbar sind, haben Autoren, die erfolgreiche Unternehmungen beschreiben, erkannt und besonders hervorgehoben (vgl. Bennis & Nanus 1985; Peters & Austin 1985; Peters & Waterman 1984; Bolman & Deal 1984; Kanter 1983; Deal & Kennedy 1982; Ouchi 1981; Schwartz & Davis 1981; Wright 1979; Peters 1978). Kieser (1984) schließt sich der Meinung an, daß erfolgreich innovierende Unternehmungen sich weniger durch substantielle strukturelle Eigenschaften von weniger erfolgreichen unterscheiden als durch »bestimmte, durch das Wertsystem des Unternehmens gesteuerte Verhaltensweisen«. »Vor allem werden Werte ... durch das Verhalten von Führern vermittelt. Vorgesetzte stellen Ereignisse in der Arbeitsgruppe, im Unternehmen oder in der Umwelt in einen »höheren Zusammenhang« und geben ihnen dadurch »Sinn«, machen sie für ihre Mitarbeiter verständlich, lassen bestimmte Handlungen vernünftig erscheinen« (S. 5f). Die Untersuchungen von Rosabeth Kanter (1983) und Tom Peters und Robert Waterman (1984) sind voll von Beispielen möglicher Gestaltungen der Handlungen. Von besonderer Bedeutung sind hierbei bei Riten und Zeremonien (vgl. Thomas & Dandrige 1985; Trice & Beyer 1984; Moch & Huff 1983; Starbuck 1982; Pfeffer 1981; Ranson et al. 1980; Meyer & Rowan

(40) In ähnlicher Weise bezeichnen es andere Autoren als Pflicht oder anerkanntes Recht von Führungskräften zu einem gewissen Teil die Realität von anderen Individuen zu definieren (vgl. Smircich & Morgan 1982, S. 258; Pfeffer 1981, S. 21; Meyer & Rowan 1977; Pondy 1978; Peters 1978; Weick 1979b).

1977), außerdem aber die durch Werte geprägten Verhaltensweisen von Führungskräften. Von welchen Annahmen diese bei der Informationsaufnahme, der Interpretation und der Verarbeitung ausgehen, spielt eine wesentliche Rolle und führt zu vollkommen anderen Situationen (vgl. Kieser 1984; Daft & Weick 1984; Kanter 1983; Smircich & Morgan 1982; Ouchi 1981; Louis 1981; Pfeffer 1981; Hedberg 1981; Staw 1980; Ranson et al. 1980; Duncan & Weiss 1979; Argyris & Schön 1978; Hedberg et al. 1976).

Die symbolische Gestaltung von Handlungen i. S. eines »Management by walking around«, einer Politik der offenen Tür, einer Förderung der informalen Kommunikation, häufiger und offener Koordinationssitzungen, der Toleranz gegenüber Experimenten usw. ist nicht zu unterschätzen. Als ein Beispiel sei hier auf die Untersuchung von Meyer (1982) in Spitälern hingewiesen, die das Verhalten bei Fehlschlägen oder erfolglosen Experimenten analysiert hat und dabei feststellte, wie symbolisch unterschiedlich Handlungen gestaltet wurden. Ein anderes Beispiel ist die Einführung und Aufrechterhaltung eines Qualitätssicherungssystems im weiten Rahmen des Qualitäts*managements*; die »instrumentellen Maßnahmen« werden gleichzeitig auf »kultureller« Ebene begleitet (vgl. Siegwart & Seghezzi 1983). Ein letztes prägnantes Beispiel mag in den Untersuchungen liegen, die von Pfeffer und Salancik vorgenommen wurden. Sie gingen der Frage nach, wie kognitiv Arbeitsplätze verschieden beurteilt und »symbolisch« bezeichnet wurden (vgl. Salancik & Pfeffer 1977, 1978; Pfeffer 1981).

7.2.3 Die symbolische Gestaltung von Artefakten

Als Artefakte bezeichne ich grob sämtliche Produkte, verwendeten Gegenstände, Hilfsmittel, Instrumente, Einrichtungen, Ausstattungen und Technologien in einer Unternehmung. Sie stellen häufig eine bewußte oder unbewußte Realisierung der geistigen Vorstellungen, der grundlegenden Annahmen, der Werte usw. dar. Eine Unternehmung kann ohne Regelungen, Infrastrukturen, »formale« Informationsflüsse und Prozesse, politische Dokumente und Darstellungen über die essentiellen Aufgaben, Verantwortungsbereiche und Kompetenzen nicht funktionieren. Diese beschreiben gewissermaßen gewollte, wünschenswerte und geplante Zustände, Sachverhalte, Abläufe usw. Sie vermitteln zwischen Sinn und Handeln; sinnvolles Handeln, Verhalten oder Tun wird gefördert, das Geschehen im System leichter durchschaubar und lenkbar. Artefakte, einschließlich der substantiellen Organisationsinstrumente, werden also zum Werkzeug der Sinnvermittlung. Diese handlungsleitenden Werkzeuge sind je nach Situation und Kultur verschieden gestaltet oder zu gestalten (vgl. etwa für Routineaktivitäten, Innovationen, Krisenmanagement usw). Artefakte fördern, verbieten oder erlauben nicht nur Handeln, sie sind meist an sich ein Symbol für die Kultur eines Systems (vgl. Peters 1978; Dandrige et al. 1980). Dabei ist hier die Verbindung zwischen Organisationsstruktur oder substantiellem Organisieren und Kultur offensichtlich (vgl. Dowling & Pfeffer 1975; Meyer & Rowan 1977; Handy 1978; Pfeffer 1981; Kieser 1984; Staerkle 1985).

In »Verhaltensprogrammen« (Starbuck 1983) werden (vergangene) Überlegungen und Denkhaltungen konkretisiert und in standardisierte Prozesse, Arbeitsplatzbeschreibungen, Gebäude, Verträge usw. überführt. Kultur wird damit zur »objektiven Notwendigkeit«. Je nach Struktur oder Teilstruktur und den Organisationsinstrumenten stehen andere grundlegende Annahmen, Werte, Menschenbilder usw. dahinter, etwa daß Arbeiten programmierbar und beliebig teilbar sind, organisatorische Richtlinien das System unter Kontrolle zu halten vermögen, Instrumente das Verhalten der Mitarbeiter steuern können oder daß die Fähigkeiten des Menschen zentral sind, die inhärenten Potentiale gefördert, Informationen von vielen Seiten her berücksichtigt und weitergegeben werden müssen, die Beteiligten selbst planen, sich entwickeln usw. Je nachdem berücksichtigt die Struktur unterschiedliche Teilkulturen und sind Instrumente wie Qualitätssicherung, Ausbildungsfonds, Personalplanung, Qualifikationsverfahren, Nachfolgeplanung, Stellenbeschreibungen usw. unterschiedlich gestaltet.

Artefakte umfassen im vorliegenden Verständnis Produkte und Dienstleistungen wie auch Einrichtungen und Instrumentarien.

In erster Linie haben sicher die Produkte und Dienstleistungen selbst »sinnvoll« zu sein, jedoch sind eine Reihe von organisatorischen, führungsspezifischen, personellen und methodischen Instrumenten als solche und in ihrer Anwendung Objekte der Interpretation. Bei den formalisierten Organisationsinstrumenten ist zuerst an die Unternehmungsstruktur und ihre Darstellungsart zu denken, an Stellenbeschreibungen, Funktionendiagramme, organisatorische Leitlinien, schriftliche Kommunikationsregelungen, Prozeßregelungen, Arbeitsplatzbewertungen, Rotationsregelungen, Koordinationssitzungen, Richtlinien, Dienstanweisungen, Geschäftsordnungen usw. Dazu gehören auch Bürogestaltung, Politik der offenen Tür, Lokalisierung, Größe, Ausstattungen und Materialien. Als Artefakt sehe ich auch Gruppenbildung (Face-to-face-group), Zuteilung von Personal, Sach- und Finanzressourcen, Ombudsmann, Schlichtungsstelle, usw.

Bevor ich diese Liste von Artefakten weiterführe, sei auf einige Beispiele etwas vertiefter eingegangen. Obwohl viel über die Bedeutung von Symbolen wie Größe, Lokalisierung und Konfiguration des physischen Raums von Arbeitsplätzen gesprochen wird, liegen nur wenig Forschungsergebnisse vor. Wie Pfeffer (1981), im Rahmen seiner Untersuchungen bspw. bemerkt, stellen die Größe, Lokalität und Anordnung des physischen Raumes den Hintergrund dar, vor dem Managementaktivitäten wahrgenommen werden und sie beeinflussen die Interpretation und Bedeutung dieser Aktivitäten. Welche symbolische Bedeutung vielen derartigen Artefakten zukommt, erkennt man, wenn sie in Gefahr stehen, reduziert oder verändert zu werden. (So kann denn die Einführung von Telephonapparaten mit verschiedenen Reichweiten und die Einführung gemeinsamer Apparate hohe Wellen der Entrüstung und der Rechtfertigung auslösen). Bürolandschaften, die Idee offener Büros, gleiche Größen und keine Differenzierung in den Lokalisierungen sind aus der Idee heraus geboren, Statussymbole abzubauen, den freien Fluß der Kommunikation zu fördern, Hierarchievorstellungen aufzulösen usw. Wenn diese organisatorischen Maßnahmen nicht mit der Kultur übereinstimmen, sind sie kaum erfolgreich. Natürlich ist es leicht, diesen Phänomenen zu viel Bedeutung zuzumessen, man darf sie aber genauso wenig unterschätzen oder die symbolische Wirkung und die Gestaltbarkeit gar ausschließen. Büroausstattung, Größe, Konferenztisch und Sitzordnung, Lokalisierung von Besprechungen usw. werden sehr wohl von den Beteiligten interpretiert.

Der Arbeitsplatz kann sehr unterschiedlich interpretiert werden, obwohl es sich um dieselbe Arbeit handelt, liegt er in einem autonomen Raum oder in einer Bürolandschaft. Je nachdem wird nicht nur dem Status, ein *eigenes* Büro zu haben, sondern auch Vorstellungen, frei von Unterbrechungen zu sein, fähig zu sein und Gelegenheit zu haben, sich zu konzentrieren, der Nähe zum Machtzentrum oder der Einrichtung ein hoher Wert zugesprochen. Forschungen sind auf diesem Gebiet, wie gesagt, selten. Ausnahmen bilden hier Sommer (1969), der die Gestaltung und Größe von Klassenzimmern und Räumen in Nervenkliniken untersuchte, Steele (1973), der die Einflüsse von Interaktionen und Informationen auf die Interpretation der Rolle der Betroffenen erforschte, Pfeffer (1981), der sich mit Fragen der Lokalisierung von Departementen und Schulen an amerikanischen Universitäten auseinandersetzte, oder Meyer (1982), die in zwei grundlegend verschiedenen Spitälern die symbolische Gestaltung von Artefakten verfolgte. Die Artefakte gingen im letzten Beispiel über organisatorische Strukturen hinaus und berücksichtigten verschiedene Elemente wie die Produkte (ambulante chirurgische Eingriffe, Heimpflege, Behandlungszentrum für sexuell Mißhandelte, usw.), die Administration (Sitzungen, Konferenzen, Memos), die Mitarbeiterentwicklung (Ausbildung, professionelle Autonomie), Führungsinstrumente (Partizipation, Frühwarnsystem, Computerterminals für ein Informationssystem, das sowohl klinische wie administrative Datenbasen enthielt), patientenorientierte Pflege und Hotellerie. Die Lokalisierung von Büros, Konferenzzimmern, Departementen, Aufenthaltsräumen kann sowohl eine Hervorhebung wie auch eine Zugehörigkeit, die Identifikation mit anderen Teilen, symbolisieren.

Ein anderes Beispiel stellen die Untersuchungen der Auswirkungen von Arbeitsbereicherungen (Job enrichment) (King 1974; Pfeffer 1981; Moberg 1981) dar, die durchaus mit den Hawthorne-Effekten vergleichbar sind. Es zeigt sich, daß die Erwartungen und die symbolische Bedeutung weitaus wichtiger sind als der Inhalt einer Umgestaltung. Im Vordergrund steht, wie der Arbeitsplatz wahrgenommen bzw. interpretiert wird. Hierbei zeigt sich m. E., daß die Prozesse der Erarbeitung von Instrumenten oder Sachverhalten besonders wichtig sind, weil hierbei über den Sinnzusammenhang nachgedacht wird.

Formalisierte Organisationsstrukturen oder -instrumente stellen einen wichtigen Aspekt symbolischen Organisierens durch Artefakte dar. Am deutlichsten wird dies in Rollenumschreibungen (Stellenbeschreibungen, Arbeitsplatzbeschreibungen, Leistungsstandards). Diese sind ein Hinweis auf das Streben nach Regelmäßigkeit, Sicherheit, Statuserhalt, Kontinuität, Transparenz, klare Arbeitsabläufe usw., aber auch ein Hinweis darauf, inwieweit »andere« Aktivitäten erwünscht sind oder als Abweichung, Störung, Unruhe, Rauschen usw. betrachtet werden (vgl. Handy 1978; Smircich & Morgan 1982). Solche formalen strukturellen Instrumente können zu rationalisierten Mythen in Unternehmungen werden (vgl. Ransom et al. 1980, S. 8ff). Eine umfassendere Sichtweise zur interaktiven Beeinflussung von »Organisationskultur« und Organisationsstrukturen hat kürzlich R. Staerkle (1985) präsentiert. Dabei hat er besonders die mit idealtypischen Strukturen verbundenen kulturellen Kontexte herausgearbeitet. Er geht davon aus, daß funktionale, divisionale oder mehrdimensionale Organisationsstrukturen kultureller Voraussetzungen bedürfen, damit diese erfolgreich und wirksam sein können. In ähnlicher Weise haben Mintzberg (1979, S. 294), Kanter (1983) u. a. darauf hingewiesen, daß »Modestrukturen« wie bspw. die divisionalisierte oder Matrix-Struktur ohne entsprechenden kulturellen Hintergrund erfolglos bleiben (müssen). Andere Autoren haben die kulturellen Voraussetzungen für bestimmte Organisationsstrukturen zu umschreiben versucht (vgl. etwa zur Matrixstruktur Davis & Lawrence 1977).

Damit sind jedoch keineswegs alle Artefakte von ihrer Art her aufgezeigt worden. Als Artefakte bezeichne ich auch die Handhabung des Terminkalenders von Führungskräften, den Logo und andere Zeichen, das Briefpapier, Vorschriften oder »die Art und Weise« des Abfassens von Berichten, Anweisungen, Protokollen, unternehmungspolitische und planerische Dokumente, Führungsrichtlinien, den Einsatz von Telephon und Memos, Kleidung und Habitus, Spesenregelungen, Qualitätskontrollblätter, Bildungsniveau, Eigentümersituation, Spezialistenquote, Werkzeuge und Materialien (Qualität), Technologien, Agenda, Modelle, Fragebogen, Belohnungs- und Bestrafungsvorschriften und -mittel, Projektmanagement, Lohnsystem, Mitbestimmungsreglemente usw. Wir haben gesehen, daß Artefakte sinnvoll interpretiert werden können und Handlungen auslösen, fördern, unterstützen usw., die symbolische Bedeutung haben. Es ist aber auch denkbar, daß Artefakte in ihrer Interpretation sinnlos sind oder sinnlos werden und Handlungen dann nicht mehr mit den Artefakten einhergehen. Artefakte können Leerformeln darstellen, Regelungen werden nicht mehr beachtet oder umgangen, Arbeiten verweigert - zum Guten oder Schlechten für das System.

Bis jetzt haben wir die Handlungen und die Artefakte, die einen Kontext für die Handlungen schaffen, als Ansätze symbolischer Gestaltung betrachtet. Symbole werden jedoch durch eine dritte Kategorie geschaffen und vermittelt, durch Sprache. Häufig ist gar erst durch das Zusammenspiel der drei Kategorien eine symbolische Gestaltung wirksam (vgl. etwa Management-by-Objectives-Programme, Sensitivitätstraining, Survey-Feedback-

Interventionen, Quality-of-work-life-Programme, Qualitätszirkel u.ä. unter dem Aspekt von Handlungen, Artefakten und Sprache).

7.2.4 Die symbolische Gestaltung von Sprache

Wie wir gesehen haben, stellen Artefakte (z.B. strukturelle Instrumente) und Handlungen gewissermaßen Daten dar, die erst Sinn machen, wenn sie eingeordnet werden können. Sie werden damit zu *Informationen* (vgl. Churchman 1971, S. 159ff.; Mitroff & Kilman 1976, S. 190; Bougon et al. 1977). Individuen wie auch kollektive Systeme haben Weltbilder, Menschenbilder, Werte usw., die sich in Artefakten und im Handeln manifestieren. Kultur und ihre Manifestationen müssen jedoch kommuniziert werden können. Sprachliche Elemente werden damit selbst Manifestationen und zu einem möglichen Instrument der Gestaltung. Daß Sprache ein Instrument der Gestaltung - nicht einfach im rhetorischen Sinne - sein könnte, wird häufig übersehen (vgl. Peters 1978; Kieser 1984). Dabei ist offensichtlich, daß Verhaltensregeln, Normen, Ideen, Emotionen, Erfahrungen usw. genauso kommuniziert werden müssen, etwa an neue Mitarbeiter, wie die strukturellen Voraussetzungen.

Sprache wird hier in einem umfassenden Sinne verstanden, die sämtliche kommunikativen Prozesse zwischen den Mitgliedern oder Teilen eines sozialen Systems und seiner Umwelt beinhaltet: Sie erstreckt sich von analytisch-mathematischen Sprachformen über verbale Äußerungen bis zu »künstlerischen« Aussagen (Körpersprache, Erzählungen, Musik, Tanz, usw.). Die Skala geht damit von sehr exakten, klar definierten Bedeutungen bis zu Mehrfachbedeutungen (vgl. Daft & Wiginton 1979). Zu den sprachlichen Manifestationen zähle ich daher neben einzelnen verbalen Äußerungen auch Geschichten, Legenden, Mythen, Sagen, Volksweisen, Gesprächsarten, Redewendungen, ein institutionsspezifisches Vokabular, Gestik und Mimik, Bezeichnungen für Abteilungen, Arbeitsvorgänge, Abläufe, Geschehnisse usw. Sprache ist notwendiges Werkzeug für die Beschreibung, Weitergabe, Vermittlung, Legitimierung und Rationalisierung von strukturellen Eigenschaften des Systems und für dessen Veränderungen, die Politik, den Einsatz von organisatorischen Hilfsmitteln usw. Grenzen zwischen System und Umwelt werden durch sprachliche Elemente definiert und realisiert; durch die Kontakte und kommunikativen Äußerungen werden Grenzen gebildet und Konsens über die Identität des Systems erreicht.

Die Sprache, oder auch der sprachliche Kontext oder die »Grammatik«, (i. S. von Sapir 1921, 1949 und Whorf 1956) eines (Teil-)Systems kann dabei sehr unterschiedliche Formen annehmen und je nachdem präziser oder ambivalenter sein, wenige oder viele Bedeutungen und Interpretationsmöglichkeiten enthalten, besser oder schlechter in ihre Umwelt bzw. den Anwendungsbereich »passen« oder in unterschiedlichem Maße etwas unter Kontrolle haben. Daft und Wiginton (1979, S. 182) diskutieren daher drei Prinzipien, die für die Sprache als Mittel der Gestaltung und als Manifestation einer Kultur bedeutend sind:

1) Prinzip der Inkompatibilität
Je komplexer ein Sachverhalt, desto schwieriger wird eine präzise Beschreibung oder Vermittlung durch die Sprache. Sprechen wir also bspw. von humanen, sozialen Systemen, so muß die Sprache unpräziser, allgemeiner oder vieldeutiger werden.

2) Prinzip der erforderlichen Varietät
Die Sprache muß dem zu beschreibenden oder vermittelnden Sachverhalt in seiner Varietät (den möglichen Zuständen) entsprechen, um ihn adäquat erfassen zu können.

3) Prinzip des Bremermannschen-Limit
Es gibt eine Grenze dessen, was an Informationen übermittelt und verarbeitet werden kann. Diese obere Grenze kann durch kein aus Materie bestehendem System überschritten werden. Die potentielle Varietät einfacher humaner, sozialer Systeme liegt sehr schnell über dem Bremermannschen-Limit und ist nur durch Organisation in den möglichen »Zuständen« oder Verhaltensweisen auf bestimmte Ordnungsmuster reduzierbar.

Wirksame Organisatoren und Führungskräfte zeichnen sich daher gerade durch die Fähigkeit aus, Prozesse und Strukturen für die Beteiligten/Betroffenen sinnvoll aufscheinen zu lassen und auch in Worte zu kleiden, damit möglichst viele Beteiligte/Betroffene darüber kommunizieren können. Nur so kann das, was ein kollektives System (Gruppe, Abteilung, Unternehmung usw.) tut, zum sozialen Faktum werden und können Prozesse und Strukturen in einer Institution akzeptiert werden und wirksam sein. Im Vordergrund steht damit nicht die Verhaltens- oder Strukturänderung, sondern das »Schaffen eines Verständnisses« für das, was getan wird oder zu tun ist und wie etwas strukturiert wird oder ist (vgl. Pondy 1978, S. 94f). Es zeigt sich, daß einige Managementwissenschaftler und vor allem Praktiker die Bedeutung der Sprache als Management- oder Gestaltungsinstrument sehr wohl verstanden haben. Mintzberg (1973) hat in seiner berühmt gewordenen Studie über »Was Manager wirklich tun« erkannt, daß persönliche Informationen, direkte sprachliche Berichterstattungen und Diskussionen mehr geschätzt werden als schriftliche Informationsberichte, Memos oder andere formale, nicht-verbale Kanäle. (41)

Die Sprache hilft generell herauszufinden und zu bestimmen, wie wir denken, fühlen und sehen (vgl. Keegan 1974; Pondy 1978; Pondy & Mitroff 1979; Daft & Wiginton 1979; McCaskey 1982). Aus der gesprochenen Übermittlung kann mehr »herausgelesen« werden; sie ist vieldeutiger, reicher interpretierbar, weil Gestik, Pausen, Betonung, Mimik usw. miteinbezogen werden können (vgl. Daft & Wiginton 1979, S. 185). Selbst wenn nur einige wenige Symbole kommuniziert werden, ist der menschliche Geist fähig, komplexe, assoziative Konzepte abstrahierend und miteinander verbindend zu handhaben. Das Varietätsgesetz wird zweifellos durch einfache deterministische Modelle verletzt. Meines Erachtens stimmen gerade deshalb die Tätigkeiten von Managern nicht mit den einfachen Klassifikationen traditioneller Betriebswirtschaft überein, die in Planen, Organisieren, Mitarbeiter führen, Entscheiden usw. untergliedern (vgl. Mintzberg 1973, 1975; Pondy 1978; Daft & Macintosh 1978; Daft & Wiginton 1979; Weick 1979; McCaskey 1982; Kotter 1983; Peters & Waterman 1984).

Sprache kommuniziert Kultur und bietet eine »Linse« für die Wahrnehmung von Wirklichkeit; sie ist gleichzeitig Hilfsmittel der Übertragung und Ausdruck der Kultur selbst. Geschichten über Firmengründer, deren Wertvorstellungen oder besondere Begebenheiten mit ihnen, ob rein verbal oder (später auch) schriftlich übermittelt, enthalten grundlegende kulturelle Annahmen eines Systems. Dasselbe gilt für Mythen, Legenden, Anekdoten usw.; sie kreisen etwa um Themen wie Innovation, Sicherheit, Kundentreue, Verhalten gegenüber Mitarbeitern oder Mitarbeiterinnen, Technologien, Entscheidungssituationen usw. Gleichzeitig ist feststellbar, daß in verschiedenen Gruppen eine andere Sprache vorliegt (evtl. auch, daß andere Artefakte und Handlungen betont werden und vorherrschen). Nicht nur, daß im Büro, in der Werkstatt, im Militär, im Privatleben, am Biertisch, im Sportclub, in einer Schule usw. eine andere Sprache vorliegt, auch inner-

(41) Mintzberg stellte fest, daß die verbale Interaktion 78% der Zeit von Führungskräften beansprucht. Seine Untersuchungen sind mehrfach wiederholt worden. Auch unterschiedliche Datensammlungen, Kodierungsprozesse und Kategorienbildungen haben jeweils zu über 50% sprachlicher Interaktion geführt und die grundlegenden Thesen bestätigt (vgl. zur Übersicht Martinko & Gardener 1985).

halb einer Unternehmung sind verschiedene Sprachen (oder letztlich Teilkulturen) feststellbar. So liegen etwa Unterschiede bei Abteilungen, Funktionsbereichen, Berufsgattungen, Hierarchieebenen usw. vor, die Abgrenzungen bedeuten, welche für die Unternehmung nicht unbedingt funktional und eventuell ineinander integrierbar sind oder zumindest das Ganze nicht in Frage stellen. Die Mitglieder einer Unternehmung beherrschen jeweils mehrere Sprachen.

Die Sprache einer Unternehmung oder einer Gruppe in der Unternehmung wird erlernt; es handelt sich gewissermaßen um den Sozialisationsprozeß im System. Vielen Lesern wird das Erlernen der Sprache, der Ausdrücke, Redewendungen, Abkürzungen usw. vom Militärdienst her bekannt sein. Militärische Sprachformen oder Metaphern prägen häufig auch die Unternehmungssprache (vgl. etwa Strategie, Taktik, operative Planung, Stab, Rekrutierung, Kommandieren/Kontrollieren/Korrigieren, Führung durch Ziele usw.). Rituale und Zeremonien sind sprachlich begleitet oder sogar sprachlicher Art, wie dies etwa die Beschreibungen von Sitzungen bei Wright (1979) oder Moch & Huff (1983) zeigen. Bestrafung, Degradierung, Machtbeweise, Einschüchterungsversuche, Ausdruck von Enttäuschung usw. sind oft sprachliche Interaktionsmuster mit festem Ablauf, bestimmten (z.B. ordinären, euphemistischen) Ausdrücken und Etiketten (vgl. Moch & Huff 1983; Bosmajian 1974; Wright 1979).

Die Verwendung ausgewählter und wiederkehrender Etikettierungen ist dabei besonders offensichtlich, z.B. Versager, »alter Mann«, graue Eminenz, Sündenbock, »an die Luft setzen«, »Scheiße bauen« usw. Verschiedentlich sind sprachliche Phänomene, ihre Gestaltungsmöglichkeit oder Bedeutung im Unternehmungszusammenhang in den letzten Jahren untersucht worden. Clark (1972) untersuchte dieVerwendung von Sagen; Trice & Beyer (1984), Meyer (1982), Mitroff & Kilman (1976) und Wilkens (1978) analysierten Unternehmungszusammenhänge anhand von Geschichten, die von Managern oder Verwaltern erzählt wurden; Meyer und Rowan (1977), Kamens (1977), Bolands (1982) oder Smith & Simmons (1983) untersuchten Mythen in Unternehmungen; O'Reilly & Caldwell (1979) setzten sich mit unterschiedlichen Informationen über Arbeitsplätze und deren Wahrnehmung auseinander; Moberg (1981) beobachtete konkret die Verwendung von Aussagen von Führungskräften über Aufgaben, Anforderungen, Fähigkeiten, Arbeitsgruppen, Werkzeuge und Materialien im Zusammenhang mit bestimmten Arbeitsplätzen; Blum & McHugh (1971) analysierten Jahresberichte, Geschäftsberichte, Programme, Selbstdarstellungen und organisationspolitische Instrumente; Martin (1982) untersuchte die Wirkung von Geschichten auf die Kommunikation; Kieser (1984) widmete sich sprachlichen Mitteln, die um Innovationen kreisen; Moch & Huff (1983) setzten sich mit den Ritualen und den sprachlich verwendeten Ausdrucksformen bei Rügen und Vorwürfen auseinander; Smircich verfolgte die Präsentation, Einführung und Durchführung eines Projektes im Lichte sprachlicher Fragestellungen (vgl. dazu Smircich & Morgan 1982; solche Fragen sind: Wie wird das Projekt den Beteiligten präsentiert? Wie wird es genannt und identifiziert? Wie wird auf Konsequenzen aufmerksam gemacht? Wie wird die Bedeutung oder der »Sinn des Projektes« aufgezeigt?); Trice & Berger (1984) beschäftigen sich mit Verhandlungssituationen, Mitarbeiterbeurteilungsgesprächen, u.ä.; Sales & Mirvis (1984), Kanter (1983, 1984) u.a. haben kulturelle Übergänge und die Veränderungen in den Manifestationen beobachtet (vgl. auch Kimberly & Quinn 1984); andere Autoren beschäftigen sich schlicht mit dem Interpretieren oder »Lesen« einer Kultur (vgl. van Maanen 1973; Manning 1979; Pondy & Mitroff 1979; Smircich & Morgan 1982; Pondy et al. 1982; Turner 1983; Schein 1984, 1985; Calas & Smircich 1985).

Viele Autoren wiesen darauf hin, daß Sprache etwas schaffen kann, indem interpretierte Geschehnisse durch kommunikative Äußerung Wirklichkeiten konstruieren (vgl. etwa die »Tätigkeiten« beim Schiedsrichter: Foulspruch, Pfarrer: Eheschließung, Richter: Schuldspruch, Manager: Zielsetzung). Am schönsten kommt dies m. E. in der von Karl Weick aufgeführten amerikanischen Anekdote aus dem Baseball zum Ausdruck: »The story goes that three umpires disagreed about the task of calling balls and strikes. The first one said, "I calls them as they is". The second one said, "I calls them as I sees them". The third and cleverest umpire said, "They ain't nothin till I calls them"« (Weick 1979, S. 1; vgl. auch Bennis & Nanus 1985, S. 37; Austin 1962; Moch & Huff 1984; Pondy 1978; Pfeffer 1981). Hier schließt sich der Kreis zur Idee, daß es Aufgabe des Managers oder Organisators ist, Wirklichkeiten zu definieren, bezeichnen und erklären sowie Handlungen und Artefakte zu bewerten und zu legitimieren (vgl. Dyllick 1983a; Pondy 1978; Daft & Wiginton 1979).

Handlungen, Artefakte und Sprache symbolisieren interaktiv Kultur. Dabei ist Sprache vielleicht die ausgeprägteste Manifestation. Sicher ist sie aber der Kultur insofern am nächsten, als sie am wenigsten gestaltet wird und gestaltbar ist. Sprache in Unternehmungen, Spitälern, Abteilungen, berufsspezifischen Gruppierungen usw. entsteht meist *ohne besondere* Gestaltung und Koordination. Sie enthält eine weitgehend evolutiv entstandene gemeinsame Basis, eine Grammatik, die erlaubt, Geschehen den Beteiligten »verständlich« zu beschreiben, Neues kompetent zu formulieren, zukünftige wünschenswerte Ziele zu entwickeln. Sprache ist nicht bloß ein reproduktives System zur Formulierung von Gedanken, sondern formt selbst die Gedanken, das Programm und die Leitlinien für die geistige Tätigkeit des Einzelnen, für seine Analyse der Eindrücke, für seine Synthese seines geistigen Horizontes (vgl. Whorf 1956, S. 121; vgl. in ähnlicher Weise auch Bronowski 1978b, S. 48; 1978a, S. 21ff.).

Sprache ist Teil des sozialen Kontextes, in dem sie evolviert. Sie ist responsiv zu den Bedürfnissen der Gebraucher, ohne daß sie von einem Individuum oder einer Gruppe in ihrer ganzheitlichen Entwicklung wirklich gesteuert werden kann. Sicher ist sie jedoch in kleineren Kollektivsystemen wie Unternehmungen stärker beeinflußbar, etwa durch die Führungskräfte, als dies in einer Gesellschaft (wenn überhaupt) möglich ist (vgl. Bennett 1982).

Sprache (oder Grammatik nach Sapir und Whorf) enthält implizit eine Art und Weise die Welt zu sehen, zu erfassen und zu beschreiben. Sie ist weitgehend durch die Erfahrungen, das Milieu, das Leben der Leute geprägt. Deshalb können sich »Sprachsysteme« sehr verschieden voneinander entwickeln, selbst wenn sie denselben Ursprung haben. Wittgenstein (1972) wies in seinem Spätwerk klar darauf hin, daß mit einer Pluralität von Sprachen zu rechnen ist, die eng mit den »Lebensformen« verwoben sind. Menschen mit verschiedenen Sprachen definieren die Welt anders, was sich besonders auch im wissenschaftlichen Bereich zeigt (vgl. Kirsch 1981). Nun haben wir aber gesehen, daß ein Individuum verschiedene Sprachen beherrschen und meistern kann, im Büro, in der Werkstatt, in der Familie, im Club usw. Verschiedene Sprachen sind also simultan in der Kompetenz jedes Individuums; diese können sich unterschiedlich entwickeln und konfligieren (vgl. Bennett 1982). Dies gilt in ähnlicher Weise für (Sub-) Kulturen.

7.2.5 Struktur folgt Kultur und Kultur folgt Struktur

Die vorangehenden Abschnitte haben gezeigt, daß mit einer materiellen oder substantiellen eine geistig-sinnhafte oder symbolische Gestaltung von sozialen Systemen einhergeht. Zwischen Kultur und Struktur (und auch Führungssystem, Führungskräften und Führungsmethoden) sind Wechselbeziehungen zu verzeichnen, zu erforschen und in Gestaltungsmodelle und -vorstellungen miteinzubeziehen. Änderungen in einem Teil dieses Netzwerkes rufen Änderungen in anderen Teilen hervor und wirken auf den veränderten Teil zurück (vgl. Staerkle 1985; Moch & Huff 1983, S. 311; Smircich & Morgan 1982, S. 271; Pfeffer 1981, S. 38; Ranson et al. 1980, S. 4 und 11). Organisieren bedeutet

»Gestalten und Sicherstellen der inneren Ordnung einer Institution«. Dazu gehört einerseits der Entwurf von substantiellen Strukturen, andererseits die Gestaltung von »sinnmachenden Prozessen« oder kulturellen Kontexten. Soziale Systeme haben grundlegende Annahmen, die die »bleibenden« Charakteristiken und Bedingungen für das System bilden. In diese müssen Strukturen passen und sie werden selbst wieder durch Strukturen geprägt. Dabei wird symbolisches Organisieren nicht in einem primitiven Sinne verstanden, indem es einem traditionellen urtümlichen Management entspricht, das einem patriachalischen, familiären Unternehmungsbild entspringt und abgelöst wird durch statisches, szientifisches, systemisches und strategisches Management (nach Smith 1980). Vielmehr gehe ich davon aus, daß ein substantielles Organisieren ohne eine orientierende und legitimierende kulturelle Ebene erfolglos bleiben muß und sich diese beiden Ebenen gegenseitig bedingen und unterstützen. Dabei ist hier kaum darüber zu diskutieren, daß der Mensch Sinn braucht, etwas, das ihm hilft, eine Wirklichkeit zu konstruieren und die Dinge einzuordnen (vgl. Pannenberg 1973; Luhmann 1971, 1984; Frankl 1979, 1981).

Es stellt sich jedoch die Frage, inwieweit Führungskräfte Sinn vermitteln, also definieren, bezeichnen und erklären können, was Wirklichkeit und welches Handeln wertvoll und legitim ist. Soziale Systeme sind sinnkonstituierend, d.h. sie schaffen Sinn oder Sinnvolles aus sich selbst heraus, und sie sind sinnkonstituiert, d.h. sie werden durch die von Menschen konstruierten und wahrgenommenen Grenzen oder geschlossenen strukturellen Einheiten erst selbst geschaffen (vgl. dazu Luhmann 1971, S. 25ff.; 1984, S. 92ff.).

Dabei gehe ich davon aus, daß nicht Sinn an sich geschaffen werden kann, sondern ein »sinn-voller« Kontext. Gestaltbarkeit und die Gestaltungsaufgabe von Führungskräften bzw. Organisatoren liegt in den Artefakten, den Handlungen und der Sprache. Hierdurch können Interpretationshilfen und -schemata für eine sinnvolle Erfassung der Wirklichkeit *angeboten* werden.

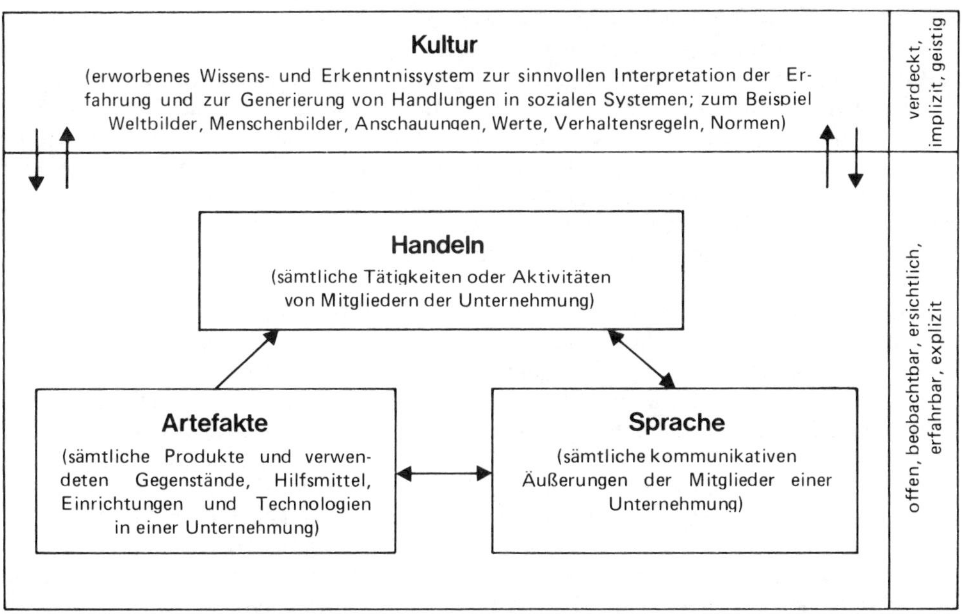

Übersicht 9: Ansätze zur Gestaltung des kulturellen Kontextes

Organisieren bewegt sich auf zwei Ebenen, auf einer materiellen und einer geistigen; die erstere beschäftigt sich mit substantiellem, die zweite mit symbolischem Gestalten. Dabei will ich hier nicht »Können, Wissen und Wollen« auf die beiden Ebenen verteilen, denn die Frage des Wollens, des Normativen, stellt sich auf der materiellen wie der geistigen Ebene und auf beiden ist ein Können und Wissen für die Gestaltung Voraussetzung (vgl. im Gegensatz dazu Dyllick 1983, S. 57ff).

Sinn kann letztlich nicht vermittelt oder geschaffen werden, ist er doch das Ergebnis multipler, vernetzter und historischer Entstehungsprozesse, eine Konsequenz innerer Zusammenhänge. Es ist sogar zu vermuten, daß gerade eine bewußte Manipulation sinnmachender Prozesse eine gegenteilige oder beharrende Wirkung zeigt, weil den ganzheitlichen inneren Zusammenhängen der Entstehung nicht Rechnung getragen wird. Wie Viktor Frankl (1979, 1981) sehr einleuchtend dargelegt hat, kann Sinn nicht gegeben, sondern muß gefunden werden. Durch die beschriebene Gestaltung der Interpretationshilfen wie Handlung, Artefakte und Sprache kann ein Kontext geschaffen werden, der ein Auffinden von sinnmachenden Prozessen in der Kultur eines Systems auslöst, unterstützt, fördert und kanalisiert. Kultur ist somit nicht etwas Befohlenes und schon gar nicht das Resultat *eines* Gestalters. Sie kann jedoch durch einzelne Personen (deren Wertvorstellungen, Menschenbilder usw.) stark geprägt sein, etwa durch eine Gründerperson, außergewöhnliche Führungskräfte, einzelne Gewerkschafter oder einen Stifter. Dasselbe gilt auch bei substantiellen Strukturen.

Wirklichkeiten werden individuell »erfunden«. Kultur als kollektives Phänomen stellt einen Bezugsrahmen oder Filter für die Wahrnehmung oder Konstruktion von Wirklichkeiten dar. Organisatoren müssen sich daher bewußt sein, daß sie sich nicht auf *eine* strukturelle Realität beschränken können, weil es eine solche als objektive, isolierte Realität nicht gibt. Sie haben es vielmehr mit einer Pluralität von Wirklichkeiten zu tun. Das heißt nicht, daß es keine Objektivität mehr gibt. Jede in Kollektiven geteilte Wirklichkeitskonstruktion (oder Information) stellt gewissermaßen einen objektiven Tatbestand dar. Jedoch sollten auch die Unterschiede in der Wahrnehmung und den Veränderungen in den Wahrnehmungen (oder dem Phänomen Kultur) in die organisatorischen Überlegungen miteinbezogen werden. Organisationstheoretiker haben sich ausgesprochen auf die »objektiv« erfaßbaren Dinge und Eigenschaften wie Stellen(beschreibungen), Kontrollspannen, Gruppengrößen, Führungsrichtlinien, Dokumente (Geschäfts-, Sozial-, Aktionärsberichte, Organigramme, Planungsgrundsätze, Regeln zur Personalbeurteilung usw.), Rechtsformen, Technologie(programme), Arbeitsabläufe, Kontrollprozesse usw. konzentriert, ohne die inhärente Subjektivität zu beachten. Empirische Untersuchungen wurden in diesen Bereichen jeweils als Fakten rapportiert, ohne auch auf die jeweils verbundenen geistig-sinnhaften, symbolischen und subjektiven Fragen einzugehen (vgl. Starbuck 1982).

Bedeutungsvoll wäre für Organisatoren also auch, wie Wirklichkeiten konstruiert werden, wo Unterschiede vorliegen und wie sich die Konstruktionen verändern - Ergebnisse der Wirklichkeitsforschung. Sogenannt objektive organisatorische Abhängigkeiten oder Korrelationen wie Struktur und Umwelt, Strategie und Struktur, Technologie und Struktur sind in der Literatur extensiv behandelt worden. Dabei zeigen einige empirische Forschungen, daß es kaum objektive Korrelationen dieser Art gibt, und *die* Strukturform nicht existiert, sondern mit derselben Struktur verschiedene Situationen und dieselbe Situation mit verschiedenen Strukturen bewältigt werden kann (vgl. Grinyer & Norburn 1975; Gerwin 1979a, b; Ackoff 1981; Starbuck 1982). Wichtig wäre jedoch zu wissen, wie die Organisationsstrukturen verschieden wahrgenommen werden, welcher Art die unterschiedlichen Werthaltungen oder Einstellungen, Erwartungen usw. sind und wie sie sich verändern. Es zeigt sich allgemein etwa, daß unterschiedliche Führungsebenen Sachverhalte wie Zentralisation, Formalisierung, Freiheit, Beförderungsmöglichkeiten, Hierarchie, Autorität usw. anders wahrnehmen (Child 1973; Payne & Pugh 1976; Sproull 1981) oder andere Werthaltungen haben (Ulrich & Probst 1982; Ulrich et al. 1985a, b). Ebenso werden Krisen unterschiedlich beurteilt (Starbuck 1982; Starbuck et al. 1978; Hedberg et al. 1976). Nun sind soziale Systeme nicht einfach mit Individuen analog zu setzen. Jedoch können wir feststellen, daß soziale Systeme als Kollektive Wirklichkeiten konstruieren, nämlich einen kulturellen Kontext, daß sie lernen, sich anpassen, evolvieren. Auf diese Eigenheiten wird im Rahmen des Umgangs mit selbstorganisierenden Systemen noch vertiefter eingegangen.

Betrachten wir Kultur und ihre Manifestationen in sozialen Systemen, so müssen wir uns mit Eigenschaften und Veränderungen auf zwei Ebenen, die lose gekoppelt sind, auseinandersetzen. Kultur stellt ein Netzwerk von Werten, Welt- und Menschenbildern, Normen usw. dar. Ändert sich ein Element der Kultur, so bringt dies Änderungen in anderen Elementen mit sich und hat weittragende und dramatische Verhaltens- oder Strukturänderungen im sozialen System zur Folge - selbst wenn die Änderung auf den ersten Blick nur gering erscheinen mag. Veränderungen von Werten, Menschenbildern usw. sind jedoch nur äußerst schwer vorzunehmen. Dies gilt auch für solche Kulturelemente, die sich in formalen Instrumenten manifestiert und formalisiert haben. Einige Autoren weisen deshalb daraufhin, daß Veränderungen der Kultur zuerst ein Verlernen bestehender Werte, Menschenbilder usw. erfordert und dies fast nur über neu zusammengesetzte Gruppen, den Austausch der Führungskräfte usw. erreicht werden kann, die dann ein neues Verhalten zeigen und so zu einer veränderten Kultur führen können (vgl. Hedberg et al. 1976; Salancik 1977; Meyer & Rowan 1977; Starbuck 1982; Nystrom & Starbuck 1984).

Leichter sind vermutlich Änderungen in den Manifestationen wie Sprache, Handlungen und Artefakten vorzunehmen, die selbst die Kultur wiederum beeinflussen und formen. Änderungen in den Manifestationen stellen Änderungen 1. Ordnung dar, Änderungen der Kultur liegen auf einer Metaebene, sie sind Änderungen 2. Ordnung, wo tiefere, zentrale Elemente verändert werden. In ähnlicher Weise interpretieren auch Hedberg und seine Kollegen zwei Ebenen und Arten der Änderung im Sinne der Definitionen von Watzlawick (vgl. Watzlawick et al. 1974; Hedberg & Jönssen 1977; Jönssen & Lundin 1977; Starbuck 1981, 1982). Sicher ist, daß alle Versuche, Kultur oder Manifestationen der Kultur zu verändern, auch wenn diese fehlschlagen oder in eine unverhoffte Richtung sich wenden, ein verändertes System hinterlassen (vgl. Vickers 1977; Dell & Goolishian 1981). Kultur beeinflußt Struktur und diese wiederum die Kultur. Maßgebliche kulturelle Veränderungen verlangen häufig andersartige Strukturen (vgl. etwa Wertewandel und Arbeitsplatzgestaltung, Job Sharing, alternative Arbeitsformen usw; Klimecki 1986; Probst 1983; Dyllick & Probst 1983). Starke Kulturen erfordern weniger detaillierte formale Strukturen, was eng mit den Bedingungen für ein sinnvolles Kommunizieren im System zusammenhängt. Kulturen können jedoch auch äußerst abartig, rigide und/oder träge werden, oder widersprüchliche, unvereinbare Subkulturen entwickeln und damit in ihrer Wirkung versagen (fehlende Identität, Autonomie, »Lebensfähigkeit«). Es ist durchaus denkbar, daß andererseits Unternehmungen mit einer ausgesprochen starken Kultur von der Umwelt weniger geschätzt werden als von den Beteiligten im System. Führungskräfte, Unternehmer, Gründer usw., die im System häufig »mystifizierte Helden« werden, können von Leuten außerhalb als Machtstreber, Götzenbilder, Spinner, Ketzer oder Fanatiker betrachtet werden. Kulturen können zu Massenpsychosen und Halluzinationen ausarten (vgl. etwa den Massenselbstmord von Jonestown, USA).

Der »Output einer Kultur« muß nicht positiv sein, sondern kann genauso inhuman, unerwünscht, widerrechtlich usw. sein. In jedem Falle ist die Kultur jedoch Teil des Organisierens und der Organisation und ein wichtiger Baustein des Phänomens Ordnung in sozialen Systemen. Organisieren wurde weder als positiv oder negativ und kaum in seinen Vor- und Nachteilen diskutiert. Dies ist auch nicht das Ziel der Arbeit. Hier geht es um ein erweitertes Organisationsverständnis, das die Entstehung von Ordnung besser erfaßt. Strukturen werden daher nicht einfach im Lichte des *Seins*, sondern auch im Lichte des *Handelns* und *Werdens* verstanden (vgl. Rapoport 1977, S. 210; Gharajedaghi 1985). Die Betrachtung des Werdens erweist sich als kritischer Punkt, denn Strukturen sind nicht einfach das Resultat bewußten Gestaltens durch »Organisatoren«, sondern evolutionäres Resultat von interaktiven Netzwerken, in denen also das System sich selbst organisiert.

8 *Organisieren im selbstorganisierenden System*

Thought likes solutions,
wisdom abhores them.
C. West Churchman

Das Konzept der Selbst-Organisation führt nicht zu einfachen, kausalen Schrittfolgen des Organisierens. Es kann nicht die Organisationsstruktur oder der Organisationsplan abgeleitet werden. Selbstorganisation führt zu einer Prozeß- statt Ergebnisorientierung, zu »idealisierten« statt »vorausgesagten« Systemzuständen, zu einer über das System »verteilten Intelligenz«, zu Redundanz *in* den Teilen. Selbstorganisation bedeutet Erhalt und Produktion von Potentialität aus dem System heraus.

Die kritische Frage ist nicht, ob Gestaltungs- und Lenkungsaktivitäten geplant/gemacht oder spontan/natürlich sind, sondern ob Management und Organisieren die potentielle Varietät des Systems vergrößert oder unterdrückt. Die Meta-Funktion besteht in der Ermöglichung, Aufrechterhaltung, Bereicherung und Verstärkung potentieller Varietät. Jede sinnvolle *Zielsetzung* erfordert die Kanalisierung von Varietät. Ohne Definieren, Beurteilungsmöglichkeiten, Rahmenbedingungen usw. ist eine organisierte Situation nicht denkbar. Was als Ordnungsmuster paßt, überlebt. Auf einer humanen sozialen Ebene ist jedoch die Kanalisierung nicht einfach eine biologische Evolution, sondern hier wirken qualitativ andere Eigenschaften, welche Varietät kanalisieren: Zweckgebundenheit, sinngebende und sinnmachende Prozesse usw.

Aufgabe des Organisators in humanen sozialen Systemen ist damit die Schaffung und Erneuerung von Kontexten, welche die Freiheitsgrade oder die Wahlmöglichkeiten erhöhen und das Potential für die Selbstrealisierung und Innovation für alle Beteiligten vergrößern. Aber mit der Freiheit wächst gleichzeitig die Verantwortung des Einzelnen wie des Systems als Ganzes.

8.1 *Konsequenzen und Empfehlungen für gestaltende Interventionen*

Die Konsequenzen und Empfehlungen sind nicht einzeln und isoliert zu interpretieren und anzuwenden. Sie stellen selbst ein vernetztes System dar. Sie sollen zusammenfassend ein Hilfsmittel sein, um zu erfassen, was wichtig ist, und, um eine Vielzahl von Informationen zu gruppieren. (42)

- Behandle das System mit Respekt.
- Lerne mit Mehrdeutigkeit, Unbestimmtheit und Unsicherheit umzugehen.
- Erhalte und schaffe Möglichkeiten.
- Erhöhe Autonomie und Integration.
- Nutze und fördere das Potential des Systems.
- Definiere und löse Probleme auf.
- Beachte die Ebenen und Dimensionen der Gestaltung und Lenkung.
- Erhalte und fördere Flexibilität und Eigenschaften der Anpassung und Evolution.
- Strebe vom Überleben zu Lebensfähigkeit und letztlich nach Entwicklung.
- Synchronisiere Entscheidungen und Handlungen mit zeitgerechtem Systemgeschehen.
- Halte die Prozesse im Gang - es gibt keine endgültigen Lösungen.
- Balanciere die Extreme.

Diese Konsequenzen und Empfehlungen sind im folgenden durch Stichworte aus grundlegenden Erkenntnissen über Selbstorganisation ergänzt:

Behandle das System mit Respekt
- Systeme sind komplex und nicht trivialisierbar.
- Es gibt nicht nur eine Struktur oder ein Modell, das die Realität abbildet.
- Zahlreiche Perspektiven, Auffassungen, Wertstrukturen, Zwecke usw. prägen das System.
- Viele interagierende, relativ autonome Teile erfordern Toleranz.
- Wir sind alle Teil des Systems, das wir gestalten und lenken.

Lerne mit Mehrdeutigkeit, Unbestimmtheit und Unsicherheit umzugehen
- Ambiguität, Unbestimmtheit und Unsicherheit sind natürlicher Teil in der Beschreibung und der Zwecksetzung komplexer Systeme.
- Jede Reduktion und Trivialisierung zerstört die Eigenschaften des Systems.
- Eine geistige Akzeptanz und ein Bewußtsein der Komplexität ist notwendig.
- Wir haben es mit komplexen Menschen und Systemen zu tun, die als Ganzheiten zu behandeln sind.

Erhalte und schaffe Möglichkeiten
- Organisatoren sind Facilitatoren und nicht »Befehlsgeber«.
- Redundanz in den Funktionen schafft potentielle Komplexitätsbewältigung.
- Verfolge ein Varietätsengineering ohne Zerstörung von Möglichkeiten.
- Eine Spezifizierung soll nicht höher als notwendig sein. Keine detaillierten Vorschriften, Vorgehensregeln, Inhalte usw., jedoch klare (ideale) Ziel- und Zweckorientierung sind die Grundlage.

Erhöhe Autonomie und Integration
- Strebe nach einer Verstärkung der Identität und der Ausgrenzung durch ein Management der Ressourcen, Akzeptanz von Subkulturen usw.

(42) Gemeinsam mit Michael Ben-Eli habe ich diese Empfehlungen an der Konferenz der American Society of Cybernetics, Virgina Beach, Februar 1986, präsentiert.

- Suche eine kontinuierliche Integration zu einem Ganzen durch Gestaltung und Lenkung der Beziehungen und Interaktionen.
- Denke und handle in heterarchischen statt hierarchischen Idealen und Vorstellungen.

Nutze und fördere das Potential des Systems

- Nutze die Möglichkeiten der Komplexitätsbewältigung durch die Bildung relativ autonomer Systeme und Subsysteme.
- Beteiligte leisten einen Beitrag (Partizipation) und sind dazu fähig und zu befähigen.
- Gestaltungs- und Lenkungsfähigkeit ist über das System verteilt und eine solche Verteilung ist zu fördern.
- Betroffene »lösen« ihre Probleme selbst; es wird nicht für sie organisiert, geplant, entschieden.

Definiere und löse Probleme auf

- Probleme, Konflikte, Störungen usw. sind nicht grundsätzlich schlecht, zu vertuschen oder zu leugnen. Denke in Chancen.
- Fördere eine Offenheit gegenüber Problemen, die »erfunden« werden, und gegenüber dem Handeln im Rahmen der Möglichkeiten.
- Probleme sind aufzulösen, indem die Natur des Systems und/oder seiner Umwelt so verändert wird, daß ein definiertes Problem nicht produziert wird. Sie werden damit nicht auf Kosten anderer (Gewinn/Verlust-Situation), durch Kompromiß oder Ignoranz und Abwarten »gelöst«.
- Selbstkritik, Selbstevaluation, Freiheit, sich mit ungewohnten, neuen Fragen auseinandersetzen usw. sind notwendiger Bestandteil.

Beachte die Ebenen und Dimensionen der Gestaltung und Lenkung

- Eigenheiten und Manifestationen von Prozessen sind je nach Ebene oder Bereich verschieden.
- Strukturen und Kultur müssen passen.
- Information und Kommunikation ist je nach Ebene verschieden zu gestalten und zu handhaben (normativ, strategisch, taktisch, operationell) und umfaßt andere Dimensionen (Wesentlichkeit, Zeitrahmen, Detaillierungsgrad, Abstraktionsgrad).
- Strukturen komplexer Systeme sind notwendigerweise mehrdimensional, überlagernd, dauerhaft *und* temporär und von unterschiedlichem Formalisierungsgrad.

Erhalte Flexibilität und Eigenschaften der Anpassung und Evolution

- Die Verhaltensmöglichkeiten von Systemen sind potentiell zu erhalten und zu vergrößern.
- Die Fähigkeiten zu lernen und ein Lernen zu lernen sind zu gestalten und zu lenken.
- Minimale kritische Spezifikationen sind anzustreben.
- Automatisieren von Bekanntem (Verhaltensprogramme) und häufige Überprüfung (um zu verändern) sind komplementär.

Strebe vom Überleben zu Lebensfähigkeit und letztlich nach Entwicklung

- Überleben genügt nicht; langfristig muß ein System lebensfähig sein. Organisation, Planung usw. orientieren sich daher an der Lebensfähigkeit.
- Humane Systeme streben nach Entwicklung. Innerhalb der finanziellen, technologischen und sozialen Constraints soll Selbstrealisierung und Entfaltung verwirklicht werden (können).
- Verschiebe die Constraints (Mangel an Ressourcen) und hebe Hindernisse auf, um

Entwicklung zu fördern. Beachte besonders das Schlechtfunktionieren oder Fehlen von ökonomischen, wissenschaftlichen (inkl. technologischen), politisch-sozialen, ethischen und ästhetischen Faktoren und deren Interaktionen.

Synchronisiere Entscheidungen und Handlungen im System mit zeitgerechtem Systemgeschehen

- Versuche das Netzwerk, den Filz, zu »durchschauen« (sensitiv werden für vernetzte Systeme und Eigenschaften mit Aufschaukelung, Umkippeffekten usw.).
- Suche im richtigen Zeitpunkt etwas geschehen zu lassen.
- Veränderungen benötigen Zeit. Zu frühe Gegenmaßnahmen, vorzeitiger Abbruch des Projektes oder ein ständiges Mehr-desselben sind zu verhindern.

Halte die Prozesse im Gang - es gibt keine endgültigen Lösungen

- Organisationsprobleme, -fragen usw. können nicht definitiv gelöst und die Lösungen eingeführt werden.
- Vermeide nicht Konflikte, erlaube Fluktuationen, schaffe neue Perspektiven usw., um neue Problemstellungen zu kreieren.
- Experimentiere und anerkenne Fehler, um das Verhalten des Systems zu erfahren und seine Möglichkeiten zu erkennen.
- Verändere und gestalte, um Ordnung und Ordnungsprozesse verstehen zu können.

Balanciere die Extreme

- Extreme sind systemzerstörend. Balanciere daher Flexibilität und Rigidität, Wandel und Stabilität, Autonomie und Integration, Freiheit und Sicherheit, Individualität und Kollektivität, Einzigartigkeit und Gleichheit, Varietätserhöhung und -reduktion, Lang- und Kurzfristziele.
- Balanciere zwischen neuartigen Perspektiven, Experimenten, Ideen, Einflußnahmen, Handlungen usw. und vergangenen und bestehenden Leistungen, Zielen, Traditionen, Erfahrungen, Simulationen usw.
- Beachte die Geschichte des Systems und organisiere, plane, entscheide aus einer idealen Zukunft in die Gegenwart.

8.2 Aufgaben, Fähigkeiten und Rollen des Organisators

Es gibt ihn noch, den Organisator. Das Berufsbild des »Organisationsspezialisten« und die Anforderungen ändern sich mit dem Selbst-Organisationskonzept aber drastisch. Viele der Anforderungen sind in den letzten Jahren im Rahmen systemtheoretischer Überlegungen bereits angedeutet oder ausführlich formuliert worden (vgl. bspw. Bleicher 1985; Ulrich 1985; Staerkle et al. 1985; Nystrom et al. 1976; Nystrom & Starbuck 1984; Hedberg 1981; Probst & Scheuss 1984 u.a.). Das Konzept der Selbst-Organisation führt bei verschiedenen Fragen zu anderen Aufgaben, Fähigkeiten und Rollen von Organisatoren:

Generalist oder Spezialist?

Das Organisatorbild im vorliegenden Konzept verlangt nicht mehr nach einer Ausbildung zum Spezialisten, der Probleme löst, Strukturen entwirft und einführt usw. Vielmehr steht die Forderung nach einem Generalisten und integrativen Problembearbeiter im Raum, die einschließt, daß der Organisator sich der Fähigkeiten von Spezialisten bewußt ist und selbst fähig ist, diese wirksam zu nutzen, zu leiten, zu verstärken oder einzugrenzen. Er muß die Handlungen, Anstrengungen, Bemühungen, Entscheidungen von Spezialisten verschiedener Gebiete integrieren und koordinieren können. Er ist nicht dazu auszubilden, alleine Probleme anderer zu lösen, sondern dazu andere Leute zu befähigen, ihre Probleme effektiver und effizienter anzugehen. Seine Aufgabe liegt darin, Zusammenhänge, Beziehungen, vernetzte Konsequenzen aufzuzeigen und einzubeziehen (Arbeitsbedingungen, Nebenwirkungen in verschiedenen Bereichen, Sachmittel, personelle Voraussetzungen, Ressourcen, Aufgaben usw.). Häufig werden von »anderen« Disziplinen oder Spezialisten gewisse Aufgaben oder Problembereiche reklamiert (z.B. vom Personalwesen, von der Datenverarbeitung usw.) und dem Aktionsfeld des Organisators abgesprochen. Diese Tatsache geht aber am Wesentlichen vorbei; sie ist geradezu asystemisch. Dem muß konsequent entgegengewirkt werden, um zu systembezogenen, situationsgerechten und wirksamen Gestaltungsresultaten zu gelangen. Damit ist eine breite Ausbildung und ein hohes Anforderungspotential verbunden, das konzeptuelles Denken, systemisches Verständnis, Umgang mit Menschen, Teamfähigkeit usw. umfaßt.

Facilitator oder problemlösender Gestaltungsexperte?

Organisatoren bringen relevantes Wissen, Können und Verständnis und die entsprechenden Instrumente, Techniken, Methoden und Modelle für Gestaltungsaufgaben mit. Dazu gehören das Grundlagenwissen über Struktur- und Prozessformen, problemlösende Methoden für die Analyse, Datenerhebung, Konzepterarbeitung oder Implementierung, Psychologie (im Zusammenhang mit Abwehrmechanismen, psychologischen Barrieren, Einfühlungsvermögen für Moderation, Implementierung usw.), Wirtschaftlichkeitsfaktoren, Technologie- oder Informatikwissen u.a. Jedoch ist auch zu beachten, daß jeder Beteiligte durch sein Entscheiden und Handeln organisiert und damit zur Entstehung, Aufrechterhaltung und Entwicklung von Ordnung beiträgt. Organisatoren werden Katalysatoren oder Facilitatoren für Organisationsprozesse, Anpassung und Evolution, Lernen und Lernen zu lernen. Die Beteiligten definieren möglichst ihre Probleme selbst, Ziele sind gemeinsam zu erarbeiten, sie generieren Lösungsalternativen, evaluieren und revidieren die Lösungsprozesse. Der Organisator ist nicht mehr der Datensammler und entscheidet nicht über die Struktur, implementiert und kontrolliert. Er unterstützt und fördert Initiativen und Innovationsfähigkeiten der Beteiligten oder Betroffenen. Dabei sollen die Mitarbeiter schrittweise und stufengerecht in ihrer Entwicklung Unterstützung erhalten, damit keine Überforderung, Frustration oder psychologische Abwehr aufkommt.

Manipulation oder Laissez-faire?

Auch Facilitatoren wirken manipulativ, indem sie Kontexte schaffen, verändern, verstärken, einschränken usw. Dies ist jedoch - auch im Konzept der Selbst-Organisation sozialer Systeme - nicht etwas Schlechtes. Die Frage ist nicht, ob Organisatoren gestaltend und intervenierend (manipulativ) sind, sondern für wen und zu welchem Zweck. Wenn dadurch andere befähigt werden, etwas Sinnvolles zu tun und etwas, das sie wollen, so ist dabei nichts Negatives. Außerdem ist das Gestalten natürlicher Teil selbstorganisierender sozialer Systeme. Manipulation ist dann in Frage zu stellen und amoralisch, wenn ich andere auf ihre Kosten zu meinen Zielen (miß-)brauche. Facilitator sein bedeutet hingegen, die Beteiligten zu unterstützen, daß sie ihre Probleme und Ziele/Zwecke definieren und (besser) erreichen können. Facilitatoren sollen möglichst offen in ihren Gestaltungsmaßnahmen, sich selbst im Verhalten und bewußt der systemischen Zusammenhänge sein. Ihre wichtigsten Aufgaben liegen darin, Ideen, Möglichkeiten, Alternativen, Werte usw. in die Diskussion zu bringen und Prozesse zu initiieren und zu fördern. Sie aktivieren das System zu Gestaltungsprozessen, machen es produktiver und erhöhen letztlich die Selbstorganisation (Flexibilität, Anpassungsfähigkeit, Innovationskraft, Eigeninitiative usw.).

Organisieren von innen oder von außen?

Die Vorstellung, daß wir von außen als Experten an ein System herantreten und objektiv Probleme entdecken, Alternativen entwickeln, auswerten und optimale Strukturen einführen, ist obsolet geworden. Organisatoren (ob interne oder externe) sind immer Teil des organisierten und organisierenden Systems. Wir müssen uns in die Gestaltungsprozesse selbst miteinbeziehen. Dies hat sowohl erkenntnistheoretische, verhaltenstheoretische wie auch verantwortungsbezogene Konsequenzen. Wir können nicht von Fakten oder einem Abbild der Welt, definitiven Konstruktionen oder Lösungen und einer Verantwortung der »Anderen« oder Einzelner ausgehen. Organisatoren sind in der Methodik der Modellbildung, normativen Offenheit und kritischen Reflexion der Prämissen zu schulen.

Prozesse oder Strukturen?

Grundsätzlich ist nicht von *der* Struktur auszugehen, sondern von Prozessen oder Interaktionen, obwohl wir sagten, kybernetische Strukturen bestimmen das Verhalten. Es sind jedoch Prozesse, die eine Struktur definieren. Damit verhindern wir, daß Probleme in einem Teil lokalisiert werden, der mit dem Organigramm oder der Organisationsstruktur übereinstimmt. Gleichzeitig betonen wir die Tatsache, daß Ordnung etwas Entstehendes, Werdendes ist, das keinen eindeutigen Anfang und kein Ende hat, sondern kontinuierlicher Gestaltungshandlungen bedarf. Es ist zu erkennen, daß Gestaltung notwendigerweise ein interaktiver Prozeß ist und mit jeder Aktivität die Situation oder Problemdefinition und damit die Lösung verändert wird, indem die Beteiligten ihre Wahrnehmung verändern, revidieren, festigen, sich auf etwas einstellen, Probleme auflösen, Abwehrhandlungen produzieren, responsiver werden, sich abkapseln, experimentieren, lernen usw. Das Ganze ist das Resultat interagierender Teile und nicht einer Aggregation.

Materielle Strukturen und qualitative Besonderheiten sozialer Systeme?

Aufgabe des Organisators ist nicht nur die Gestaltung der materiellen Strukturen, sondern genauso der geistig-sinnhaften und sinngebenden Prozesse und der Umgang mit politischen, ethischen, moralischen und ästhetischen Aspekten der Gestaltung. Damit ist eine qualitative Orientierung verbunden, die gerne vermieden wird, weil sie kaum unter Kontrolle zu haben, in der Gestaltbarkeit begrenzt und unsicher im Resultat ist. Es ist jedoch immer besser, qualitative Variablen »grob« zu behandeln, als sie auszuschließen. Mit diesen qualitativen Aspekten folgt automatisch eine verstärkte Beachtung der Besonderheiten und Eigenschaften humaner sozialer Systeme. Nicht nur der Organisator interpretiert, sondern alle Betroffenen in den Gestaltungsprozessen. Damit wird ausgeschlossen, daß es verallgemeinerte und verallgemeinerbare Lösungen für verschiedene Systeme gibt. Eine starke Verflechtung der Erkenntnisse über materielles Strukturieren mit den Erkenntnissen der Humanwissenschaften i. w. S. tut not. Damit ist gleichzeitig ein integrativer Aspekt verbunden, indem Organisieren immer in einem Gesamtkonzept (Strategie, Kultur, Zwecksetzung, Handlungssituation usw.) zu betrachten ist.

Machbarkeit und Grenzen?

Im selbstorganisierenden System sind wir als Organisatoren Facilitatoren und nicht mehr die Macher von Ordnung. Dies ist eine Konsequenz der Komplexität. Das Resultat der Gestaltungsmaßnahmen ist nichtvoraussagbar, denn wir intervenieren und agieren in vernetzten Systemen. Jede Handlung wirkt sich in vielen Teilen aus, breitet sich aus, verändert und wirkt über mehrere Elemente und Beziehungen zurück. Wir können nur mehr Mustervorhersagen machen und Kontexte für Wahlmöglichkeiten schaffen. Die Entstehung von Ordnung ist nicht unter der Kontrolle *eines* Organisators, sondern all jener, die irgendwie betroffenen und beteiligt sind. Jede Gestaltungsmaßnahme verändert die Situation, die Wahrnehmung usw., so daß sich auch das »Problem« ändern kann. Die Annahmen darüber, was wie miteinander verbunden ist, was machbar ist und was nicht, was welche Reaktionen oder Konsequenzen hervorbringt usw., werden ständig verändert und sind periodisch zu überprüfen (vgl. Weick 1979). In die Grenzen der Machbarkeit sind auch die Grenzen des theoretischen Wissens, der Anwendbarkeit von Modellen, Methoden und Instrumenten einzuschließen.

Die Lösung von Problemen?

Die häufig anzutreffende Spezialisierung von Organisatoren auf bestimmte Modelle, Methoden, Techniken, Verfahren usw. führt dazu, daß die Wirklichkeit entsprechend wahrgenommen, interpretiert und gestaltet wird (z.B. MbO-, Matrix-, OD-Spezialisten). Die Probleme werden entsprechend den Lösungen definiert (häufig werden von Unternehmungen oder öffentlichen Institutionen auch die Organisatoren oder Berater aufgrund der Lösungen beigezogen). Die Wirklichkeiten selbstorganisierender Systeme nehmen jedoch auf solche Spezialisierungen keine Rücksicht und präsentieren kaum Probleme gemäß unseren Klassifikationen. Organisatoren sind daher nicht als Spezialisten für einzelne Modelle, Methoden, Techniken usw. auszubilden. Genausowenig können sie alles wissen, können und verstehen. Sie können jedoch dazu ausgebildet werden, jede Situation in ihrer Besonderheit zu behandeln, selbst lernfähig zu sein und zu erkennen, was sie nicht wissen, nicht können und nicht erkennen können.

Kompliziertheit und Komplexität?

Komplexität von System und Umwelt erfordert nicht komplizierte Strukturmodelle. Organisationsstrukturen haben dem Gesetz der erforderlichen Varietät zu genügen. Damit folgt für den Gestalter jedoch nicht, daß er möglichst alles im Detail gestalten und festlegen muß, sondern das Verständnis für die Einführung und Aufrechterhaltung (potentieller) Varietät oder Flexibilität. Organisationsstrukturen sind so einfach wie möglich (i. S. minimaler kritischer Spezifikationen), mit der Fähigkeit der Anpassung, des Lernens und des Lernens zu lernen zu versehen. Damit ist verbunden, daß Organisatoren sich nicht auf ein einfach abzugrenzendes, isolierbares Strukturproblem beschränken können. Eine ganzheitliche, der Komplexität Rechnung tragende Annäherung bedeutet Trans-, Multi- und Interdisziplinarität. Organisationsprobleme sind nicht losgelöst oder in Teile aufgelöst zu behandeln, selbst wenn eine Teilung und exakte, detaillierte Behandlung der Teile möglich ist. Entsprechend muß die Ausbildung trans-, multi- und interdisziplinär sein.

Verantwortung?

Jeder ist gestaltendes Element. Organisatoren sind nicht einfach Stabsleute, die Vorschläge machen, aber nicht entscheiden, ausführen usw. Durch unsere Konstruktionen von Wirklichkeiten, die Wahl von Bezugsrahmen und Modellen, Methoden, Instrumenten, sind wir selbst verantwortlich dafür, was mit unserem Wissen geschieht und gemacht wird. Es ist daher notwendig, kontinuierlich sich selbst zu beobachten, seine eigenen Zwecke und Ziele zu definieren und offen zu legen und Rechenschaft über seine Rechenschaft abzulegen. »Fakten« in Gestaltungsprozessen sind nicht objektiv, allgemeingültig, dauernd, »für sich selbst sprechend« - sie werden höchstens ähnlich interpretiert. Es gibt keine absolute Wahrheit. Aufgabe ist es daher nicht nur, die Betroffenen durch Bezugsrahmen, Modelle, Methoden und Instrumente zu unterstützen, sondern auch selbst über die Handlungen, die Konstruktionen, die Einflußmöglichkeiten usw. zu reflektieren. Selbstreflektion schließt neben den Handlungen das Reflektieren über das reflektierende Handeln ein.

Rollenbild

Ein einziges, konsistentes und allgemein anerkanntes Rollenbild gibt es nicht. Die Tätigkeitsfelder der Gestaltung, die Anforderungsprofile und die Wissenkategorien sind vielfältigster Art. Mit dem Umgang mit komplexen Ordnungsprozessen steigen auch die Vielfalt der Aufgaben, Fähigkeiten und Rollen der Organisatoren. (Gleichzeitig erhält die Organisatorenlaufbahn damit auch eine bessere Entwicklungsbasis für zukünftige Führungskräfte). Aus den konzeptuellen Überlegungen der Selbstorganisation lassen sich vielfältige und anspruchsvolle Rollen für den zukünftigen Organisator ableiten. Er wird:

- Anpassungsfähiger, entwicklungsfähiger Intervenierer,
- Katalysator und Facilitator,
- Fach- und Sozialpromotor,
- Analytiker und Synthetiker,
- Frühwarner und Initiator,
- Coach und Moderator,
- Wissensvermittler und Lernender,
- substantieller und symbolischer Gestalter.

9 *Ausgewählte Beispiele für den Umgang mit selbstorganisierenden sozialen Systemen*

A leader is best
When people barely know that he exists,
Not so good when people obey and acclaim him,
Worst when they despise him.
Fail to honor people,
They fail to honor you;
But of a good leader, who talks little,
When his work is done, his aim fulfilled,
They will all say, »We did this ourselves«.
Lao-tzu

Die bisherigen Ausführungen haben Stichworte zu Konsequenzen und Empfehlungen für den Umgang mit selbstorganisierenden sozialen Systemen gegeben. Die Frage stellt sich, was den Unterschied ausmacht, wenn wir an Managementaufgaben wie Organisieren, Planen, Entscheiden usw. denken. Was folgt aus der Einsicht, daß wir Teil selbstorganisierender Systeme sind und unsere Aktivitäten als Komponenten oder Agenten der Selbstorganisation wirken. Wie präsentieren sich Interventionen in einem System, das wir als selbstorganisierend wahr-nehmen?

Die Konsequenzen sind vielfältiger Natur. Ganz allgemein müssen wir uns überhaupt bewußt werden, daß alle unsere Handlungen Teil selbstorganisierender Prozesse sind, so daß wir nicht von einfachen kausalen Interventionsvorstellungen mit vorhersagbaren Ergebnissen ausgehen. Management oder Organisieren werden ganz allgemein zu einem Komplexitätsengineering, das Rigidität im System verhindert und Flexibilität erhält und erhöht.

Auf einige ausgewählte Beispiele sei in den folgenden Abschnitten hingewiesen. Sie beinhalten *Schwerpunkte*, die ich in Projekten analysieren und praktisch reflektierend mitgestalten und -lenken konnte: (43)

- Beziehungen und Interaktionen von Teilen und Ganzheit,

(43) Die im folgenden nicht immer eindeutig identifizierten Projekte betreffen verschiedene Problembereiche, die mir im Rahmen meiner Tätigkeiten und Forschungsarbeiten am Institut für Betriebswirtschaft (IfB), Hochschule St. Gallen, am Social Systems Sciences Department/Busch Center, The Wharton School, Philadelphia, und in Cybertec Consulting, New York, begegneten. Außerdem hatte ich die Gelegenheit, in einem amerikanischen Akutspital ein Projekt mitzuverfolgen und -gestalten. Ich möchte an dieser Stelle folgenden Personen danken, die diese Projekte und Beobachtungen ermöglicht, zur Diskussion gestellt und unterstützt haben: Russell L. Ackoff (Busch Center), Michael Ben-Eli (Cybertec), Tom Burns (Busch Center, MBSC), Dan Caruso (DCMH), Jean-Marc Choukroun (Busch Center), Jamshid Gharajedaghi (Busch Center), Tom Gilmore (MBSC), Hans Leuenberger (KSSG), Gerald Oakland (DCMH), Hans-Dieter Seghezzi (Hilti), Hans Siegwart (IfB), Bob Thompson (Clark), Hans Ulrich (IfB), Urs Weyermann (KSSG).

- Kontinuität von Gestaltungs-, Lenkungs- und Entwicklungsprozessen,
- Redundanz in Ganzheit, Teilen und Interaktionen,
- Systemgrenzen, Identität, relative Autonomie.

Sie decken sich nicht eindeutig mit den intrinsischen Charakteristiken, sind jedoch daraus ableitbar. Es handelt sich daher nicht um eine abschließende Liste von Konsequenzen. Sie können ergänzt und miteinander verbunden werden. Ebenso betreffen sie meist mehrere Charakteristiken, da diese selbst ja einander produzieren. Die Beschreibung einiger Schwerpunkte ist *illustrativer Natur*. Gleichzeitig wird auf den *Stand der Forschungen dieser ausgewählten Konsequenzen* hingewiesen. Die Gefahr besteht, daß wir derartige Konsequenzen isoliert betrachten. Damit würden wir jedoch gerade gegen die Erkenntnisse aus der Selbst-Organisation verstoßen. Begleiter aller Beispiele ist die Suche nach einer *Balancierung* zwischen reaktiven, responsiven und innovativ initiierten Handlungen. Strukturen werden nicht aufgelöst oder verworfen, weil sie altmodisch sind, und neue Strukturen werden nicht gefördert, weil es Mode ist. Eine ständige, dynamische Balancierung ist in vielen Bereichen notwendig. Prozesse verstärken Wandel, andere vermindern und stabilisieren die Veränderungsrate. Es ist eine Balance zwischen neuen Perspektiven, Einsichten, Experimenten, Anregungen, Ideen usw. und den vergangenen Leistungen, Erkenntnissen, Zielvorstellungen, Traditionen usw. anzustreben. Varietätsverstärkende und -vermindernde Prozesse sind kontinuierlich zu überprüfen. Kurz- und langfristige Ziele, Methoden, Objekte, Fokusse sind in dynamischem Wechselspiel zu sehen. Autonomie und Integration sind Teile derselben Prozesse.

9.1 Beziehungen, Interaktionen, Teile und Ganzheit - oder: Der Umgang mit komplexen Systemen

Die systemische Konzeptualisierung bringt mit sich, daß wir von Einheiten aus zwei oder mehr interagierenden Elementen oder Teilen ausgehen, die alle durch ihre Verhaltensweisen, Eigenschaften oder Zustände einen Einfluß auf das Ganze haben. Kein Element oder Teil hat einen unabhängigen Einfluß auf das Ganze, sie sind interdependent. Deshalb ist und kann das Ganze nicht der Summe der Aktivitäten der Teile/Elemente entsprechen. Die Eigenschaften oder das Verhalten des Ganzen sind in keinem einzelnen Teil lokalisiert und die Eigenschaften und Verhaltensweisen der Teile sind aus den Interaktionen mit anderen Teilen abzuleiten (womit sie automatisch verlorengehen, wenn ein Teil isoliert wird). Wie wir die Beziehungen und Interaktionen oder Teil und Ganzheit erfassen, behandeln oder gestalten, ist daher von großer Bedeutung. *Beziehungen* und *Interaktionen* sind zentral für die Integration zu einem Ganzen und die Entstehung eines übergeordneten Ordnungsmusters. Sie sind die Basis für die Erfüllung von Funktionen. Verschiedene Kontexte verlangen häufig auch andere Interaktionsmuster. Das Selbstorganisationskonzept lehrt uns, daß

- in einem vernetzten System (Interaktionsmuster) jede Gestaltungsmaßnahme eine Vielzahl von Teilen/Elementen beeinflußt und verändert. Eine isolierte und eine aggregierte Gestaltungssichtweise entfällt.
- Gestaltung und Lenkung in einem interaktiven Muster ist über das System verteilt, fließend und dynamisch. Die Gestaltung der Beziehungen und Interaktionen ist der wesentlichste Einflußfaktor für eine Erhöhung oder Einschränkung des Potentials eines Systems.
- Information und Kommunikation sind der Schlüssel zu interaktionalen Prozessen.

Soll die (Fähigkeit der) Selbstgestaltung eines Systems gefördert werden (i. S. einer positiven Veränderungsrate der Redundanz), so sind Beziehungen und Interaktionen einzuführen, zu generieren und/oder verstärken. Damit werden Teilsysteme, soziale Gruppen und/oder Mitarbeiter aktiviert und involviert. Dies geschieht nicht nur in einem quantitativen Sinne (durch die Schaffung und Förderung von Interaktionen), sondern auch in einer qualitativ anderen Gestaltung von Interaktionen. Dabei können Beziehungen und Interaktionen teilweise per Dekret eingeführt werden (bspw. Berichterstattung, Sitzungsteilnahme usw.). Viele Beziehungen und Interaktionen können jedoch nicht befohlen werden oder ihre Wahl, Intensität und Länge bleibt offen. Häufig kann nur gerade ein Kontext geschaffen werden, der die Generierung und Nutzung von Beziehungen und Interaktionen fördert. Ein Kontext aber, der die Generierung und Aufrechterhaltung von selbstinitiierten oder »freigewählten« Interaktionen in einem System verhindert, verneint und verhindert gleichzeitig Autonomie. Die Schaffung, Gestaltung und Balancierung der Zahl und Art von Beziehungen und Interaktionen ist ein wichtiger und schwieriger Teil des Organisierens. Dabei sind nicht einfach die Häufigkeit und/oder Intensität von Beziehungen und Interaktionen zu beachten, sondern besonders auch die impliziten Schwellwerte, Umkippeffekte, Variationsmöglichkeiten, Gleichgewichts- oder Ungleichgewichtstendenzen usw.

Es ist daher immer sinnvoll, Netzwerke aufzuzeichnen und zu analysieren, um für das System(geschehen) sensitiv und verständnisvoll zu werden (vgl. dazu Vester & Hesler 1981 und das Beispiel Frühwarnung bei Gomez 1983; Probst & Gomez 1985 sowie die Beispiele aus dem Gesundheitswesen in Güntert & Probst 1984; Probst & Güntert 1982). Die auf die Systemanalyse konzentrierten Beispiele erfahren hier keine neuerliche Beschreibung. Jedoch sollen zwei Ausschnitte aus Projekten Hinweise darauf geben, wie Beziehungen und Interaktionen in der Gestaltung Beachtung finden. Im Vordergrund stehen bei der Erhöhung der Anzahl und Arten von Beziehungen und Interaktionen auf der tiefsten Ebene die Integration von Beteiligten in Task Forces, Kommittees, Workshops, Planungsgruppen, Arbeitsgruppen usw., auf der nächst höheren Ebene die Beziehungen und Interaktionen zwischen Einheiten wie Arbeitsgruppen, Geschäften, strategischen Einheiten, Departementen, Kliniken usw. und auf der folgenden Ebene die Beziehungen und Interaktionen mit anderen Institutionen, Umweltsegmenten usw. (i. S. eines ökologischen Bereichs).

Der Einbezug der Beteiligten/Betroffenen und die Erhöhung der Beziehungen und Interaktionen führt automatisch zu veränderten Informationsbedürfnissen, komplexeren Kommunikationsnetzen und einer breiteren Verteilung von Information. Wenn im Beispiel einer Lebensmittelkette daher der Entscheid für

a) relativ autonome Einheiten auf verschiedenen Ebenen gefällt wurde (Institution im Lebensmittelhandel, regionale Geschäftsfelder, Geschäfte, Departemente),
b) eine Entscheidungsfällung auf der tiefstmöglichen Ebene, und
c) eine interaktive Planung mit den Betroffenen,
so sind auch entsprechende Beziehungen und Interaktionen zu gestalten oder zu ermöglichen, damit der notwendige Zugriff auf Informationen erfolgen kann, Informationen ausgetauscht, interpretiert und verwendet werden. (44)

In einem solchen Fall hat sich im Rahmen der »Planungsausschüsse« am deutlichsten gezeigt, wie Beteiligte einbezogen und neue Beziehungen und Interaktionen geschaffen oder ermöglicht werden können. Sie stellen die zentralen Koordinations- und Integrationsfunktionen dar; sie werden außerdem als wichtiger Monitor für das institutionale Lernen

(44) Vgl. zur Dokumentation und Vertiefung die von der amerikanischen Lebensmittelkette Super Fresh Food Markets publizierten Unterlagen: »Quality of Work Life«, Philadelphia.

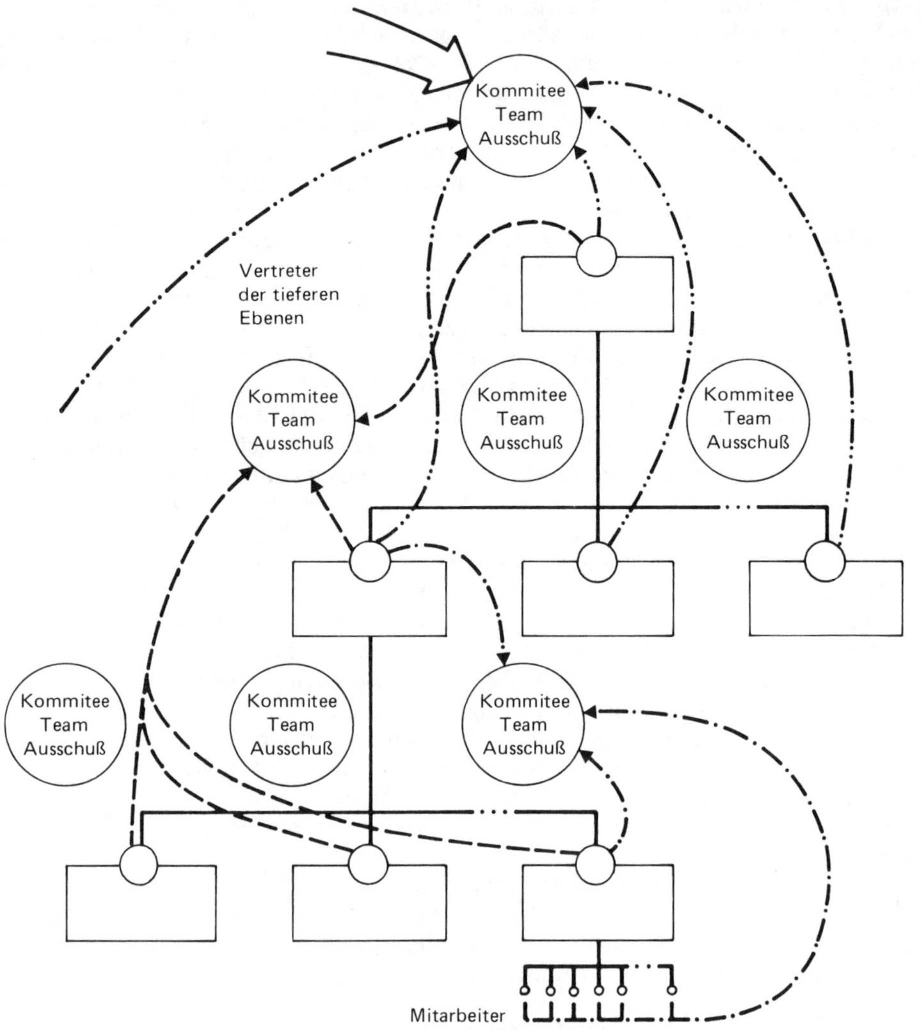

Abb. 4: Organisatorische Gestaltung einer »demokratischen Hierarchie« (zirkuläre Organisation) für eine interaktive Planung (nach R.L. Ackoff)

betrachtet, indem sie gemeinsam mit dem »Management-Unterstützungsteam« immer wieder das Geschehen hinterfragen, auswerten und berichten. In anderen Fällen hat es sich gezeigt, daß diese Funktion des Monitoring häufig auch von Stabs-Einheiten wahrgenommen werden kann. Von Ackoff (1981, S. 65ff. und 149ff.) sind solche verallgemeinerten Vorstellungen über die organisatorische *Gestaltung* für eine *interaktive Planung* auf verschiedenen Ebenen (vgl. *Abb. 4*) beschrieben worden.

Die grundlegende Philosophie dieses Unternehmens basiert auf einer Mischung von Flexibilität, Kooperation und gegenseitigem Vertrauen. Die Entscheidungsfindung gründet auf einer breiten Basis interaktiver Prozesse. In Zusammenarbeit mit einem Beraterteam verfolgt die obgenannte Unternehmung folgende Grundsätze (45):

- ❑ Relativ autonome Einheiten
- ❑ Wenig Führungsebenen
- ❑ Entscheidungen an tiefstmöglicher Stelle
- ❑ Partizipation und interaktive Planung (einschl. eines neuen Leistungsanreizsystems)
- ❑ Sicherung der ökonomischen Lebensfähigkeit, technologischer Möglichkeiten, Anpassungsfähigkeit und hoher, wachsender Arbeitsqualität
- ❑ Nutzung der Synergieeffekte
- ❑ Redundanz in den Funktionen (Arbeitsplatzgestaltung, Qualitätszirkel, Planungsteams, usw.)
- ❑ Hoher Informationsaustausch
- ❑ Kooperative Realisierung von Zielen
- ❑ Flexibilität und Lernfähigkeit des Systems.

Diese Grundsätze stimmen weitgehend mit den Erkenntnissen über selbstorganisierende Systeme überein. Viele Grundsätze überschneiden, verstärken oder produzieren sich gegenseitig. So führt bspw. die Realisierung der Idee, daß jeder Mitarbeiter im Lebensmittelmarkt die Kasse bedienen kann, nicht nur zu einer Redundanz in den Funktionen, sondern gleichzeitig zu einer hohen Flexibilität, indem jederzeit weitere Linien geöffnet werden können und die Wartezeiten der Kunden verkürzt werden.

Ein gut dokumentiertes Beispiel (Organisationsentwicklungsprojekt in einem australischen Spital) für die Einführung neuer Beziehungen und Interaktionen und die Gestaltung teilautonomer Einheiten auf der Ebene von Arbeitsgruppen konnte ich auf die Charakteristiken hin analysieren. Dabei ging es um die Gestaltung von permanenten *patientenorientierten Pflegeteams.* (46) Dieses Gestaltungsziel wuchs aus der Idee heraus, die Arbeitsbeziehungen zwischen zersplitterten Gruppierungen im Spital zu verbessern und eine effektivere und effizientere Pflege zu erreichen. Die Situation war gekennzeichnet durch starke Spezialistengruppen, berufsspezifische Verhaltens- und Wertstrukturen, Akademiker versus Nicht-Akademiker, alte und neue Belegschaftsmitglieder.

Zunehmende Friktionen zwischen den Gruppierungen hatten zu Verhärtungen und erhöhten Divergenzen, einer minimalen Information und Kommunikation und einer Verschlechterung der Führungssituation geführt. Das Spital ist in den vergangenen 20 Jahren durch einen rapiden Wandel vom kleinen Tuberkulosespital zu einem großen, breitgefächerten Spital (900 allgemeine Betten und 120 Geriatriebetten) mit Lehrbetrieb gewachsen. Damit verbunden waren unternehmungspolitische, -planerische und -strukturelle Probleme. Die Absicht, Führung-durch-Zielsetzung (MbO) in einem Trainingsprogramm in

(45) Dabei können keineswegs alle Grundsätze in idealer Weise und unmittelbar verwirklicht werden. So kann festgestellt werden, das im mittleren Management nach wie vor eine starke Ausrichtung nach oben besteht und die Mitglieder in den Planungsteams ihrer Ebene und in der nächst höheren Ebene aktiv sind, sich jedoch wenig um die ihnen unterstellten Planungsteams kümmern und eine verstärkte »Interaktion nach unten« in einem nächsten Schritt anzustreben ist.

(46) Auf das Projekt über patientenorientierte Pflegeteams am Sir-Charles-Gairdner-Hospital in Australien haben mich Tom Gilmore, Tom Burns und Jim Krantz (Management and Behavioral Science Center, Wharton School) aufmerksam gemacht und Unterlagen zur Verfügung gestellt. Der Autor und Mitinitiator J. U. Stoelwinder hatte als Visiting Professor im MBSC das Projekt ausgewertet und berichtet (vgl. Clayton & Stoelwinder 1976; Stoelwinder & Clayton 1978; Stoelwinder & Cherns 1981; Pava 1980). Eine ähnliche Idee einer patientenorientierten Organisation wurde von M. Hofer vorgeschlagen (1986).

alle Vorgesetztenpositionen des Spitals zu tragen, die Anwendung von MbO zu unterstützen und eine kontinuierliche Managementausbildung zu etablieren, konnte in den frühen 70er Jahren nur sehr beschränkt realisiert werden. Insbesondere erreichte dieses Programm die Mediziner in ihren Führungspositionen als Vorgesetzte eines Departementes, einer Klinik, der Radiologie oder des Labors nicht. Ein erhofftes verbessertes Management und eine Kostensenkung waren nicht zu verzeichnen. Einen wesentlichen Effekt und eine Anwendung fand das Programm vorerst im Pflegebereich. Von hier kam auch die Idee der patientenorientierten Pflege(teams), jedoch fand eine Auseinandersetzung oder Messung der Qualität der Pflege im Spital wenig Unterstützung von medizinischer Seite. Diese Problematik konnte jedoch nicht durch den Pflegebereich allein behandelt und verbessert werden. In einem Evaluationsprozeß wurde festgestellt, daß

1) die Organisationsstruktur des Spitals einem effektiven Management hinderlich ist und Widerstände gegen organisatorische Interventionen (i. S. einer Organisationsentwicklung) produziert.
2) Besondere Schwierigkeiten bereiteten Änderungen oder Interventionen in den höheren Berufsständen, die dem Programm wenig Sinn, Relevanz und Glaubwürdigkeit abgewinnen konnten.

Das Spital gliedert sich typischerweise in eine administrative und eine medizinische Struktur, die voneinander klar getrennt sind. Die administrative Seite ist sehr input-orientiert, die medizinische Seite bestimmt das Ergebnis, welches nicht mehr unter der Kontrolle der administrativen Führung ist (vgl. dazu Stoelwinder & Clayton 1978, S. 403ff.). Diese Ausgangslage ist insofern von Bedeutung, als daraus eine bestimmte Struktur, ein besonderes Interaktionsmuster, resultiert, wenn wir die primäre Aufgabe der Patientenpflege betrachten. Diese primäre Aufgabe schließt patienten-, umwelt- und spitalbezogene (berufsspezifische, technologische, humane, physische und unterstützungsorientierte) Serviceleistungen ein. Sie wird durch Ärzte, Pfleger/-innen und andere Gesundheitsberufe wie Physiotherapeuten, Beschäftigungstherapeuten, Apotheker, Sozialarbeiter usw. erfüllt. Die Prozesse zwischen diesen Beteiligten (und dem Patienten) sind bedeutungsvoll. Die Beziehungen und Interaktionen sind jedoch bei getrennten Strukturen im oben beschriebenen Sinne sehr beschränkt. Sie werden durch die herrschenden berufsspezifischen Wertvorstellungen und die Berufsorganisationen weiter eingeschränkt. Jedoch sind viele kritische Faktoren latent vorhanden, die ein intensiv interaktives Pflegeteam erfordern, etwa Unsicherheitsfaktoren im technischen, diagnostischen, komplikationsabhängigen, physischen oder psychischen Bereich. Einer isolierten Struktur aus der Sicht des Patienten wurde daher eine *patienten- und teamorientierte Struktur* entgegengestellt, die sich aus teilautonomen Gruppen zusammensetzt, die ca. 30 Betten betreuen und selbstregulierend und -gestaltend handeln (vgl. *Abb. 5*).

Die patientenorientierten Pflegeteams wurden so organisiert, daß eine gegenseitige, interaktive Abstimmung zur Koordination führt, aktives Lernen durch Problemelösen gefördert, gegenseitige Unterstützung und Respektierung zwischen den Beteiligten erreicht und partizipativ entschieden wird, wenn es um Belange geht, die die individuellen Arbeiten betreffen (vgl. Stoelwinder & Clayton 1978, S. 408). Eine Verbindung zur administrativen und zur medizinischen Metastruktur wird durch eine Spitalmanagementgruppe gewährleistet, die die drei administrativen Bereiche (generelle Administration, Pflege, Medizin) umfaßt und die medizinischen Spezialisten in der Gruppe. Damit entstand eine Art Matrix- oder Tensororganisation.

Die Erfolgszahlen nach Jahren der Einführung sind hier von untergeordneter Bedeutung und es ist in komplexen Systemen und multiplen Interventionen unmöglich, Ergebnisse auf einzelne Maßnahmen zurückzuführen. Senkungen in den Kostensteigerungen pro

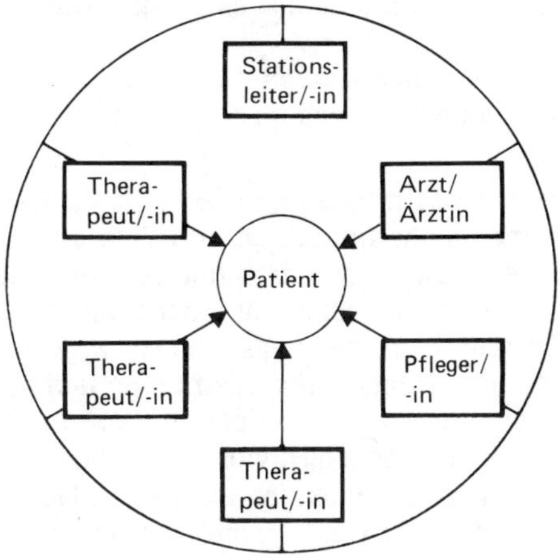

Abb. 5: Die Organisationsstruktur eines patienten-orientierten Stationsteams

Aufnahme und in der durchschnittlichen Aufenthaltsdauer von Patienten, Verbesserungen in der Aufnahme, selbstinitiierte Problemlösungen in verschiedenen Bereichen, weniger Wartezeiten, ein besseres Verständnis bei den Patienten über Medikamentierung usw. waren in den folgenden Jahren zu beobachten. Ein kontinuierliches Managementtraining und eine periodische Evaluation und Unterstützung der Pflegeteams ist institutionalisiert worden. Eine Umfrage bei den Beteiligten zeigte besonders auch die erhöhte Zufriedenheit bei der Einschätzung des Arbeitsinhaltes, der Kommunikation und dem Verständnis der Rolle der Anderen.

Es ist hier von besonderem Interesse, wie die neuen Interaktionsmuster eingeführt wurden. Der Interventionsprozeß selbst folgte den Charakteristiken selbstorganisierender Systeme (vgl. Stoelwinder & Clayton 1978, S. 408f):

- Der Legitimität der Intervenierer wurde hohe Beachtung geschenkt; ein externer Berater sollte legitimiert sein, ein solches Projekt führen zu können (Wissen, Fähigkeiten, Erfahrungen), ein interner »Change Agent«, ein Arzt, sollte durch seine Ausbildung und Erfahrungen am Spital und die Teilung der Werte und Normen der Gesundheitsspezialisten legitimiert sein.
- Um eine möglichst hohe Akzeptanz zu erzielen, wurde auf die Einstellungen und Werte der Gesundheitsspezialisten Rücksicht genommen. Zentraler Punkt war die Verbesserung der Patientenpflege und nicht die Verbesserung des Spitalmanagements (was damals viele abgeschreckt hätte oder als für sie irrelevant angesehen worden wäre).
- Die Teambildung und -entwicklung wurde am Arbeitsort vorgenommen. Die Beteiligten hatten damit nicht ihre Abwesenheit zu organisieren und waren im gewohnten Umfeld. (47)
- Der Gestaltungsprozeß wurde in interaktiver, partizipativer Art durchgeführt und als kontinuierlicher und gegenseitiger Lernprozeß genutzt.
- Auch in andern Bereichen Betroffene und Beteiligte wurden frühzeitig in den Gestal-

tungsprozeß einbezogen (andere Kliniken, Departemente usw.) und damit gesamtsystemisch Interaktion und Verständnis gefördert.

❑ Die Institutionalisierung von Evaluations- und Ausbildungssitzungen in denTeams war Voraussetzung.

❑ Jedes Team ergreift seine eigenen konkreten Initiativen, um die Qualität der Patientenpflege zu verbessern oder um Kostensenkungen zu erreichen.

War die Natur und das Ziel bei Beginn des Projektes nicht eindeutig und klar definiert, so wurden in den Teams immer mehr Initiativen ergriffen und gestaltende Handlungen generiert, die sich im weitesten Sinne mit der patientenorientierten Pflege befaßten. Die Interaktionen wurden vielfältiger und zahlreicher, der Informationsaustausch wesentlich erhöht und verbessert und damit die Anpassungs- und Entwicklungsfähigkeit des Systems erweitert. Parallel zu den hierarchischen administrativen und medizinischen Strukturen entwickelten sich die relativ autonomen Gruppen um den Patienten. Diese weisen ein reges interaktives Kommunikationsnetz auf, woraus ein hohes Potential der Komplexitätsbewältigung resultiert. Wie wenig Potential und welche Gefahren in einem Ein-Weg-Kommunikationssystem im Vergleich mit einem vernetzten interaktiven System sind, kann leicht aufgezeichnet werden. Vergleichen wir dazu die folgenden Situationen, wie in *Abb. 6* dargestellt.

Es zeigte sich in den patientenorientierten Pflegeteams, daß der Austausch von Informationen über Erfahrungen, Absichten, Wahrnehmungen usw. erhöht und letztlich auch Konsens erreicht wurde. Interessanterweise entwickelten sich relativ schnell Subkulturen, eigene Sprachspiele und symbolische Riten. Neueintretende finden damit die Situation vor, daß sie in erhöhtem Maße Regeln, Verhaltensweisen, Einstellungen, sprachliche Wendungen usw. in einem interaktiven Sozialisationsprozeß erlernen müssen. Die Gefahr besteht durchaus, daß solche Interaktionsmuster rigide werden und Subeinheiten eine notwendige Anpassung und Entwicklung zu verhindern trachten. Es ist daher eine organisatorische Aufgabe, den Kontext ständig zu überwachen und entsprechend zu gestalten. Es ist besonders zu beachten:

■ ***Verhindere Rigidität in den Interaktionen!***

Unveränderbarkeit von Beziehungen und Interaktionen ist ein Maßstab für eine fehlende, »falsch verstandene« oder defekte Homöostase. Homöostase bedeutet hier, die interagierenden Teile innerhalb von Grenzen zu halten, die sowohl durch die Anforderungen der Teile als Ganzheiten als auch die Anforderungen des umfassenderen Systems definiert werden. Häufig werden hierbei durch Einschränkung und Fixierung der Interaktionen Konflikte vermieden oder ausgeschlossen, indem die Beteiligten in einem geschlossenen Netzwerk eingebunden werden, das wenig Auseinandersetzung mit dem Geschehen außerhalb erlaubt. Bespiele sind etwa, wenn gewisse Anforderungen an einen Mitarbeiter nicht erhoben werden, eine individuelle Entwicklung nicht zur Diskussion steht, über gewisse Fragen nicht kommuniziert werden kann, oder Lösungen wiederholt werden, nur um die bestehende Homöostase aufrechtzuerhalten.

■ ***Spezifiziere so wenig entscheidende strukturelle Faktoren wie möglich!***

Das Potential für Interaktionen soll erhalten und vergrößert werden. Möglichst viele Op-

(47) Ich habe andererseits die Erfahrung gemacht, daß eine Lösung vom Arbeitsort für ein Reflektieren und einen Planungs- oder Organisationsprozeß zumindest bei Beginn sinnvoll ist (obwohl dies häufig auf Abwehr stößt und eine interne temporäre Ad-hoc-Organisation erfordert).

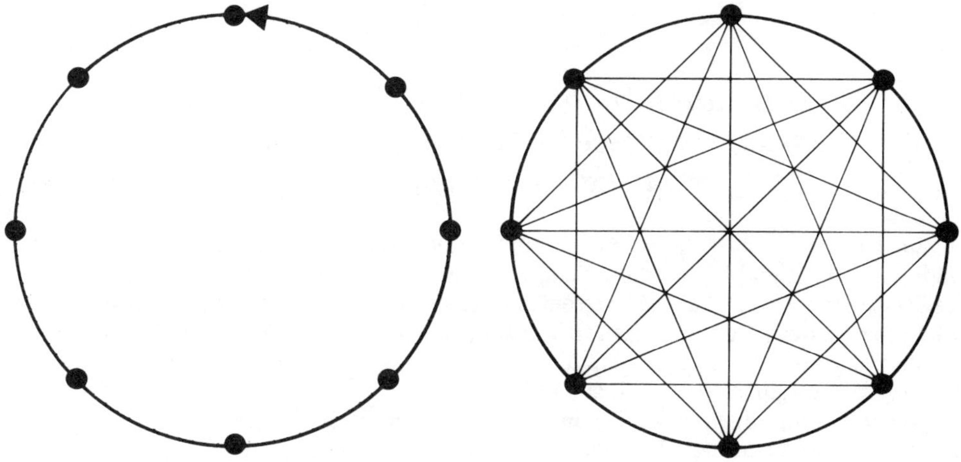

Abb. 6: Eine Ein-Weg-Kommunikation enthält folgende Gefahren: Die Unterbrechung einer Beziehung zerstört das System; eine unkorrekte oder verminderte Übermittlung oder Aufnahme von Information pflanzt sich unaufhaltsam fort; eine rückkoppelnde Kontrolle ist nur nach dem Durchlauf über alle Elemente möglich; Sprachschwierigkeiten (andere Sprache, Ausbildung, Interpretation usw.) wirken sich irreversibel und fatal aus

tionen sind offen zu halten und Beteiligte zu motivieren, daß sie entscheiden, reflektieren, experimentieren und handeln (vgl. dazu die Redundanzüberlegungen im Kap. 9.3).

Wiederkehrende Interaktionsmuster charakterisieren und erhalten das System, bzw. die Regeln, die ein System lenken. Kommunikation ist der Schlüssel zu den interaktionalen Prozessen zwischen den Beteiligten in sozialen Systemen. Dies hat zu interaktionalen Theorien geführt, die in der Familientherapie erfolgreich angewendet werden (vgl. die Schriften von G. Bateson, J. Haley, A. Bernstein und H. L. Lennard, S. Minuchin, D. Jackson, J. Weakland; vgl. zur Uebersicht Doane 1978; Hoffmann 1981; Watzlawick & Weakland 1977). Interaktionale Ansätze haben jedoch auch gleichzeitig im Management sozialer Systeme ihren Platz erhalten. Ein besonderer Hinweis gilt hier der Tavistock-Gruppe und ihren Nachfolgern (vgl. Literatur von E. L. Trist, F. E. Emery, E. Miller, C. P. Hill, C. Pava u.a.), Vertretern der interaktiven Planung (vgl. R. L. Ackoff, H. Ozbekan, T. Burns u.a.), Studien von Machtphänomenen (vgl. R. Dahl, D. Jacobs, J. Pfeffer, G. Salancik, H. Mintzberg, A. Siu u. a.) oder konstruktivistische Interaktionstheorien in der Organisationslehre (vgl. K. Weick, R. Daft, J. Wiginton, P. Dachler u. a.) und Theorien der Zentralisation/Dezentralisation (vgl. J. Galbraith, P. Drucker, A. Sloan u. a.). Im Rahmen der Anpassungs- und Lernfähigkeit von sozialen Systemen haben auch C. Argyris, D. Schön, B. Hedberg u. a. in ihren Theorien auf die Bedeutung und gestaltende Nutzung von Beziehungen und Interaktionen hingewiesen. Miller & Mintzberg (1974) haben anschaulich nachgewiesen, daß in turbulenter Umwelt erfolgreiche Unternehmungen intensive interne Kommunikationsnetzwerke haben, eher partizipativ geführt und die Kompetenzen an jene Stellen delegiert werden, die jeweils mit der Umwelt direkt interagieren (Kompetenzen an tiefstmöglicher Stelle). Die Bedeutung von Interaktionen und Information/Kommunikation ist auch ausführlich in den Gestaltungsüberlegungen und Interventionsfällen von Nystrom und Starbuck (1984) behandelt worden.

9.2 *Lernen durch kontinuierliche Gestaltungs- und Lenkungsprozesse — oder: Der Umgang mit selbstreferentiellen Systemen*

Organisieren wird meist als periodische, diskontinuierliche Tätigkeit gesehen, die projektmäßig begonnen und beendet und dann zumindest für einen längeren Zeitraum definitiv ausgeschlossen werden kann. Es werden außerdem zeitliche Phasen des Organisationsentwurfs, der Auswahl von Alternativen, der Implementierung und der Kontrolle unterschieden und es wird angenommen, daß diese Schritte voneinander trennbar sind. Dem ist jedoch im selbstorganisierenden System nicht so.

Stehen im traditionellen Verständnis *die* Strukturen im Vordergrund, so wird hier eine prozessuale Sicht vertreten, basierend auf kontinuierlichen interaktiven Prozessen der Gestaltung und Lenkung. Damit ist nicht ausgeschlossen, daß aufgrund einer Problemdefinition eine Organisationsstruktur entworfen, ein Organisationsplan erstellt, ein Organisationsmodell eingeführt wird usw. Aber es handelt sich dabei nie um einen Prozeß mit eindeutigem und definitivem Anfang und Ende. Komplexität, Selbstreferenz, Redundanz und Autonomie lassen erwarten, daß Organisationspläne und Strukturentwürfe sich nicht wie geplant verwirklichen lassen. Die Ergebnisse weichen häufig maßgeblich von den Erwartungen ab, weil die Wahrnehmungen im System verschieden sind, über viele Beziehungen und Interaktionen Veränderungen aufscheinen, die nicht erwartet werden (können), Annahmen sich als unpassend erweisen, erreichte Zustände oder Strukturmuster unerwünscht oder von den Erwartungen abweichend erscheinen, Werthaltungen sich ändern usw. Deshalb scheint es sinnvoll, die jeweils notwendigen kritischen Spezifikationen zu formulieren und kontinuierlich zu überprüfen, ob sie passen und Sinn machen. Wenn auch durch »fixe« Organisationsstrukturen eine gewisse Sicherheit, Kontinuität und Ruhe erreicht werden soll, so sind doch ständig gestaltende und lenkende Handlungen vorzunehmen, die einer Anpassung und evolutionären Entwicklung gelten. Interne und externe kontextuelle Veränderungen erfordern ein kontinuierliches Gestalten und Lenken und die Ermöglichung von Entwicklung. Dies setzt ein kontinuierliches Reflektieren, Experimentieren, Verändern usw. voraus, d. h. Grundlagen für *Lernen* und *Lernen zu lernen.*

Einfach gesagt, erfordert eine positive Veränderungsrate der Redundanz - und damit die Verhinderung von Rigidität - die Förderung von vielen Wirklichkeiten, die Anerkennung von Konflikten, Toleranz, Offenheit, Reflexion, Hinterfragung, Experimenten, Verlernen von Verhaltensprogrammen, Innovation, Diffusion von Information u.a., damit Systeme sich aus sich selbst heraus anpassen und entwickeln können. Aber Management, Organisieren und die Psyche der Individuen sind darauf angelegt, Konflikte zu unterdrücken, Veränderungen zu widerstehen, Störungen oder gefahrvolle Situationen zu vermeiden, Wahlmöglichkeiten auszuklammern, Probleme zu negieren, übersehen oder trivialisieren. Werden Probleme formuliert, so zeigt sich häufig eine einfache Lokalisierung (»Kästchendenken«) bei auftretenden Symptomen, eine Sündenbockjagd, die Entwicklung eines Defensivsystems oder eine »Erklärung der Nichtdiskutierbarkeit«.

Probleme gehören selten genau an eine Stelle, sind klar definier- und ausgrenzbar und isoliert aufzulösen. Sie sind keineswegs a priori dort zu lokalisieren, wo sie »entdeckt« werden. Ebenso wenig kann die Verantwortung auf eine Stelle reduziert werden. Die mit Problemdefinitionen benutzten Adjektive sind häufig trivialisierend und irreführend. Jede

Problemsituation, Abweichung, Störung, Veränderung oder Krise stellt nicht nur eine Gefahr und Unsicherheit dar, sondern auch Chancen, neue Wahlmöglichkeiten und Entwicklungsbahnen. Viele Gesichtspunkte müssen und sollen in jeder Problemsituation eingebracht werden, um Verhaltens- oder Handlungsweisen zu generieren, die der Komplexität gerecht werden, die sinnvoll und die effektiv sind. (Die Anwendung von Root-Definitionen hat sich hierbei als gutes heuristisches Hilfsmittel erwiesen, vgl. Checkland 1981, 1984; Gomez 1981, 1983; Probst & Gomez 1985; Gomez & Probst 1987). Lösungen, oder besser Auflösungen, können daher kaum an *einem* Ort ansetzen, sondern es sind an verschiedenen Ecken und Enden des Netzwerkes gleichzeitig und interaktiv organisatorische Handlungen zu generieren. Dafür ist jedoch auch ein über das System verteiltes Gestaltungs- und Lenkungspotential notwendig, das sich kontinuierlich erweitert. Es zeigt sich in praktischen Situationen, daß wir nicht nur durch unsere Wirklichkeitskonstruktionen eingeschränkt sind und gar nicht sehen, daß wir nicht sehen (v. Foerster 1984 a, b), sondern auch, daß Informationen zurückgehalten, verfälscht, ignoriert, selektiert, verwässert, uminterpretiert oder mit defensiven Ergänzungen im System weitergegeben werden. Außerdem richten wir uns in sozialen Systemen vor allem nach oben, in dem Teilnehmer viel mehr nach oben rapportieren und hören als nach unten. Sie suchen mit oben konform zu gehen (vgl. Nystrom & Starbuck 1984). Damit entfällt jedoch viel Potential für eine positive Änderungsrate der Redundanz und für *Lernprozesse.*

Lernen ist notwendiger und unvermeidbarer Begleiter für Anpassung(spotential) und Entwicklung(spotential). Lernen kann auf verschiedenen *Ebenen*, wo sich Interaktionen entfalten, mit verschiedenen *Inhalten*, abhängig vom Kontext, und in verschiedenen *Abstraktionsgraden* vorkommen. Diese sind, wenn auch in unterschiedlicher Tiefe und in sehr verschiedenartigen Abgrenzungen, in der Literatur behandelt worden (vgl. vor allem Schön 1971; Argyris & Schön 1978; Bateson 1981; Hedberg 1981; Argyris 1982, 1983).

Lernen umfaßt einerseits alle interaktionalen Prozesse, die

- ein System innerhalb seiner gegebenen Regelsysteme möglichst schnell auf einen gewünschten Zustand zurück- oder hinführen (Abweichungskorrekturen innerhalb bestehender Normen, Werte, Regeln usw. der Institution) oder durch eine Erhöhung der Verhaltensvarietät, ein Potential der Anpassung schaffen;
- ein System dazu führen, die Normen, Werte, Regeln usw. zu verändern, um neue, innovative Muster zu bilden (Hinterfragung der existierenden Normen, Werte, und Regeln der Gestaltung und Lenkung durch reflektierende Betroffene/Beteiligte: Was ist es, das gelernt werden soll und ist es wert- und sinnvoll?) oder das Potential für derartige Veränderungen zu vergrößern. (48)

Lernen zu lernen beschreibt

- die Fähigkeit, jene Mechanismen und Prinzipien zu identifi-zieren, die den interaktionalen Lernprozessen unterliegen, um dann, wenn ein System in einen neuen Kontext gelangt, leicht alte Muster zu verlernen und in einem kritisch überprüfenden Pro-

(48) Ich vertrete die Auffassung, daß Lernen auch ohne feststellbare verbesserte Leistung oder Anpassung vorliegen kann. Ebenso ist nicht jede Anpassung automatisch als Lernen zu bezeichnen. Das Verhaltens- oder Komplexitätsbewältigungspotential wird erhöht und kann dann »abgerufen« werden, wenn es relevant und nützlich erscheint (eine ähnliche Definition vertritt auch Winther (1985, S. 89). Vergleiche demgegenüber Argyris & Schön (1978), die von einer Änderung in der Reaktion (»response«) gegenüber der Erfahrung ausgehen. Hier ist Lernen eine spezielle Klasse von Änderungen. Ein vertiefteres Studium dieses Ansatzes zeigt, daß keineswegs Klarheit herrscht, denn besonders im Zusammenhang mit der Kreation neuer Handlungs- und Sichtweisen erfährt die Definition der obengenannten Autoren eine Öffnung.

zeß jene Interaktionsmuster erlernen zu können, die erforderlich sind. Es stellt sich nicht nur die Frage, ob ein System lernt, sondern oft auch, ob ein System schnell genug lernt oder lernt zu lernen, damit es effektiv seinen Zweck erfüllen kann.

Nun ist Lernen und Lernen zu lernen bekanntlich nicht etwas, das für das System vorgenommen oder gar per Dekret eingeführt werden kann. Lernen ist selbstproduziert. Häufig (ver-)hindern Führungskräfte oder Organisatoren Lernprozesse durch die Schaffung ungünstiger Kontexte, die Förderung defensiver Routinen, die Aufrechterhaltung von Nichtdiskutierbarkeit gewisser Dinge oder die Widersprüchlichkeit in ihrem »Sagen und Handeln«. Wie Argyris und Schön anhand ihrer empirischen Untersuchungen deutlich herausgearbeitet haben, fehlt häufig eine Übereinstimmung zwischen der Theorie, die die Führungskräfte beschreiben (»espoused theory«) und dem Verhalten, der (unbewußten) Theorie, die benützt wird (»theory-in-use«). Zu einem interaktionalen Lernen gehört nicht nur ein Lernen zu hören (Beteiligte einbeziehen und anhören), sondern auch ein Lernen zu handeln oder etwas geschehen lassen. Es ist eine besondere Gestaltungsaufgabe von Führungskräften/Organisatoren, im selbstorganisierenden System Kontexte zu schaffen, die ein Lernen und Lernen zu lernen erleichtern, unterstützen und fördern. Ein Austausch der (obersten) Führungsmannschaft in einer Institution hat häufig zum Inhalt und zur Wirkung, daß dominierende Regeln, Werte, Verhaltensprogramme oder Normen ausgelöscht und verlernt werden und neue substantielle und symbolische Strukturen überhaupt aufgenommen werden und entstehen können (vgl. Hedberg 1981; Nystrom & Starbuck 1984). Dies ist jedoch nicht der einzige Weg. Verschiedene Maßnahmen, Handlungen, Bedingungen usw. können einen *positiven Lernkontext* schaffen, bspw.:

- Integration verschiedener Ebenen und Elemente in Entscheidungsprozesse. Jeder hat einen Beitrag zu leisten, besitzt Fähigkeiten und Einsichten (partizipatives Prinzip),
- Förderung multipler, unverfälschter und zuverlässiger Interaktionsprozesse (handlungs-bezogen, sprachlich, artefaktisch) und Nutzung der entstehenden Potentiale,
- Kontinuierliches oder periodisches Überprüfen der Interaktionsprozesse und der Wahrnehmung der Prozesse,
- Offenheit und Toleranz gegenüber abweichenden Meinungen, Kritiken, Konflikten, Experimenten, Fehlern, Inkonsistenz, Mehrdeutigkeit,
- Einbringen neuer Perspektiven, Wege, Mittel, Verhaltensmöglichkeiten (z. B. durch Berater, Randgruppen, Betroffene, Weiterbildung und Ausschluß von Ja-Sagern),
- Denken in Chancen und Möglichkeiten statt Gefahren und Mißerfolgen.
- Institutionalisierung von Frühwarnsystemen, periodischen Umwelt-, Unternehmungs- und Werthaltungsanalysen, Austrittsgesprächen, Meinungsumfragen usw.

Resultat des Lernens sind häufig programmierte, automatisierte Verhaltensmuster, die dann vertrauensvoll und ohne Reflexion abgerufen werden können. Die Vorteile von Verhaltensprogrammen sind unbestritten. Lernen kann sich sogar darauf richten, Wege zu finden, um sich nicht zu verändern, keine Experimente zuzulassen, den Status Quo zu erhalten, Probleme zu vermeiden u. ä. (vgl. Fiol & Lyles 1985, S. 808). Damit läuft das System aber Gefahr, jegliche Flexibilität, Anpassungs- und Entwicklungsfähigkeit zu verlieren. Die Systeme sind so stark damit beschäftigt, das zu tun, was sie gelernt haben, daß sie die Kontinuität im Lernen und das Hinterfragen und Auswerten der Erfahrungen vernachlässigen (vgl. Nystrom et al. 1976, S. 214).

Daraus folgt eine komplementäre Forderung zu traditionellen Organisationsvorstellungen, wenn prozessuale, flexible, veränderliche, widersprüchliche oder inkonsistente und unscharfe Strukturen, eine vielfältige und reiche Kommunikation, Dissens, Partizipation usw. propagiert werden. Sie steuern *Rigidität* entgegen. Zentral ist eine *Balancierung* stabilisierender und innovativer Lernprozesse.

Starbuck, Hedberg und Nystrom haben in verschiedenen Publikationen Beispiele angeführt, wie Rigidität ein Verlernen und entsprechende Lernprozesse verhindert hat. Diese Fälle sollen hier nicht beschrieben werden (vgl. die Beispiele von Herstellern mechanischer Rechenmaschinen, einer Zeitschrift und von Rollmaterial für Eisenbahnen in Starbuck 1982, 1983; Nystrom & Starbuck 1984; Nystrom et al. 1976). Sie zeigen in hervorragender Weise, wie Institutionen und ihre Mitglieder in ihren Wahrnehmungen eingeengt sein können (Ideologien, Krisen, Alternativen, Warnungen), in positiven Rückkopplungen gefangen sind (»mehr desselben tun«, Konformität mit Vergangenem und Festhalten an Bekanntem), bedacht sind, keine Risiken durch Experimentieren, Innovationen, Perspektivenwechsel usw. einzugehen, erhöhte Interaktion und Kommunikation verhindern und dem Versuch unterliegen, »Probleme« außerhalb des Systems in einer zeitbedingten, gestörten Umwelt zu lokalisieren. Statt das Verhaltenspotential zu vergrößern und die Kräfte und Fähigkeiten im System zu nutzen und fördern, Ereignisse als Lerngelegenheiten zu definieren und neue Werte zu setzen, wurden in den untersuchten Fällen meist gegenteilige Maßnahmen getroffen: Investitionen zurückgestellt, der Unterhalt reduziert, Aus- und Weiterbildung gestrichen, Entscheidungsfindung zentralisiert, Vermögensteile liquidiert, Positionen vakant gelassen, formale Berichte (besonders des vergangenheitsorientierten Rechnungswesens) gefördert usw. Dies ist in Krisensituationen häufig notwendig, jedoch nur als kurzfristige Maßnahmen sinnvoll. Es geht dann darum, das Ueberleben hier und jetzt zu gewährleisten. Eine richtige Balancierung führt jedoch baldmöglichst zu potentialerhöhenden und -nutzenden Gestaltungs- und Lenkungsmaßnahmen und letztlich zum Streben nach Entwicklung.

In einem Falle konnte ich in beispielhafter Weise erfahren, wie auch kurz nach Überlebensfragen und nach zeitlich begrenzter Entscheidungszentralisation, Desinvestition und Überdenken und Formulierung der Weltanschauung, der Umwelt- und der Unternehmungssituation ein Kontext für Lernprozesse und eine positive Änderungsrate der Redundanz geschaffen wurden. Inwieweit auf der Gesamtebene durch kontinuierliche Gestaltungs- und Lenkungsprozesse Lernen erfolgt, kann m. E. am besten an den interaktiv in Managementkommittees bzw. Unternehmungsplanungsausschüssen entwickelten Effektivitätsprinzipien für verschiedene Leistungsbereiche dargestellt werden. Diese Prinzipien konnten erst nach der Erarbeitung der »Weltanschauung« entwickelt werden. Nach intensiven interaktiven Prozessen konnte in der Gruppe von beinahe 40 betroffenen Mitgliedern der Gesamtführung und den Präsidenten der Geschäftseinheiten ein Konsensus in den Phasen der Revitalisierung der Wettbewerbsfähigkeit der Industrie, der Zwecksetzung und den Effektivitätsprinzipien in verschiedenen Planungs- und Organisationsphasen erreicht werden.

Die Prinzipien enthalten einerseits drei Dimensionen für die Messung von Effektivität und drei Geschäftsphasen mit variierenden Schwerpunkten. In einem ersten Schritt, wenn es um das *Überleben* des Unternehmens geht, steht die finanzielle Dimension, der positive Cash Flow, im Mittelpunkt (womit nicht gleichzeitig die anderen Dimensionen oder Phasen ausgeklammert werden). Mit den in der *Übersicht 10* dargestellten Stadien der *Lebensfähigkeit* und der *Entwicklung* werden die Schwerpunkte verlegt und erweitert (vgl. Clark 1985).

Von der umfassenden Systemebene wurden diese Dokumente in die Geschäftseinheiten getragen, wo sie zur Diskussion der Voraussetzungen für Überleben und zur Planung der Phase der Lebensfähigkeit als Grundlage führten. Sie wurden in den folgenden Monaten ständig überdacht und re-interpretiert. Diese Dokumente sind nicht ein für allemal erstellt worden. Sie sollen lebendige Dokumente darstellen, die weitere Diskussionen anregen und leiten. In diesem Sinne ist auch eine zweifache »Weiterentwicklung« zu interpretieren: Einerseits beschäftigen sich die Geschäftseinheiten intensiv mit der Überlebensplanung und der Planung der Lebensfähigkeit mit Blickpunkt »Ausarbeitung des finanziellen

	fianzieller Leistungsbereich	technologischer Leistungsbereich	humaner Leistungsbereich
Überleben	Cash Flow	Kapazitätsnutzung	Sich kümmern um Mitarbeiter und Gerechtigkeit
Lebensfähigkeit	Rentabilität	Leistungserhalt	Sich kümmern um das Individuum und die Partizipation
Entwicklung	Kapitalwachstum	Innovation	Vertrauen im System und Übereinstimmung in den Zielen

Übersicht 10: Effektivitätsprinzipien eines Industrieunternehmens

Leistungsbereichs«. Andererseits entwickelt eine kleinere Gruppe den obgenannten Bezugsrahmen weiter, um zu einem späteren Zeitpunkt eventuell ein Überdenken, Umformen und Experimentieren mit einem neuen Bezugsrahmen zu initiieren.

Vorschläge für erweiterte Fassungen enthalten ergänzend eine Phase des »Wachstums« oder »erfolgreichen Unternehmertums« und eine verstärkte Integration ethischer und ästhetischer Aspekte als eine Dimension des Unternehmungskonzeptes. Die Inhalte der Ideale, der langfristigen und kurzfristigen Ziele, der Mittel und »strategischen« Handlungsmöglichkeiten werden permanent konkretisiert, überprüft und weiterentwickelt.

Dieses Beispiel zeigte m. E. auch, daß je nach Kontext Lernen einen anderen Gehalt erhält, geht es beim Ueberleben doch vorwiegend um *Information*, bei der Lebensfähigkeit um *Wissen*, bei (strategischen) Wachstumsfragen um *Verständnis* und bei der Entwicklung um *Weisheit*. Sowohl die Fälle von Starbuck, Nystrom und Hedberg als auch der obgenannte Fall haben gezeigt, daß die *symbolische oder kulturelle Ebene* eine bedeutende und zweifache Rolle in den Lernprozessen spielt:

- Die Kultur kann in vielfältiger Weise Lernen einschränken oder unterstützen.
- Die Kultur stellt eine Manifestation dessen dar, was als Kollektivphänomen eines Lernprozesses erfaßt werden kann. (49)

Die Bedeutung des Lernens durch kontinuierliche Gestaltungs- und Lenkungsprozesse wurde in den 50er Jahren bereits in Adaptations-, Feedback- und allgemeinen kybernetischen Theorien erkannt. In den 60er Jahren führten die Auseinandersetzungen mit »turbulenten Umwelten« zur Forderung nach institutionalem Responsivitätspotential. Emery & Trist (1964) definierten turbulente Umwelten durch ihre Interkonnektivität,

(49) Dies deckt sich m. E. mit der Objektivierung nach Jelinek (1978) und der Beschreibung der geteilten »institutionalen Karten« der Systemmitglieder bei Argyris & Schön (1978). Damit Lernen in ihrem Sinne überhaupt möglich ist, müssen die »lernenden Agenten« Endeckungen, Erfindungen und Evaluationen in einem institutionalen Sinne speichern können. Die in individuellen Bildern und geteilten »Karten« gespeicherten Informationen bestimmen oder beeinflussen anschließende Handlungen.

schnellen Wandel und zunehmende Komplexität. Bennis (1966) setzte sich mit der Notwendigkeit hoher Anpassungsfähigkeit auseinander. Simon (1971) behandelte die erforderlichen Informationskapazitäten von Institutionen und die Gefahren einer Informationsüberlastung. Schön (1971) beschrieb ein Szenario, in dem die Veränderungsrate in der Umwelt die Fähigkeit von Institutionen, Probleme zu lösen, überschritt und zum Verlust stabiler Zustände führte. Toffler (1971) popularisierte die Gefahren und notwendigen Anforderungen, die ein schneller Wandel in der Umwelt mit sich brachte. In den 70er und 80er Jahren entwickelten Argyris & Schön (1978) und Starbuck und seine Kollegen (Hedberg 1981; Starbuck 1982; Nystrom & Starbuck 1984) explizite Theorien des institutionalen Lernens. Diese sind stark auf Anpassung ausgerichtet und beinhalten kaum Fragen der Entwicklung (vgl. auch Morgan 1986; Morgan & Ramirez 1983). Jedoch wird erkannt, daß »höhere Formen« des Lernens, die eine Hinterfragung, Reflektion und/oder Veränderung der Normen, Regeln, Werte, Perspektiven usw. einschließen, in der Praxis selten sind.

Institutionales Lernen ist zwar ein beliebtes Stichwort im Management geworden, jedoch sind die Mechanismen, die ein Lernen in/von Institutionen erleichtern und fördern, empirisch noch wenig erfaßt und diskutiert worden. Ebensowenig besteht eine klare und allgemein anerkannte Definition von institutionalem Lernen. »Anpassung«, »der Erwerb von neuem Wissen« oder »neuen Handlungen« wurden häufig mit Lernen gleichgesetzt (vgl. Fiol & Lyles 1985). Zum Stand der theoretischen und empirischen Forschung über institutionales Lernen geben Hedberg (1981), Shrivastava (1983) und Fiol & Lyles (1985) eine gute Übersicht.

Seit jeher stellte sich die Frage, wie wir von institutionalem Lernen (oder Anpassen, Handeln, Zielsetzen und -verfolgen) sprechen können, wenn es doch Individuen sind, die als institutionale Mitglieder Funktionen wahrnehmen (vgl. bspw. Jelinek 1978). Wenn auch häufig gemahnt wird, daß Institutionen Konstruktionen seien und die Gefahr einer Reifikation vorliege, so wird doch gleichzeitig anerkannt, daß diese Institutionen ein »Eigenleben« haben und etwas anderes sind als die Summe ihrer Teile. Dabei geht es keineswegs um ein Mehr-als-Argument. Institutionen wissen oft weniger als die individuellen Beteiligten und manchmal scheint es, daß die Institutionen das nicht lernen, was jedes Mitglied weiß. Argyris und Schön legen der Beziehung zwischen individuellem und institutionalem Lernen eine Transferfunktion zugrunde, bei Jelinek ist diese Problematik mit Poppers Wissen einer »subjektiven Wirklichkeit« und der Entstehung einer »objektiven Wirklichkeit« vergleichbar. Diese Zusammenhänge und Unterschiede bedürfen vertiefter Untersuchungen. Für den vorliegenden Zweck genügt jedoch die Erkenntnis, daß kollektive Systeme lernen und diese Prozesse nicht auf die Teile reduzierbar sind. Nicht untersucht sind bis dahin die Zusammenhänge zwischen institutionalem Lernen und Konzepten wie Intelligenz, Kreativität oder Weisheit, obwohl die engen Verbindungen offensichtlich sind. Intelligenz stellt etwa ein Maß für die Lerngeschwindigkeit dar. Wenn Systeme auch lernen, so mag dies in einer gegebenen Situation ohne Effekt bleiben, falls sie zu langsam lernen (vgl. Ackoff & Emery 1972). Kreativität kann als die Entledigung von selbst auferlegten Constraints verstanden werden. Sie ist für Lernprozesse höherer Ordnung bedeutsam (Ackoff & Vergara 1984). Weisheit umfaßt die Fähigkeit, langfristige Konsequenzen der Handlungen zu sehen, den Willen, kurzfristige Gewinne einem umfassenderen und langfristigen Nutzen unterzuordnen und die Anerkennung dessen, was nicht gestaltbar, kontrollierbar und lenkbar ist (Ackoff 1970).

Außerdem fehlen jegliche Untersuchungen über die Kosten, die aus Fehlern, Experimenten usw. entstehen und die damit eine praktische Diskussion sinnvoller Balancierung erlauben würden. Wir wissen noch wenig über

- die Entstehung und Wirksamkeit von Lernmustern,

- die Persistenz von Lernmustern trotz veränderten Situationen,
- wie soziale Systeme lernen zu überleben, lebensfähig und entwicklungsfähig zu werden,
- wie Lernen zu messen ist (ergebnisbezogene, verhaltensbezogene oder kognitive Erscheinungen),
- über die Unterschiede zwischen individuellem und institutionalem Lernen,
- Bedingungen, Verstärker und Hindernisse in unterschiedlichen Mustern institutionalen Lernens (z.B. Krisen, Arten von Problemsituationen, Ungleichgewichten, Störungen, Simulationen, usw.).

9.3 Überfluß in Ganzheit, Teilen und Interaktionen - oder: Der Umgang mit redundanten Systemen

Zentralisation *oder* Dezentralisation, Differenzierung *oder* Integration, Spezialisierung *oder* Generalisierung u.ä. sind im Lichte des Selbstorganisationskonzeptes falsche Fragestellungen. Hierbei handelt es sich nämlich nicht um verschiedene Organisationsformen oder -typen, sondern um Aspekte, die in jedem humanen sozialen System in verschiedenen Zusammensetzungen vorliegen. Sie sind gewissermaßen zwei Seiten derselben Münze. Die Frage ist, wo sind welche Funktionen wahrzunehmen oder wahrnehmbar. Entsprechend dem »Grundsatz der Redundanz potentieller Lenkung« sind Entscheidungen auf der tiefstmöglichen Ebene zu treffen, wo gerade noch genügend Information, Wissen und Verständnis vorhanden ist. Von daher ist eine Redundanz der Funktionen *in* die (relativ autonomen) Teile zu organisieren. Nun können die Teile jedoch nicht unabhängig agieren und entscheiden. Ihre Handlungen beeinflussen andere Teile, die daher jeweils in Entscheidungen (i. S. eines interaktiven Organisierens, Planens usw.) zu involvieren sind. Hierarchische Strukturvorstellungen beinhalten die Gefahr, daß die Dinge ein für allemal fixiert sind (und damit richtigerweise auch Konstanz und Sicherheit eingeführt ist). Der Ort, an dem gewisse Funktionen erfüllt werden (müssen), kann sich ändern. Funktionen werden wichtiger oder unwichtiger, verlagern sich, entfallen oder entstehen neu.

Ein Selbstorganisationskonzept sucht kreative, flexible Funktions- und Struktursituationen, in denen Autorität, Verantwortung und Kompetenzen fließen, sich verändern, verteilen und entstehen können. Weniger wichtig wird, ob ein System momentan gut funktioniert, sondern vielmehr die Fähigkeit, sich an veränderte Situationen anzupassen, zu lernen und ein Potential der *Entwicklung*.

Statt der Frage von Spezialisierung oder Generalisierung nachzugehen, stellt sich das Problem, wie »Intelligenz in die Teile« gebracht, Entscheidungsfähigkeit verteilt, Ganzheiten gebildet und gefördert werden können. Mit der Redundanz wird ein Handlungspielraum geschaffen und vergrößert, und es wird verhindert, daß die Handlungsfähigkeit vollkommen determiniert ist.

Eine Spezialisierung der Teile an sich führt zu abnehmender Vielfalt (bzw. Redundanz in den Funktionen), abnehmender Flexibilität, geringerer Elastizität, usw. Spezialisten-Informationen, -Wissen und -Verständnis werden gefördert, andere Kategorien werden nicht genutzt und verkümmern, und ein Verständnis für das Ganze geht verloren. Dies führt fast unweigerlich zur Problematik der Integration von unflexiblen Spezialisierungen. Implizite Koordinationsmechanismen versagen mehr und mehr, weil eine Kommunikation immer schwieriger wird. Die Teile (mit klar definierten Rollen und Aufgaben) müssen genauestens zusammenpassen, um ein Ganzes zu bilden. Es werden viele Prozesse der Überwachung notwendig, damit die Teile das und nur das tun, was ihnen in Form von detaillierten Plänen, Vorschriften, Stellenbeschreibungen usw. vorgegeben ist. Im Selbstorganisationsrahmen ist eine Erhöhung der *Redundanz in den Funktionen* von Teilen und Ganzheit und eine erhöhte Redundanz der Eigenschaften der Beziehungen und Interaktionen anzustreben. (50)

Die Teile werden mit zusätzlichen »überflüssigen« Funktionen ausgestattet und dazu angehalten, daß sie möglichst viele Funktionen wahrnehmen (können). Diese Forderung ist bereits in autonomen Arbeitsgruppen, Qualitätszirkeln, Job-rotation, Job-enlargement usw. aufgekommen. Sie hat zum Inhalt, daß eine Einheit oder Stelle multiple Fähigkeiten hat und flexibel und entwicklungsfähig ist, Rollen und Aufgaben ändern und mit möglichst wenig Hilfe oder Intervention von außen handeln kann.

William Ouchi (1981) hat m. E. sehr einleuchtend auf einen Unterschied im Karriereverlauf in westlichen und japanischen Firmen verwiesen. Dieser Unterschied entspricht weitgehend einer »Redundanz der Teile« und einer »Redundanz in den Teilen«. Im ersteren Falle geht es um die Entwicklung zum Experten, zum Spezialisten, im letzteren um eine »Wanderung« durch viele Funktionen, Abteilungen, Niederlassungen, Stellen usw. Ohne die Vorteile einer Spezialisierung zu vernachlässigen, weist er genau auf jene Schwächen hin, die m. E. Konsequenz einer Einschränkung der Verhaltensmöglichkeiten sind. Mitarbeiter, die ihre ganze Laufbahn in derselben Spezialisierung verbringen, entwickeln suboptimale Ziele, die sich auf die Spezialisierung beschränken, statt das Unternehmen als Ganzes zu sehen. Sie verlieren so die Fähigkeit, mit anderen Leuten umzugehen oder anderen Spezialisten wirksam zu helfen (vgl. Ouchi 1981, S. 32). Dabei kann es auch hier nicht um ein Entweder/Oder gehen. Spezialisierung beinhaltet sowohl seine Effizienzvorteile wie auch einen leichten Übergang in eine andere Institution mit denselben Spezialitätsanforderungen. Die Schwäche liegt jedoch darin, daß diese Mitarbeiter nie vollkommen miteinander integriert werden können. Sie können für eine Aufgabe zwar lose gekoppelt werden und sie können sich koordinieren. Dies geht aber nur so lange, bis ein Verständnis notwendig ist, das über die eigene Spezialisierung hinausgeht (vgl. Ouchi, 1981, S. 36). Dieser Grundsatz der Spezialisierung ist fast generell in der Organisation und in den Karrierepfaden zu verfolgen. (Dieser Kritik müssen sich auch die meisten Ausbildungsprogramme für Betriebswirtschafter und deren Stellungen in einer Unternehmung beugen, ebenso die Spezialisierungstendenzen im akademischen Forschen und Lehren). Nur wenige Unternehmungen pflegen m. E. bewußt ein Erlernen verschiedener Funktionen und Zusammenhänge von Grund auf. Ein derartig angelegtes »Herumwandern« bringt mit sich, daß die Mitglieder eher stärker in die Kultur eingebunden werden, es jedoch schwieriger haben, in andere Unternehmungen zu wechseln. »Holistische« Prinzipien, die hier zugrunde liegen, tendieren m. E. eher zur Auffassung eines komplexen Menschen und zur Behandlung des Anderen als ganzheitlichen Menschen. Eine Institution, die einer ganzheitlichen Philosophie folgt und ihre Mitarbeiter anhält, sich gegenseitig als ganze menschliche Wesen zu sehen, produziert einen kontextuellen Bedingungsrahmen, in dem eine Aufhebung der Individualität unmöglich ist, Autokratie unwahrscheinlich ist und offene Kommunikation, Vertrauen und Zugehörigkeitsgefühl gängig sind (vgl. Ouchi 1981, S. 80).

In einem amerikanischen Spital fand ich eine Regelung, die dem Prinzip der Redundanzerhöhung in den Funktionen der Teile gewidmet war. Nach einer gewissen Anzahl von Jahren erhalten die Topmanager die Gelegenheit zu rotieren; diese Gelegenheit ist in den 80er Jahren von der Hälfte der Mitglieder genutzt worden. Außerdem haben die Mitglieder der Geschäftsleitung gemeinsam mit dem Controller, dem Informationschef und

(50) Vgl. dazu die Unterscheidung der »Redundanz der Teile« und der »Redundanz *in* den Teilen« bei Emery (1967), Emery & Trist (1973), Trist (1981a, b), Morgan (1982, 1986), Morgan & Ramirez (1983), Ramirez (1983).

dem Vorsitzenden ihre Büros um einen großen Aufenthaltsraum herum angeordnet und eine Politik der offenen Tür. Die Erfahrung zeigt, daß so sehr viele Informationen ausgetauscht und Entscheidungen gemeinsam oder in unmittelbarer Kenntnis der Anderen getroffen werden. (In ähnlicher Weise lassen sich die Beispiele der patientenorientierten Pflegeteams und Rotationsprinzipien im Management von Unternehmungen im Lichte der Redundanz in den Funktionen verstehen).

Eine Redundanz in Ganzheit, Teilen und Interaktionen führt uns von hierarchischen zu heterarchischen Idealen, von der Konzentration auf wenige Entscheidungseinheiten zu einer Verteilung des Potentials (»Intelligenz«) und einer Nutzung der über das System verteilten Kreativität, Gestaltungs- und Lenkungsaktivitäten. Es werden nicht einige wenige als Organisatoren und Manager betrachtet, sondern die Fähigkeiten möglichst vieler Betroffener gefördert und genutzt.

Eine Konsequenz ist, daß Organisieren eine interaktive, partizipative Aktivität wird. Das Ziel ist nicht eine letzte, detaillierte und permanente formale Struktur, sondern die *Entwicklung* der Beteiligten. Damit entfällt nicht der Nutzen oder die Bedeutung von Organisationsdokumenten als Output oder Resultat. Jedoch wird der »Nutzen« des Engagements, des Eingebundenseins, der Mitgestaltung und des Lernens realisiert und hoch gewertet. Dies ist eine Erscheinung, die vielen Praktikern bewußt ist und teils auch in Anmerkungen theoretischer Ansätze erwähnt wird. Ihre Bedeutung ist aber kaum genügend gewürdigt und die partizipative Konsequenz selten realisiert worden. Prozesse werden wichtiger als *die* Struktur. Entwicklung ist in bedeutend größerem Maße durch ein interaktives Organisieren (durch den Einbezug der vom Organisieren potentiell Betroffenen) zu erreichen, als durch Informationen über das Resultat oder eine auf die Implementierung von Organisationsplänen beschränkten Einbeziehung der Betroffenen. Es ist immer besser für sich selbst zu organisieren als von jemand anderem organisiert zu werden (auch wenn diese »Organisation« noch so gut wäre und auch wenn das Organisieren der Beteiligten nicht »optimal« ist). Organisationsinstrumente behalten ihre Bedeutung und Wirkung, jedoch sind sie nicht wichtiger als die Prozesse selbst. (51)

Die Rolle des Organisators ändert sich dahingehend, daß er nicht mehr für die Anderen organisiert (womit er Entwicklungsmöglichkeiten, d.h. einen Gewinn an Wissen, Können und Verstehen zerstören oder ausschließen würde). Vielmehr fördert, unterstützt, erleichtert und verbessert er (Selbst-)Organisieren, (damit die Beteiligten effektiver und effizienter organisieren können). Die Resultate mögen letztlich nicht eine andere Lösung zeigen, als sie von einem Organisator entworfen und per Dekret der Unternehmungsleitung, der Spitalleitung oder einer politischen Instanz eingeführt wird. Jedoch wird das Wissen um organisatorische Zusammenhänge und Hilfsmittel, das Können in den gestalterischen Tätigkeiten und das Verständnis für das Geschehen und Verhalten im/des Systems verteilt und wesentlich erhöht. Die Beteiligten *lernen*, wie ihre Entscheidungen und Handlungen auf das Ganze, die Teile und die Interaktionen einen Einfluß haben und wie das Verhalten oder die Leistung des Ganzen sie selbst betrifft und beeinflußt. Sie *finden* Wege und Möglichkeiten, sich selbst zu entwickeln oder zu verbessern und Entwicklungsmöglichkeiten zu realisieren.

Wie die Idee der Redundanz in den Teilen und Interaktionen das Denken und Organisieren prägen kann, konnte ich am Beispiel des Qualitätsmanagement einer Unterneh-

(51) R.L. Ackoff hat bereits mehrfach im Rahmen der interaktiven Planung gezeigt, daß eine breite Partizipation im obengenannten Sinne »organisiert« werden kann, sowohl in Unternehmungen, öffentlichen Institutionen und Gemeinwesen/Nationen (vgl. Ackoff 1981; Ackoff et al. 1985; Ackoff & Gharajedaghi, in Vorbereitung). Eine besondere Gelegenheit ist, in Projekten des interaktiven Planens und Organisierens die Gewißheit zu erlangen, daß man sich einer solchen Idealisierung nähern kann.

mung im Konstruktionssektor erfahren. Im Rahmen eines Forschungs- und Ausbildungsprojektes analysierten wir Qualitätsmanagement als Erfolgspotential (vgl. Probst 1983). Derartige Potentiale müssen kontinuierlich aufgebaut, gepflegt und genutzt werden. Im ersten Moment denkt man an die Qualität der Produkte im Markt, denen ein bestimmter Verwendungszweck zukommt. Im Qualitätskontext geht es jedoch nicht nur um die Endprodukte, sondern auch um die Technologien, das Mitarbeiterpotential und in besonderem Maße die Führungssysteme. Aufbau, Erhaltung und Entwicklung eines Erfolgspotentials ist eine Managementaufgabe, die sich nicht isoliert von einer Stelle oder einer Abteilung gestalten und lenken läßt. Das Erreichen eines Qualitätsniveaus, die Qualitätsförderung und -sicherung sind weit komplexerer Natur, als daß sie von einer Qualitätskontrollstelle erfüllt werden könnten. Stichprobenverfahren in der Rohstoff-, Halb- oder Fertigfabrikatebeschaffung, Kontrollorgane in Entwicklung, Produktion und Absatz, und qualitätsmotivierte Mitarbeiter sind eine Seite; auf der anderen Seite stellt die Führung der Qualität und das entsprechende Instrumentarium auf allen Stufen eine Komplementärforderung dar. Qualitätssicherung muß im Lichte einer Redundanz in den Teilen und Interaktionen zum Qualitätsmanagement über das ganze System verteilt werden und kann nicht einfach einer Kontrollstelle zugeordnet werden. Einer engen und traditionellen Qualitätskontrolle setzte diese Unternehmung ein Führungskonzept entgegen, in welchem Qualitätssicherung integraler Bestandteil aller Funktionsbereiche und Prozesse ist und somit Teil des Führungssystems (Unternehmungspolitik, Planung, Disposition, operative Prozesse und Informations- und Kommunikationssystem), der Führungsmethodik, des Führungspotentials und des Organisationskonzeptes (vgl. Siegwart & Seghezzi 1983).

Eine engere Auffassung der Qualitätssicherung konzentriert sich dagegen auf folgende Aspekte:

- Kontrolle der Rohmaterialien, Halbfertig- und Fertigprodukte.
- Kontrolle des Herstellungsprozesses in der Produktion. Diese ist meist mitarbeiterbezogen (Geschicklich-, Fähigkeit etc. des Mitarbeiters) und nicht systembezogen. (52)
- Nutzung kostenintensiver Meß- und Testtechniken.
- Überproportionale Verantwortung der Qualitätsspezialisten.
- Mittel der Diagnose und Inspektion statt Prävention.
- Je mehr Inspektoren desto besser die Qualitätssicherung.

Hierbei wird schlicht die Herstellung und/oder der Vertrieb von Produkten verhindert, die den genau festgelegten Qualitätsvorschriften nicht genügen. Häufig kümmert sich das mittlere und obere Kader wenig um die Qualitätssicherung, ebensowenig tun dies die ausführenden Organe. Dies ist weitgehend auf eine historische Konsequenz der Entwicklung zu Qualitätstechnikern zurückzuführen (vgl. Seghezzi 1985; Masing 1983). Die Kosten einer solchen *Qualitätskontrolle* sind nicht zu unterschätzen. Sie entsprechen hier etwa dem Verhältnis der Forschungs- und Entwicklungs-Kosten zum Umsatz oder zu den Abschreibungen. Dabei werden die Verschwendung knapper Ressourcen oder die zusätzlichen Kosten für die Aufbereitung oder Umarbeitung schlechter Teile noch nicht berücksichtigt. Eine derartige Qualitätskontrolle ist außerdem nur zustandsbewahrend und in keiner Weise innovativ, motivierend und kreativitätsfördernd.

Konzeptuell wurde im Lichte des Qualitätsmanagements daher

1) eine Lokalisierung der Qualitätsaspekte in der ganzen Unternehmung angestrebt, die alle ausführenden und führenden Tätigkeiten umfaßt;
2) eine ganzheitliche Erfassung der Qualitätssicherungsprozesse angestrebt, die sich nicht auf die Kontrolle beschränkt; und

(52) Vgl. dazu besonders Crosby (1979, 1984), Houghton (1985) und Goodwin (1984).

3) eine Kenntnis und Nutzung der Qualitätstechniken, -überwachung und -motivation im gesamten System gefördert.

Statt mit dem Engineering der Spezifikationen beginnen wir also mit den Kundenbedürfnissen und den Eignungsgraden für einen bestimmten Verwendungszweck. Dabei sollte es nun gerade nicht darum gehen, alle Führungskräfte und Ausführenden zu Spezialisten zu machen. Es erwächst jedoch eine Verantwortung für die Qualität, eine Notwendigkeit, Qualitätsvorstellungen zu formulieren, relevante Informationen zu interpretieren, zu nutzen und weiterzugeben. Organisatorisch wurden *Einheiten* gebildet, die für die Qualitätssicherung, -dokumentation, -audits und -verbesserung von Tätigkeiten und Outputs sinnvollerweise zusammengehören. In einer Art von Qualitätszirkeln werden die Probleme der Zielbestimmung, -erreichung und -überprüfung behandelt. Verkaufsleute erhielten adäquate und zeitgerechte Informationen, wurden im Wissen über die qualitativen Aspekte geschult und lernten Informationen zu erfassen und zurückzumelden. Ebenso änderten sich die Stellung und die Aufgaben der Spezialisten, die sich nun mehr der Beratung und Unterstützung (einer Servicefunktion), der Vermittlung von Wissen und der Entwicklung und Aufrechterhaltung eines vernetzten Qualitätssicherungssystems widmen können.

Qualitätsmanagement wird im Lichte des Selbstorganisationskonzeptes zum kontinuierlichen Prozeß des Experimentierens und Lernens und zu einem interaktiven (oder partizipativen) Führungsprozeß. Eine Philosophie der Qualitätskontrolle folgt dagegen eher einer »Top-Down-Vorstellung«, die einem bürokratisch-arbeitsteiligen Ansatz zugeschrieben werden kann. In einem Bericht über ein ähnliches Projekt schreibt Houghton (vgl. 1985, S. 31), daß ein Erfolg nur dann verzeichnet werden kann, wenn das Management eines Systems als Ganzheit sich dafür einsetzt und verpflichtet fühlt. Eine solche Verpflichtung umfaßt die Entscheidung für einen partizipativen Führungsstil, die offene Kommunikation über die notwendigen Informationen für das Qualitätsmanagement, die Akzeptanz und Ausbildung der Beteiligten/Betroffenen in den redundanten Funktionen und ein durchgehendes Verständnis und konsequentes Anwenden der grundlegenden Philosophie von der obengenannten Entscheidung über die Implementierung bis zur Sicherstellung des Qualitätsmanagements. Dazu kommt die Voraussetzung, daß den Beteiligten die Freiheit gegeben ist, zu experimentieren, innovativ neue Wege zu beschreiten und Fehler zu machen (wenn auch innerhalb gegebener Grenzen). Außerdem müssen ein offenes und aktuelles Kommunikationsnetz gepflegt werden (bereits um Qualitätsmanagement einführen zu können), die relevanten Informationen zur Verfügung stehen (inkl. der finanziellen Resultate), Aufgaben, Verantwortung und Kompetenzen entsprechend erweitert und ein Klima des Vertrauens geschaffen werden. Qualitätssicherung wird so zu einer integrierten, über das System verteilten statt einer isolierten Funktion (vgl. ähnlich McMillan 1982).

Dem Prinzip der Redundanz in Teil und Ganzheit haben sich von der theoretischen Seite her vor allem Fred Emery und Eric Trist (1973) und Gareth Morgan (1983, 1986) gewidmet. Von besonderem Interesse sind für uns die Anwendungen in den Beispielen soziotechnischer Systemberatung. Der Schwerpunkt liegt hier zwar bei den Arbeitsgruppen, jedoch bestehen auch Beschreibungen von Studien in makrosozialen Systemen (z.B. Jamestown, Norwegen) und in Institutionen (z. B. Shell U. K., Shell Can., Alcan u.a.; vgl. auch Fallbeschreibungen bei W. R. Bion, A. B. Cherns, L. E. Davis, F. E. Emery, P. G. Herbst, C. P. Hill, E. J. Miller, M. Murray, S. King, E. L. Trist; eine gute Übersicht und auch eine Darstellung der Grenzen und »Mißerfolge« bietet Trist 1981a, b; Trist et al. 1963 und Miller 1963 enthalten vielfältige Fallsammlungen).

Außerdem hat die Literatur zu neuen Organisations- und Arbeitsformen in den 50er und 60er Jahren zu Job Enlargement, Job Enrichment, Job Rotation, Autonomen Arbeitsgruppen, Kooperativer Führung, Partizipation usw. bereits Ansätze des Prinzips der Redundanz von Funktionen aufgenommen (vgl. F. Herzberg, G. Westerlund, T. Burns, G. Stalker u.a.). Diese Studien konzentrierten sich weitgehend auf den individuellen

Arbeitsplatz und nicht auch auf kollektive Systeme. Außerdem waren diese Organisationsformen häufig nicht das Resultat eines interaktiven, partizipativen Gestaltens, sondern das Resultat von Entwürfen und Implementationen durch Experten.

9.4 Systemgrenzen und Identität - oder: Der Umgang mit relativ autonomen Systemen

Über die Systemgrenzen und die Identität eines sozialen Systems und besonders eine Erhöhung oder Einschränkung der Autonomie zu reflektieren, kommt m. E. am besten in unternehmungspolitischen und strategischen Prozessen (inkl. der Organisationsplanung) zum Ausdruck. Hier liegt der Versuch vor, ein System in seiner Umwelt zu positionieren, seinen Zweck zu formulieren und die Richtung auf idealisierte Ziele hin festzulegen. Politik und Pläne sind dabei nicht ein für allemal festzulegen, sondern kontinuierlich oder periodisch zu überdenken und zu interpretieren. Es ist daraus immer wieder abzuleiten, welche Anpassungen vorzunehmen sind, wie auf die Umwelt Einfluß zu nehmen ist und welche Entwicklungspotentiale zu fördern sind. Dabei präsentiert sich die Idee der operationellen Geschlossenheit bspw. deutlich in der wechselseitigen Interaktion von Formierung und Realisierung von Absichten und Kultur (vgl. Gomez & Probst 1985; Ulrich et al. 1985a; Probst 1983; Ulrich & Probst 1982; Ulrich 1978).

Nun kann es bei Gestaltungsmaßnahmen in selbstorganisierenden Systemen oder in der Folge des Prinzips der Autonomie nicht darum gehen, Teile und Beziehungen im Detail zu determinieren. Vielmehr erscheint es sinnvoll, einen Kontext zu schaffen, der einem System erlaubt, seine eigene Gestaltung zu finden und erfahren. Es sind also Bedingungen zu schaffen, die innerhalb gegebener Bahnen eine Entwicklung kohärenter Prozeßmuster erlauben. Dazu ist ein Minimum an Regeln und nicht ein Maximum an Regelungen und Vorgehensschritten notwendig. Es sind Möglichkeiten offenzuhalten. In diesem Sinne sind m. E. die Forderungen von Herbst (1962, 1976), Trist (1981a, b), Emery & Trist (1973) und Emery (1974, 1976) im Rahmen von (autonomen) Arbeitsgruppen oder jene allgemeinen Prinzipien von Heinz von Foerster (1981, 1984a) zu verstehen. Eine minimale Festlegung der kritischen Regeln ermutigt die Beteiligten, darüber zu reflektieren, was passiert, die »Dinge« neu zu interpretieren, konkurrierende Ideen und »Theorien« zu überprüfen, flexibel und offen für Möglichkeiten und damit entwicklungsfähig zu bleiben. In der Kybernetik wurde mehrfach darauf hingewiesen, daß häufig weniger die zu erreichenden Formen, Handlungen oder Ergebnisse festzulegen sind, als vielmehr was zu vermeiden ist (vgl. Bateson 1981; Morgan 1986). Statt der Bestimmung eindeutiger Ziele kann es sinnvoller sein, Zustände auszuschließen (vgl. »residual pattern« bei Wiener 1948) oder unerwünschte Systemzustände zu vermeiden (vgl. »avoidance of negatives« bei Morgan 1983).

Statt detaillierten unternehmungspolitischen, strategischen oder organisationsplanerischen Dokumenten mit klar definierten Zielen und ausgeklügelten Aktionsschritten ist dann eher ein Raum zu schaffen, der definiert, innerhalb welcher Schranken gehandelt werden kann und in welche Richtungen es gehen soll. Dies bedeutet nicht, daß die genannten Instrumente obsolet werden, sondern sie erfahren eine andersartige Definition. Pläne werden zu idealisierten Vorstellungen, von denen aus wir rückwärtsschauend interpretieren, was getan werden kann, um einem Ideal näher zu kommen. So kann in einem Planungsdokument etwa deutlich gemacht werden, daß generell keine Intervention in die Geschäftseinheiten stattfindet und die Ausnahmen werden abschließend aufgezählt. Damit ist der »Spielraum« eventuell in genügender Weise definiert.

Im japanischen Ringi, der kollektiven Entscheidungsfindung, wird dieses Prinzip so angewendet, daß von grundlegenden Prozessen der Erfassung, der Reflexion und des Verstehens der Werte ausgegangen wird, innerhalb derer ein System operieren soll. Wenn diese verstanden werden, dann leiten sie im täglichen Geschehen zu den relevanten Zielen (vgl. Ouchi 1981, S. 39ff.; Morgan 1986, S. 77 ff). Dies ist natürlich auch der Sinn der Anwendung von Wertvorstellungsprofilen im unternehmungspolitischen Prozeß bei Ulrich (1978) oder in Planungsprozessen bei Ackoff (1981). Diese Dokumente sind Ausdruck der Werte oder Kultur einer Unternehmung. Die Formulierung einer Unternehmungspolitik, besonders aber der Zwecksetzung, oder einer Organisationsphilosophie nimmt meist deshalb so viel Zeit in Anspruch, weil Werte zur Diskussion stehen, die der Systemabgrenzung dienen (vgl. dazu bspw. die Beschreibung des Zwecksetzungsprozesses im Mount Sinai Hospital in Peters & Tsung 1983, S. 223ff.).

In der Systemabgrenzung, Identitätsbildung und Aufrechterhaltung der Autonomie liegen auch Gefahren, bspw. Rigiditätserscheinungen in formulierten Zielen und Zwecken oder abgeleiteten Verhaltensweisen. Gerade deshalb ist jedoch Unternehmungspolitik, Planen oder Organisieren ein permanenter oder zumindest periodisch häufiger Prozeß. Es geht darum, einen Kontext zu schaffen, der die Bildung eines kohärenten, auf sich selbst bezogenen Struktur- und Prozeßmusters erlaubt, das immer wieder überdacht, in Frage gestellt, überprüft, revidiert und angepaßt oder neu entworfen wird.

Die Basis jeder komplexen, übergeordneten Ganzheit sind relativ autonome Teile oder Ganzheiten. Diese haben ihre ihnen eigene Umwelt, stellen ein operationell geschlossenes Netzwerk der Leistungsproduktion dar und sind als System selbstgelenkt (»lenkig«). Solche sozialen Einheiten grenzen sich gegenüber einer bestimmten Umwelt ab und rechtfertigen die Ausstattung mit der gesamten Infrastruktur und den Ressourcen: Personal, Management, Know How, Technologien usw. Es wird deshalb häufig metaphorisch von lebensfähigen Systemen gesprochen. Als lebensfähige Systeme werden im Unternehmungsbereich grundsätzlich strategische Geschäftsfelder oder Produkt-Marktzentren ausgegliedert. Damit wird jedes Geschäftsfeld zu einer operationellen Einheit, das Zugang zu und steigende Kontrolle über Ressourcen hat, die zu einer Gründung einer Unternehmungseinheit Anlaß geben. Dabei müssen wertschöpfende Produkte oder Dienstleistungen erstellt werden können, die bezüglich der Kosten konkurrenzfähig und bezüglich Qualität auf dem Markt wettbewerbsfähig sind.

Lebensfähigkeit und letztlich Entwicklung erfordern die Erhöhung und Verbesserung der finanziellen, technologischen, unternehmerischen und menschlichen Ressourcen innerhalb eines integrierten und konsistenten Rahmens. Ein lebensfähiges soziales System ist so zu gestalten, daß es als Ganzheit eine Richtung und eine Koordination in der Entwicklung erfährt. Dieser Rahmen ist nicht statisch, sondern evolviert mit dem System.

Damit sind folgende Punkte besonders zu beachten:

■ ***Systemabgrenzung auf verschiedenen Ebenen***

Die Frage der Systemgrenzen, Identität und Autonomie stellt sich häufig auf verschiedenen Ebenen. So ist es nicht nur sinnvoll vom Systemganzen, sondern in holistischer Weise auch von relativ autonomen Subsystemen auszugehen, die in sich wieder überlebende, lebensfähige und entwicklungsfähige Ganzheiten darstellen.

Die Zuordnung einer eigenen Umwelt, der Leistungsproduktion eines operationell geschlossenen Netzwerkes und der Lenkungsfähigkeit sind maßgebend.

■ ***Autonomie und Integration***

Autonomie und Integration sind komplementär und zu balancieren. Die Autonomie ist im Lichte des umfassenderen Ganzen auszugestalten und eventuell zu verändern (vgl. Gomez 1981). So erweist es sich, daß in den Phasen des Überlebens, der Lebensfähigkeit und der Entwicklung und in entsprechenden Organisations- und Planungsprozessen, Autonomie verschieden ausgeprägt und eingeschränkt oder erweitert wird.

Die Interventionsgründe einer Gesamtführungsebene nehmen im Übergang vom Überleben zur Lebensfähigkeit und zur Entwicklung ab. So steigt bspw. die finanzielle Selbstverwaltung und -lenkung und es bilden nur mehr minimale integrative Schlüsselfaktoren die Grundlagen für die interaktiven Lenkungsprozesse zu einem übergeordneten Ganzen (bspw. Cash Flow, Kreditmanagement, Investitionsmanagement usw.).

■ ***Durchlässigkeit der Grenzen***
Die (kontinuierliche) Ausgrenzung des Systems (was gehört dazu, was ist auszuschließen) darf nicht zu einem rigiden, geschlossenen Muster werden, das Informationen, Verhaltensänderungen, Wertewandel usw. nicht mehr aufnimmt, reflektiert und verarbeitet.

■ ***Respektierung der Grenzen***
Die Grenzen des Systems können zu locker oder schlecht definiert oder definierbar sein, so daß das System sich nicht selbst erhalten kann. Nur wenn die interaktiven, selbstreferentiellen Grenzen respektiert werden, können Prozeßmuster entstehen, sich erhalten und entwicklen. Die Schaffung eines Kontextes, die Ermutigung und Unterstützung im umfassenden System sind Notwendigkeit. Autonome Systeme können nicht allein gelassen werden. Sie benötigen die Unterstützung des umfassenderen Systems für die Grenzziehung und -aufrechterhaltung. Eine empirische Studie zeigte, daß die Hauptgründe für die vielen Fehlschläge von autonomen Arbeitssystemen nicht in deren Funktionieren, Effektivität und/oder Effizienz lagen, sondern in der meist fehlenden Unterstützung im übergeordneten System (vgl. Pava 1979; vgl. auch die Berichte über die »Fehlschläge« oder Projektabbrüche in den Kohlenminen bei Trist 1981a, S. 40ff. und 1981b, S. 29ff.).

In Spitalanalysen hat es sich im Rahmen von (Re-)Organisations- oder Planungsprojekten in meinem Erfahrungsbereich als sehr hilfreich erwiesen, sich intensiv mit Autonomie und Systemgrenzen auseinanderzusetzen und bspw. »Muster« oder zusammenhängende Netzwerke zu bilden, eventuell unabhängig der gegebenen Organisationsstruktur. Dies gilt nicht nur für departementale und klinische Einheiten, sondern auch für die Bildung von patientenorientierten Pflegeeinheiten, Planungsgruppen, Qualitätszirkel usw. So hat es sich bewährt, vorerst unabhängig vom Organigramm verschiedene Leistungsbereiche zusammenzuführen und in entsprechenden Task-Force-Gruppen dann bspw. Planungsaufgaben an die Hand zu nehmen. Eine erste Frage ist dabei nicht nur, welche »Muster« oder »Netzwerke« zu formen, welche bestehenden aufzulösen oder umzubilden sind, sondern auch, ob wir möglichst viele oder wenige »Netzwerke« wollen. Automatisch ist mit der Bildung von relativ autonomen Einheiten die Problematik der operationellen Schließung verbunden. Dazu kommt die Schaffung einer starken Identität und die Ausstattung mit den notwendigen Ressourcen (bspw. repräsentativer Vorgesetzter, eigenes Management, klare Funktionsabgrenzung) usw. Die Bildung von Leistungsgruppen für die Systemabgrenzung gestattet gleichzeitig eine integrative Sicht um den Patienten, statt eine zergliedernde.

Im Rahmen verschiedener Workshops zum Thema »Organisation des Departementes Innere Medizin« eines Schweizer Spitals entwickelten wir in interaktiven Prozessen in der Spitalleitung (Mitglieder der administrativen, pflegerischen und medizinischen Leitung), einer erweiterten Spitalleitung und den Beteiligten (Ärzteschaft und Pflegedienst) des Departementes verschiedene Alternativen relativ autonomer Teilsysteme im Departement. Diese Alternativen wurden anhand von eingangs in denselben Arbeitsgruppen entwickelten Schlüsselfaktoren für die Bildung und Beurteilung »idealer« autonomer Ganzheiten beurteilt und diskutiert. Auf die interaktiven Vorgehensprozesse und den Ablauf soll hier nicht weiter eingegangen werden. Von Interesse sind jedoch die Alternativen oder Musterbildungen und die Kriterien.

Die bedeutendsten Kriterien waren:

- Integrative Betreuung des Patienten;
- Gewährleistung der erforderlichen Ausbildung von Assistenten und Pflegedienst;
- Zweckerfüllung des Departements (Effektivität);
- Synergieeffekte, bzw. integrierte Wirkung im medizinischen Bereich;
- interne Verteilung/Triage-Erleichterung;
- geringes Spannungs- und Konfliktpotential (Kultur) u.a.

Für die Bildung relativ autonomer Einheiten (Kliniken) ergaben sich verschiedene sinnvolle Kombinationen, die situativ an den Kriterien zu bewerten sind.

Es zeigt sich häufig, daß es sinnvoll sein kann, verschiedene Alternativen relativ autonomer Einheiten zu überprüfen und dabei auch Extremvarianten zu diskutieren, für die sich eventuell kaum ein Kontext schaffen läßt, um solche Einheiten je zu erreichen (kohärentes Netzwerk, Identität, Ressourcen usw.) und zu einem Ganzen zu integrieren.

In ähnlicher Weise stellte sich eine Spitalleitung beim Überdenken der Organisation die Grundfrage, welches sinnvolle autonome Einheiten sind und wie sie als Ganzes interagieren. Als Kriterien für die Ausgrenzung relativ autonomer Einheiten definierten wir:

- Bestimmbare eigene Servicepopulation,
- Bedürfnisse der Patienten,
- Krankheitsbilder,
- relativ autonome Führbarkeit und sinnvolle Ausstattung mit Ressourcen,
- genügendes Volumen an Eingriffen,
- eigene Technologien und/oder Know How,
- eigene Therapien, Strategien usw.,
- Zurechenbarkeit der Kosten.

Der Notfalldienst und die Intensivstation erwiesen sich als kritische Teile. Der zentrale Notfalldienst wurde als wenig autonom und mit geringer Identität beschrieben. Er ist so in das Ganze eingebettet, daß er der Spitalleitung direkt unterstellt ist, um die klinik- und departementsüberschreitenden Funktionen zu betonen. Die Idee eines gemeinsamen Dienstes und der Servicefunktion steht im Vordergrund. Er ist aber nicht für sämtliche Kliniken zuständig (ausgeschlossen sind Augenklinik, ORL, Gynäkologie und Geburtshilfe, Kardiologie und Gesichtschirurgie, die eigene Notfallorganisationen haben).

Bereits die Geschichte zeigt eine von Grund auf verzettelte und unvollständige Funktion und Ausgrenzung: Räumlichkeiten in verschiedenen Gebäuden; verschiedene Teams für die Notfallaufnahme - besonders nachts und an Wochenenden; Unklarheit und ständiger Wandel in der Frage der Triagefunktion und -verantwortung (z.B. durch Krankenschwester, Assistenzarzt usw.); fehlende Einrichtungen und personelle Voraussetzungen bei einzelnen Teams wie bspw. spezielle Operationsabteilung und entsprechend ausgebildete Equipe; fehlende personelle Permanenz bei den Ärzten; rotierende Assistenzärzte und Oberärzte, die auch noch Nebenfunktionen erfüllen; Unklarheit und Unsicherheit über die Zuständigkeit zwischen Notfall und Kliniken und ungenügend geregelte Unterstellungsverhältnisse.

Im letzteren Falle war die Unterstellung zwar insofern klar, daß die Ärzte immer der entsprechenden Klinik unterstellt waren, jedoch führte dies bei ihren Arbeiten im Notfalldienst immer wieder zu Konflikten. Fehlende Kontinuität, Ausstattung mit Mitteln, Wissen und Können und eine Identitätskrise prägten den Notfall. Flexibilität und Kontinuität wurden im Prinzip nur durch ein hochqualifiziertes Pflegepersonal erreicht. Ansonsten zeichnete sich der Notfall jedoch durch mangelnde ärztliche Führung, ungenügende Regelung der Zuständigkeit der einzelnen Kliniken, die fehlende Kontinuität im ärztlichen Dienst und eine unvollständige Ausstattung aus. Um den wachsenden Anforderungen der Servicepopulation gerecht zu werden, aber auch um eventuellen privaten Initiativen gegenüber »wettbewerbsfähig« zu sein, wurden Fragen der Systemabgrenzung, -gestaltung und -ausstattung als relativ autonomes System - das eine klare Dienstleistungsfunktion für das Spital als Ganzes und die entsprechenden Kliniken hat - aufgeworfen und eine Reorganisation in diesem Sinne eingeleitet.

Im selben Fall wurde festgestellt, daß die Intensivstation sich sehr klar abgrenzt, eine ausgeprägte, eigene Subkultur und Identität aufweist und Gefahr läuft, sich in unerwünschter Weise zu isolieren. Eine hohe Permanenz der Mitarbeiter, der Stolz einer elitären Gruppe anzugehören, eine klare und starke Führung, gemeinsame, ausgeprägte Wertprofile usw. wirkten sich dahingehend aus, daß eine offensichtliche Schließung entstand, die Systemmitglieder sich absonderten und andere Teile unbefriedigt bezüglich Information und »ihrer Ideen« der Servicefunktion ließen.

In ähnlicher Weise konnte ich die Frage der Autonomie des Notfalls mit dem Top-Management eines amerikanischen Spitals behandeln. Hier gelangten wir in Arbeitsgruppen zum Schluß, daß das bestehende Notfall-Departement in seiner Autonomie gestärkt und als »Spital im Spital«, als autonomer Teil eines größeren Ganzen, gestaltet werden und in die Planung eingehen soll. Das Akutspital (über 300 Betten) war seit 1982 in einem kontinuierlichen Reorganisations- und seit 1984 in einem neuerlichen langfristigen Planungsprozeß. In den »Arbeitsgesprächen« ging es vor allem um die Umsetzung der Ziele und Ergebnisse des Langzeitplanes für das folgende Jahr. Extensive Analysen waren im Rahmen der Planung vorausgegangen, die die historische Nutzung von Dienstleistungen, das Profil der medizinischen Mitarbeiter (Pflegedienst und Ärzte), Herkunft der Patienten, demographische Veränderungen und Profile der umliegenden Gemeinden, einen Konkurrenzvergleich mit den Spitälern im relevanten Einzugsgebiet, eine Analyse der Marktanteile und die Evaluation externer Einflußfaktoren umfaßte. Ein besonderer Schwerpunkt stellte der Notfall dar.

Der Notfall sucht sich heute als Geschäftseinheit zu vermarkten und ist stolz, eine Einheit zu bilden. Dem war nicht immer so. Noch vor kurzem bestand die Notfallmannschaft aus Ärzten fremder Nationen mit Ausbildung im Ausland oder an weniger geschätzten Instituten. Häufig ergaben sich Sprachprobleme, Kommunikations- und Integrationsschwierigkeiten mit anderen Teilen des Spitals. In den letzten Jahren hat sich dies fast schlagartig geändert. Der Notfalldienst wurde zu einer wichtigen Spezialrichtung, paramedizinische, einst wenig beachtete Dienstleistungen, führten zu einer wachsenden Aufnahme von Patienten und es wurde erkannt, daß ein solches Departement auch profitabel organisiert werden konnte. Das Departement hat einen permanenten, hochqualifizierten Mitarbeiterstab an Ärzten, was für kein anderes Departement in diesem Ausmaß zutrifft. Als Direktor der Notfallmedizin steht einer der Ärzte vor, die alle Mitglieder einer Serviceorganisation sind, mit der das Spital einen Vertrag hat. Matrixartig führt ein Departementsverwalter (ein Mann aus dem Pflegedienst) die paramedizinischen Bereiche, die Ambulanzorganisation, kurzfristige ambulante Behandlungen und befaßt sich mit strategischen Fragen. (53)

(53) Es zeigte sich im Verlauf der Planung mehr und mehr, daß eine betriebswirtschaftliche Orientierung für diese Stelle notwendig wird, die sich vermehrt mit der strategischen Positionierung, Marktanalyse, Interaktion mit in Notfälle involvierten Institutionen, Organisationsfragen (z.B. Ambulanz, Ablaufprozesse, Trauma Center) usw. befaßt.

Der Notfall hat eine spezifische Umwelt und seinen eigenen Markt. Er kann als relativ autonomes Teilsystem ausgegrenzt werden und sich entwickeln. Die im letzten Jahrzehnt in der Region entstandenen freistehenden Notfallzentren sind als Geschäftsbereiche geplant und organisiert und stellen eine zunehmende Konkurrenz dar. Ist der Notfall eines mittleren oder größeren Spitals der Region im Durchschnitt etwa für 32% der Aufnahmen von Patienten ins Spital verantwortlich, so bestreitet er in diesem Spital gar 43%.

Eine Marktanalyse hat gezeigt, daß der Notfall als Stärke gesehen wird und eine zusätzliche Steigerung an Patientenaufnahmen möglich scheint. Seit 1980 sind die Aufnahmen über den Notfall massiv angestiegen. Ein Teil davon ist schlicht und einfach auf die zunehmenden Konsultationen zurückzuführen; der Prozentsatz der ins Spital eingewiesenen Patienten aller Notfallkonsultationen ist fast konstant geblieben (zwischen 13 und 14%). Nahezu 50% der Notfallpatienten kamen aus der Gemeinde, in der das Spital lokalisiert ist, wovon 75 - 85% dieser Patienten aus dem primären Servicegebiet sind. Dieses Profil entspricht den Erfahrungen und Situationen von amerikanischen Notfallorganisationen, bedingt durch die Anfahrtszeit in Relation zur Dringlichkeit einer Behandlung.

Die freistehenden Notfallstationen als zusätzliche Konkurrenz und die zunehmende Bedeutung für die Patientenaufnahme ins Spital erfordert vom Departement ein Überdenken der Leistungen (Art des Notfalls, politische Entscheidungen), eine Überprüfung neuer Leistungen, Ideen und Wege, die Gewährleistung und Verbesserung der Qualität, das Angebot von Zusatzleistungen, eine Evaluation der Kompetenzen, der physischen Anlage (Größe, Räume usw.) und organisatorischer Maßnahmen.

Daher wurde das Departement besonders angehalten, eine sorgfältige Planung zu durchlaufen und die Beteiligten intensiv zu integrieren. In Planungsgruppen wurden für das kommende Jahr folgende Aspekte erarbeitet und interaktiv mit der Departements- und der Spitalleitung diskutiert: Erfahrungen für Patienten und Angehörige im Notfall (Reaktionszeit für ärztliche und zusätzliche Dienstleistungen), Einrichtungen, Nachbehandlung und Überwachung, Verträge mit Ambulanzunternehmen, Ausbildungsprogramme, Marketing in Einkaufszentren, kommunalen Organisationen usw., primäre Pflegeabteilung in der Nähe des Notfalls, Ausbau des Kardio-Notfalls für ein umfassenderes Leistungsangebot und entsprechendes Marketing u.a.

Verschiedene organisatorische Maßnahmen sind sofort eingeleitet worden, um die Stellung des Departementes zu sichern und zu verbessern. Die Abläufe (Aufnahme, Triage usw.) und die Aufgaben, Vorgehensweisen und Kompetenzen des administrativen Leiters wurden überdacht und revidiert. Die geplanten Aktionen in Richtung auf Joint-Ventures zwischen Spital, medizinischen Personen und Institutionen und/oder »Vermittlern« von Patienten zeigten schnell Möglichkeiten und Erfolge, und ein erstes Joint-Venture mit einem freistehenden Notfall-Zentrum konnte in die bestehende Organisation integriert werden. Auf ein Trauma-Zentrum wurde verzichtet, weil damit ein vollkommen anderes Image und eine neue Identität verbunden wäre. Es bestünde gar die Gefahr, daß die Patientenzahl sinkt, weil man sich vor einer zu »hochdotierten« Institution fürchtet (vgl. Aussagen von Patienten wie: »Dahin gehört mein Fall noch nicht« u.ä.; eine solche Tendenz konnte bei anderen Trauma-Zentren teilweise festgestellt werden).

Autonomieüberlegungen und -grundsätze haben nicht nur Modelle lebensfähiger Systeme bereits beschäftigt (vgl. Beer 1979; Gomez 1981; Malik 1984), sondern in ausführlicher Weise bereits Projekte sozio-technischer Systeme der Tavistockgruppe (vgl. besonders Trist 1981a, b; Pava 1980, 1979; Emery 1976, 1974; Herbst 1976, 1974; Susman 1976; Emery & Trist 1973; Trist & Bamforth 1951). Im Vordergrund standen im letzteren Falle Arbeitsgruppen. Diese Ansätze und Projekte suchten Alternativen zur allgemein verbreiteten und forcierten Arbeitsteilung und einem »Organisieren von außen«. Konsequenz war meist, daß Gruppen sich selbst gestalten, abgrenzen und die jeweils anfallenden Entscheidungen selbst treffen sollen, sofern es sich nicht um klar übergeordnete Entscheidungen eines umfassenderen Systems handelt.

Der so geschaffene Kontext für relativ autonome Gruppen erlaubte diesen etwa, über Lohngruppen zu entscheiden, die Verteilung der Lohnsumme zu beschließen usw. Mit einer solchen Autonomieüberlegung ist meist Partizipation, Eigenkontrolle, Redundanz der Funktionen und Selbstverantwortung verbunden. Erstmals wird dabei im Managementkontext festgestellt, daß es sinnvoll sein kann, festzulegen, was *nicht* sein soll, statt möglichst detaillierte und genaue Ziele zu formulieren. In diese Kategorie fallen m. E. auch Beiträge zu selbstgeführten Arbeitsgruppen (vgl. Manz & Sims 1984; Poza & Markus 1980; Walton 1977) oder informalen Arbeitsgruppen (vgl. McKelvey & Kilman 1975; Bennis 1974; Bennis & Nanus 1983; Duncan 1972; Lawrence & Lorsch 1967b; Likert 1967; Burns & Stalker 1961).

Über diese Ebene sind in der Tavistock-Gruppe nur wenige Autoren hinausgegangen, obwohl Trist seit jeher drei Ebenen unterschieden hat: Die *Arbeitsgruppen, Institutionen* und *Makrosysteme* (vgl. Trist 1981a, b; Emery & Trist 1973, 1964). Außerdem basiert der Autonomiebegriff dieser Gruppe weitgehend auf Entscheidungen über Selbstregulierung (i. S. von Susman 1976); d.h. je mehr Schlüsselvariablen von einer Gruppe selbst unter Kontrolle gehalten werden können, desto autonomer ist diese Gruppe. Damit wird auch hier keineswegs eine übergeordnete Führungsfunktion verneint. Sie liegt jedoch darin, die Grenzbedingungen in einem Systemkontext so zu gestalten und zu lenken, daß eine Arbeitsgruppe möglichst frei wird, ihre Aktivitäten selbst zu gestalten und zu lenken (vgl. Trist 1981b, S. 45f).

Auf einer höheren Ebene versuchen Lorange und Probst (1987) die Organisation von Joint Ventures im Lichte der Charakteristiken selbstorganisierender Systeme zu diskutieren. Dabei unterscheiden sie verschiedene Typen, die sich insbesondere in der Autonomiegestaltung unterscheiden.

10 Ausblick

Don't bite my finger
look,
where I am pointing.
Warren S. Mc Culloch

Durch ein Konzept der Selbst-Organisation ist ein Umbruch im wissenschaftlichen Denken und Forschen wie auch im praktischen gestaltenden Handeln verbunden. Die Annahmen über den Objektbereich und die epistemischen Grundlagen verändern sich.

Die *Organisationslehre* erfährt bereits von vielen Ansätzen her Korrekturen oder Ergänzungen, die mit dem Selbst-Organisationskonzept einhergehen. Diese werden sich in der Zukunft noch verstärken. Integrative, ganzheitliche Ansätze der Organisation, die den Charakteristiken der Selbstorganisation folgen, versprechen die Grundlage für eine rechtzeitige Anpassung und Entwicklung. Es wird von daher sinnvoll und notwendig, die verschiedenen Formen der Organisation vom Überleben zur Lebensfähigkeit und zur Entwicklung (i. S. einer »Höherentwicklung«, neuartigen Ausdifferenzierung, qualitativ veränderten Ordnung) zu erforschen. Diese werden sich in den drei Phasen in verschiedenen Dimensionen einer Institution sehr unterschiedlich ausgestalten.

Selbstorganisation i. S. einer positiven Änderungsrate der Redundanz bedeutet letztlich *Flexibilität.* Im Rahmen dieses Konzeptes ändern sich mit der Objektstruktur und den epistemischen Grundlagen auch das Bild und die Anforderungen an den Organisator im sozialen System. Organisieren wird zur Führungsfunktion an sich und nicht mehr zur Aufgabe eines Spezialisten. Soweit man vom Organisator (im Rahmen einer Disziplin) überhaupt noch sprechen kann, wird dieser zum Unterstützer, Katalysator und Förderer von Organisationsprozessen. Organisation kann auch nicht mehr Aufgabe der Unternehmungsspitze sein. Mit dem Konzept geht ein heterarchisches Prinzip einher, das die Organisationskapazität über das System verteilt, fördert und ausbaut. Die entstehende Flexibilität ist Folge der Einbeziehung der Betroffenen und der Schaffung eines Potentials für das gestaltende Handeln und für neue Verhaltensweisen. Organisation wird zu einem vernetzten kontinuierlichen Prozeß der Ordnungsbildung, -aufrechterhaltung und -entwicklung.

Der *Umgang mit selbstorganisierenden Systemen* - die gestaltenden Handlungen *im* System - muß jedoch noch schrittweise herausgearbeitet und konkretisiert werden.

Wir wissen noch zu wenig über

- gestaltende Handlungen und Instrumente zur Förderung und Erhöhung der Flexibilität,
- integrierte Ansätze mit wechselseitig materiellen und symbolischen Dimensionen der Gestaltung,
- polyzentrisch und heterarchisch strukturierte offene soziale Systeme in dynamischen Gleichgewichten,
- die Gestaltung der Umwelt durch die Systeme und die inneren Kohärenzen der Regelung,
- den Umgang mit Zirkularität, irreversiblen Prozessen der Ordnungsbildung, »Zeitverhalten« des Systems (Eigenzeit oder »systemischer Zeitrelativismus« genannt), Ordnung durch Fluktuation,
- die Nutzung und Steuerung von Konfliktwirkungen, struktureller Unsicherheit, Kooperationsmechanismen, gemeinsamen Entscheidungs-, Planungs- und Gestaltungsprozessen, Ad-hoc-kratie,
- »informelle Macht«, interaktives Management mit den Betroffenen/Beteiligten (»stake-holders«), temporäre Strukturen usw.

Die Beantwortung von drei konsequenten Fragebereichen wird im Rahmen des Selbst-Organisationskonzepts zusammenfassend notwendig sein:

1. Welche Möglichkeiten, Grenzen und Instrumente der Flexibilisierung durch Selbstorganisationsprozesse bestehen in zweckorientierten sozialen Systemen? Wie sieht der Bedingungsrahmen für ein anpassungs- und entwicklungsfähiges System aus?
2. Welche Konsequenzen entstehen für die verschiedenen Interessengruppen eines Systems?
3. Welche sozialen Veränderungen (Macht, Einfluß usw.) sind die Konsequenz eines solchen Bedingungsrahmens für selbstorganisierende Systeme?

11 Anhang

11.1 Literaturverzeichnis

ACKOFF, R. L. (1970): A concept of corporate planning. New York: J. Wiley & Sons.

ACKOFF, R. L. (1971): Towards a system of systems concepts. In: Management Science, **17**, 11: 661-671.

ACKOFF, R. L. (1975): Redesigning the future. New York: J. Wiley & Sons.

ACKOFF, R. L. (1978): The art of problem solving. New York: J. Wiley & Sons.

ACKOFF, R. L. (1981): Creating the corporate future. New York: J. Wiley & Sons.

ACKOFF, R. L. ,& F. E. EMERY (1972): On purposeful systems. Chicago: Aldine-Atherton. (Wiederabgedruckt in den Intersystems Public., Seaside 1981).

ACKOFF, R. L., A. BROHOLM & R. SNOW (1984): Revitalizing Western Economies. San Francisco: Jossey Bass.

ACKOFF, R. L., & J. GHARAJEDAGHI (1985): A prologue to national development planning. Mim. Manuskript, Bush Center, Wharton School. Philadelphia: University of Pennsylvania.(In Vorbereitung).

ALDRICH, H. (1979): Organizations and environments. Englewood Cliffs: Prentice Hall.

ALDRICH, H., B. MCKELVEY & D. ULRICH (1984): Design strategy from the population perspective. In: Journal of Management, **10**, 1: 67-86.

ALDRICH, H., & J. PFEFFER (1976): Environments of organizations. In: Annual Review of Sociology, **2**: 79-105.

ALDRICH, H., & S. MUELLER (1982): The evolution of organizational forms: Technology, coordination, and control. In: STAW, B. M., & L. L. CUMMINGS (Eds.): Research in Organizational Behavior. Greenwich: JAI Press.

ARGYRIS, C. (1982): Reasoning, learning and action: Individual and organizational. San Francisco: Jossey Bass.

ARGYRIS, C. (1983): Usable knowledge for double-loop problems. In: KILMANN, R. H. et al. (Eds.): Producing useful knowledge for organizations. New York: Praeger.

ARGYRIS, C. (1985): Strategy, change and defensive routines. Boston: Pitman.

ARGYRIS, C., & D. A. SCHÖN (1978): Organizational learning: A theory of action perspective. Reading: Addison Wesley.

ASHBY, W. R. (1958): Requisite variety and its implications for the control of complex systems. In: Cybernetica, **1**: 83ff.

ASHBY, W. R. (1962): Principles of the self-organizing system. In: FOERSTER, H. v., & G. W. ZOPF (Ed.): Priniciples of self-organization. Oxford: Pergamon.

ASHBY, W. R. (1974): Einführung in die Kybernetik. Frankfurt/M.: Suhrkamp. (Übersetzung

von: An introduction to cybernetics. London 1956: Chapman and Hall).
ASHBY, W. R. (1976): Design for a brain. London: Chapman and Hall.
ATLAN, H. (1972): L'organisation biologique et la théorie de l'information. Paris: Hermann.
ATLAN, H. (1979): Entre le cristal et la fumée. Paris: Seuil.
AUSTIN, J. L. (1962): How to do things with words. Cambridge, MA: Harvard Univ. Press.

BADELT, C. (1980): Sozioökonomie der Selbstorganisation. Frankfurt/M.: Campus.
BADELT, S. (1985): Politische Ökonomie der Freiwilligenarbeit. Frankfurt/M.: Campus.
BAETGE, J. (1983): Kybernetische Methoden und Lösungen in der Unternehmungspraxis. Berlin: Duncker & Humblot.
BARNARD, C. (1938): The functions of the executive. Cambridge, MA: Harvard Univ. Press.
BATESON, G. (1972): Steps to an ecology of mind. New York: Ballantine Books.
BATESON, G. (1979): Mind and nature. New York: Dutton.
BATESON, G. (1981): Ökologie des Geistes. Frankfurt/M.: Suhrkamp. (Übersetzung von: Steps to an ecology of mind. New York 1972.).
BATESON, G. (1980): Geist und Natur. Frankfurt/M.: Suhrkamp.
BEER, S. (1966): Decision and Control. London: J. Wiley & Sons.
BEER, S. (1967): Management science. London: J. Wiley & Sons.
BEER, S. (1970): Kybernetik und Management. Frankfurt/M.: S. Fischer. (Übersetzung von: Cybernetics and Management. London 1959: J. Wiley & Sons.).
BEER, S. (1972): Brain of the firm. London: J. Wiley & Sons.
BEER, S. (1979): The heart of enterprise. Chichester: J. Wiley & Sons.
BEER, S. (1981): Brain of the firm. 2. Ed. Chichester: J. Wiley & Sons.
BEER, S. (1984): The viable system model: Its provenance, development, methodology and pathology. In: Journal of the Operations Research Society, **35**, 1: 7-25.
BEN-ELI, M., & G. J. B. PROBST (1986): The way you look determines what you see or Self-Organization in management and society. In: TRAPPL, R. (Ed.): Cybernetics and Systems. Dordrecht: Reidel.
BENNIS. W. G. (1966): Changing organization. New York: McGraw Hill.
BENNIS, W. G. (1974): Beyond bureaucracy. New York: McGraw Hill.
BENNIS, W. G., & B. NANUS (1983): Organizational learning: The management of the collective self. In: New Management: 7-13.
BENNIS, W. G., & B. NANUS (1985): Leaders - The strategies for taking change. New York: Harper & Row.
BERGER, P. L., & H. KELLNER (1984): Für eine neue Soziologie - Ein Essay über Methode und Profession. Frankfurt/M.: S. Fischer.
BERGER, P. L., & T. LUCKMANN (1966): The social construction of reality. Garden City, NY: Doubleday.
BERGER, P. L., & T. LUCKMANN (1980): Die gesellschaftliche Konstruktion der Wirklichkeit - Eine Theorie der Wissenssoziologie. 5. Aufl. Frankfurt/M.: S. Fischer.
BERTALANFFY, L. v.: The theory of open systems in physics and biology. In: Science **111**: 23ff.
BERTALANFFY, L. v. (1953): Biophysik des Fließgleichgewichts. Braunschweig: Viehweg.
BERTALANFFY, L. v. (1968): General System Theory. New York: Braziller.
BERTALANFFY, L. v. (1951): General System theory - A new approach to unity of science. In: Human Biology, **23**: 302ff.
BERTALANFFY, L. v. (1981): A systems view of man. Ed.: P. A. LAVIOLETTE. Boulder: West View Press.
BEYER, J. M. (1981): Ideologies, values, and decision making in organizations. In: NYSTROM, P., & W. H. STARBUCK (Eds.): Handbook of organizational design. Vol. 2. London: Oxford Univ. Press.
BIGELOW, J. D. (1978): Evolution in organizations. Ph. D-thesis. USA: Case Western Reserve University.
BITTNER, E. (1965): The concept of organization. In: Social Research, **32**: 239-255.
Blau, P. M. (1955): The dynamics of bureaucracy. Chicago: Univ. of Chicago Press.

BLAU, P. M. (1970): A formal theory of differentiation in organizations. In: American Sociological Review, **35**: 201-218.
BLAU, P. M. (1974): On the nature of organizations. New York: J. Wiley & Sons.
BLAU, P. M., C. MCHUGH, W. MCKINLEY & P. TRACY (1976): Technology and organization in manufacturing. In: ASQ, **21**, 3: 20-40.
BLAU, P. M., & W. R. SCOTT (1962): Formal organizations. San Francisco: Chandler.
BLAU, P. M., & R. A. SCHÖNHERR (1971): The structure of organizations. New York: Basic.
BLEICHER, K. (1966): Zentralisation und Dezentralisation von Aufgaben in der Organisation der Unternehmungen. Berlin: Duncker & Humblot.
BLEICHER, K. (1972): Die Entwicklung eines systemorientierten Organisations- und Führungsmodells der Unternehmung. In: BLEICHER, K. (Hrsg.): Organisation als System. Wiesbaden: Gabler.
BLEICHER, K. (1981): Organisation, Formen und Modelle. Wiesbaden: Gabler.
BLEICHER, K. (1983): Management von Spitzentechnologien. Teil 1. In: ZfO, **52**, 5/6: 243-251. - Teil 2. In: ZfO, **52**, 7: 340-346.
BLEICHER, K. (1985): Probleme des Wandels der Unternehmungsverfassung im Spannungsfeld von Philosophie, Kultur, Organisation und Politik der Unternehmung. In: BÜHLER, W., et al. (Hrsg.): Die ganzheitlich-verstehende Betrachtung der sozialen Leistungsordnung. Ein Beitrag zur Ganzheitsforschung und -lehre. Festschrift S. Kolbinger. Wien: Springer.
BLUM, A. F., & P. MCHUGH (1971): The social ascription of motives. In: American Sociological Review, **36**, 12: 98-109.
BLUMBERG, P. (1969): Industrial democracy: The sociology of participation. New York: Schocker Books.
BOHM, D. (1980): Wholeness and the implicate order. London: Routledge & Kegan.
BÖHRS, H. (1963): Organisation des Industriebetriebes. Wiesbaden: Gabler.
BOJE, D., D. FEDOR & K. ROWLAND (1982): Myth making: A qualitative step in OD interventions. In: Journal of Applied Behavioral Science, **17**, 1: 17-28.
BOLAND, R. J. (1982): Myth and technology in the american accounting profession. In: Journal of Management Studies, **19**: 109-127.
BOLMAN, L. G., & T. E. DEAL (1985): Modern approaches to understanding and managing organizations. San Francisco: Jossey Bass.
BOSMAJIAN, H. (1974): The language of oppression. Washington: Public Affair Press.
BOUGON, M., K. WEICK & D. BINKHORST (1977): Cognition in organizations: An analysis of the Utrecht Jazz orchestra. In: ASQ, **22**: 606-639.
BOULDING, K. E. (1956): General systems theory: The skeleton of a science. In: Management Science, **2**, 3: 197-208.
BOULDING, K. E. (1961): The image- Knowledge in life and society. 1. Ed. Ann Arbor. Univ. of Michigan Press.
BOULDING, K. E. (1981): Ecodynamics - A new theory of societal evolution. Beverly Hills: Sage.
BOURDIEU, P. (1977): Outline of a theory of practice. London: Cambridge Univ. Press.
BRESCH, C. (1978): Zwischenstufe Leben - Evolution ohne Zeit? München-Zürich: Piper.
BRUNSSON, N. (1982): The irrationality of action and action rationality: Decisions, ideologies and organizational actions. In: Journal of Management Studies, **19**: 29-44.
BUCKLEY, W. (1967): Sociology and modern systems theory. Englewood Cliffs: Prentice Hall.
BUCKLEY, W. (1968): Modern systems research for the behavioral scientist. Chicago: Aldine.
BÜHNER, R. (1986): Betriebswirtschaftliche Organisationslehre, München: Oldenburg.
BURELL, G., & G. MORGAN (1979): Sociological paradigms and organisational analysis. London: Heinemann.
BURNS, T. (1971): Mechanistic and organismic structures. In: PUGH, D. S. (Ed.): Organization theory. Harmondsworth: Penguin.
BURNS, T. (1981): Planning networks and network agents: An approach to adaptive community governance. Ph. D. Diss. Philadelphia: University of Pennsylvania.

BURNS, T. (1986): Planning networks and community governance. In: TRIST, E. L. (Ed.): Planning without plans; A non-synoptic perspective for systems change. San Francisco: Jossey Bass. (In Vorbereitung).
BURNS, T., & G. M. STALKER (1961): The Management of Innnovation. London: Tavistock.

CALAS, M. B., & L. SMIRCICH (1985): Reading leadership as a form of cultural analysis. In: HUNT, J. G., B. R. BALIGA, P. H. DACHLER & C. A. SCHRIESHEIM (Eds.) (1987): Emerging Leadership vistas. Boston: Lexington.
CAMPBELL, D. T. (1969): Variation and selective retention in sociocultural evolution. In: General Systems, **16**: 69-85.
CAMPBELL, D. T. (1975): On the conflicts between biological and social evolution and between psychology and moral tradition. In: American Psychologist, 12/1975: 1103-1126.
CAPRA, F. (1983): Wendezeit. Bern: Scherz.
CHANDLER, A. J. (1962): Strategy and structure. Cambridge, MA.: MIT Press.
CHANDLER, A. D. (1977): The visible hand - The managerial revolution in American Business. Cambridge: Belknap Press.
CHEW, G. F. (1968): Bootstrap: A scientific idea. In: Science, **161**: 762ff.
CHHACHI, A., R. PALET & P. KURIAN (1984): Control of workers or workers control: Workers and economic development in Poland. In: The Insurgent Sociologist, **12**, 1/2: 143-161.
CHILD, J. (1972): Organization structure and strategies of control: A replicationn of the Aston study. In: ASQ, **17**: 163-177.
CHILD, J. (1973): Strategies of control and organizational behavior. In: ASQ, **18**: 1-17.
CHILD, J. (1977): Organization: A guide to problems and practice. New York: Harper & Row.
CHURCHMAN, C. W. (1971): The design of inquiring systems. New York: Basic.
CIBORRA, C., P. MIGLIARESE & P. ROMANO (1984): A methodological inquiry of organizational noise in socio-technical systems. In: Human Relations, **37**, 8: 565-588.
CICOUREL, A. V. (1973): Cognitive sociology. Harmondsworth: Penguin.
CLARK, B. R. (1972): The organizational saga in higher education. In: ASQ, **17**: 178-183.
CLARK, P. M., & J. Q. WILSON (1961): Incentive systems: A theory of organizations. In: ASQ, **6**: 129-166.
CLAYTON, P. S., & J. U. STOELWINDER (1976): Hospital management - the need for an alternative approach: Ward team management. In: Australien Studies for Health Services Management, **30**: 43-56.
CLUB OF ROME (1979): Zukunftschance Lernen. Wien: Fritz Molden.
CORNING, P. A. (1983): The synergism hypothesis - A theory of progressive evolution. New York: McGraw Hill.
CROSBY, P. B. (1979): Quality is free: The art of making quality certain. New York: McGraw Hill.
CROSBY, P. B. (1984): Quality without tears - The art of hassle-free management. New York: McGraw Hill.
CROZIER, M. (1964): Le phénomène bureaucratique. Paris: Seuil. (Hier: The bureaucratic phenomenon. Chicago: Univ. of Chicago Press.)
CROZIER, M., & E. FRIEDBERG (1977): L'acteur et le système. Paris: Seuil.
CROZIER, M., & J. C. THOENIG (1976): The regulation of complex organized systems. In: ASQ, **21**: 547-570.
CYERT, R. M., & J. G. MARCH (1963): A behavioral theory of the firm. Englewood Cliffs: Prentice Hall.

DACHLER, H. P. (1983): Das Selbstverständnis der angewandten Psychologie im Spannungsfeld wissenschaftlicher und praxisorientierter Forderungen. In: SIEGWART, H., & G. J. B. PROBST (Hrsg.): Mitarbeiterführung und gesellschaftlicher Wandel. Bern: Haupt.
DACHLER, H. P. (1984a): Grenzen der Erklärungskraft biologischer und organismischer Ana-

logien im Lichte von grundsätzlichen, in den Sozialwissenschaften begründeten Eigenschaften von Humansystemen. In: ULRICH, H., et al.: Grundlegung einer allgemeinen Theorie der Gestaltung, Lenkung und Entwicklung zweckorientierter sozialer Systeme. Diskussionsbeiträge des Instituts für Betriebswirtschaft, Nr. **4**: 190-225.
DACHLER, H. P. (1984b): Some explanatory boundaries of organismic analogies for the understanding of social systems. In: ULRICH, H., & G. J. B. PROBST (Eds.): Selforganization and management of social systems. Heidelberg: Springer.
DACHLER, H. P. (1985a): Der Widerspruch zwischen individual-partikularistischem und ganzheitlich-systemischem Denken über Humansysteme: Konsequenzen für Management- und Führungsprobleme auf der Mikroebene. In: PROBST, G. J. B., & H. SIEGWART (Hrsg.): Integriertes Management. Bern: Haupt.
DACHLER, H. P. (1985b): Emerging trends in european work and organizational psychology. St. Gallen: Vortragsmanuskript mim.
DACHLER, H. P. (1985c): Constraints on the emergence of new vistas in leadership and management research: An epistemological overview. In: HUNT, J. G., B. R. BALIGA, R. H. DACHLER & C. A. SCHRIESHEIM (Eds.) (1987): Emerging Leadership vistas. Boston: Lexington.
DACHLER, H. P., & B. WILPERT (1978): Conceptual dimension and boundaries of participation in organizations: A critical evaluation. In: ASQ, **23**: 1-19.
DAFT, R. L. (1980): The evolution of organization analysis. In: ASQ, **25**: 623-636.
DAFT, R. L., & N. B. MACINTOSH (1978): A new approach to the design and use of management information systems. In: California Management review, **21**, 1: 82-92.
DAFT, R. L., & K. E. WEICK (1984): Toward a model of organizations as interpretation systems. In: Academy of Management Review, **9**, 2: 284-295.
DAFT, R. L., & J. C. WIGINTON (1979): Language and organization. In: Academy of Management Review, **4**, 2: 179-191.
DALTON, M. (1959): Men who manage. New York: J. Wiley & Sons.
DANDRIGE, T., I. I. MITROFF & W. JOYCE (1980): Organizational symbolism: A topic to expand organizational analysis. In: Academy of Management Review, **5**: 248-256.
DAVIS, S. M., & P. R. LAWRENCE (1977): Matrix. Reading, MA: Addison-Wesley.
DEAL, T. E., & A. A. KENNEDY (1982): Corporate cultures. Reading, MA: Addison-Wesley.
DEGREENE, K. B. (1982): The adaptive organization - Anticipation and management of crisis. New York: J. Wiley & Sons.
DELL, P. F., & H. A. GOOLISHIAN (1979): »Order through fluctuation«: An evolutionary epistemology for human systems, Paper presented at the Annual Scientific Meeting of the A. K. Rice Institute. Houston, TX: mim. Manuskript.
DELL, P. F., & H. A. GOOLISHIAN (1981): Ordnung durch Fluktuation: Eine evolutionäre Epistemologie für menschliche Systeme. In: Familiendynamik, **6**: 104-122.
DESSLER, G. (1982): Organization and management. Reston, VA: Reston Publ. Co.
DEUTSCH, K. (1966): The nerves of government. 2nd Ed. New York: Free Press.
DIERKES, M. (1980): Künftige Beziehungen zwischen Unternehmen und Gesellschaft. Stuttgart: Poeschel.
DILL, W. R. (1958): Environment as an influence on managerial autonomy. In: ASQ, **2**: 409-443.
DOANE, J. A. (1978): Family interaction and communication deviance in disturbed and normal families: A review of research. In: Family Process, **17**: 357-376.
DÖRNER, D. (1976): Problemlösen als Informationsverarbeitung. Stuttgart: Kohlhammer.
DÖRNER, D. (1981): Über die Schwierigkeiten menschlichen Umgangs mit Komplexität. In: Psychologische Rundschau, 7, 1981: 163-179.
DOWNEY, H. K., D. HELLRIEGEL & J. W. SLOCUM JR. (1975): Environmental uncertainty: The construct and its application. In: ASQ, **20**: 613-629.
DRUCKER, P. F. (1968): The age of discontinuity. New York: Harper & Row.
DUMOUCHEL, P., & J. P. DUPUY (Eds.) (1983): L'auto-organisation - De la physique au politique. Paris: Seuil.
DUNCAN, R. B. (1972): The implementation of different decision making structures in adapting to environmental uncertainty. In: Proceedings of the Academy of Management: 39-

47.
DUNCAN, R. B. (1979): What is the right organization structure? In: Organizational Dynamics: 59-80.
DUNCAN, R. B., & A. WEISS (1979): Organizational learning: Implications for organizational design. In: STAW, B. M. (Ed.): Research in organizational behavior. Vol. 1. Greenwich: JAI Press.
DUPUY, J. P. (1982): Ordres et desordres - Enquète sur un nouveau paradigme. Paris: Seuil.
DYLLICK, T. (1981): Organisationstheorie. In: Management-Zeitschrift io, Nr. 9, 10, 11.
DYLLICK, T. (1982): Gesellschaftliche Instabilität und Unternehmungsführung. Bern: Haupt.
DYLLICK, T. (1983a): Das Management von Humansystemen. In: Gdi-Impuls, 3: 3-12.
DYLLICK, T. (1983b): Humansysteme als Sinnsysteme, Arbeitspapier des NFP-Projektes über Grundlegung einer allgemeinen Theorie der Gestaltung, Lenkung und Entwicklung von sozialen Systemen. St. Gallen: Mim. Manuskript.
DYLLICK, T. (1984): Management von Humansystemen in sozialwissenschaftlicher Sicht. In: ULRICH, H., et al.: Grundlegung einer allgemeinen Theorie der Gestaltung, Lenkung und Entwicklung zweckorientierter sozialer Systeme. Diskussionsbeiträge des Instituts für Betriebswirtschaft, **4**: 162-189.
DYLLICK, T. (1985): Mitarbeiterführung und Unternehmungsumwelt. In: KIESER, A., G. REBER & R. WUNDERER (Hrsg.) (1987): Handwörterbuch der Führung. Stuttgart: Poeschel.
DYLLICK, T. (1987): Die Innenseite der Außenbeziehungen. In: Gdi-Impuls, 9: 36-46.
DYLLICK, T., & G. J. B. PROBST (1983): Lebensgrundlagen und Werthaltungen im Wandel. In: SIEGWART, H., & G. J. B. PROBST (Hrsg.): Mitarbeiterführung und gesellschaftlicher Wandel. Bern: Haupt.

EIGEN, M., & P. SCHUSTER (1979): The hypercycle: A principle of natural selforganization. Heidelberg: Springer.
EIGEN, M., & R. WINKLER (1975): Das Spiel - Naturgesetze steuern den Zufall. München-Zürich: Piper.
ELIADE, M. (1963): Myth and reality. New York: Harper & Row.
EMERY, F. E. (1967): The next thirty years. In: Human Relations, **20**: 199-237.
EMERY, F. E. (1974) Participant design. In: EMERY, F. E., & E. THORSRUD (Eds.): Democracy at work. Leiden: Martinus Nijhoff.
EMERY, F. E. (1976): Futures we are in. Leiden: Martinus Nijhoff.
EMERY, F. E., & E. THORSRUD (1969): The form and content in industrial democracy. London: Tavistock.
EMERY, F. E., & E. L. TRIST (1965): The causal texture of organizational environments. In: Human Relations, **19**: 21-32.
EMERY, F. E., & E. L. TRIST (1973): Towards a social ecology. Harmondsworth: Penguin.
ENGWALL, L. (1982): Organization theory: Where are you? In: Intern. Journal of Management Science, **10**, 2: 125-134.
ETZIONI, A. (1975): Die aktive Gesellschaft. Opladen: Westdeutscher Verlag.
EVERED, R., & M. R. LOUIS (1981): Perspectives in the organizational sciences: »Inquiry from the inside« and »Inquiry from the outside«. In: Academy of Management Review: 385-395.

FABER, R. J. (1984): Feedback, selection, and function: A reductionist account of goal-orientation. In: COHEN, R., & M. WARTOFSKY (Eds.): Methodology, metaphysics and the history of science. Dordrecht: Reidel.
FAYOL, H. (1916): Administration industrielle et générale. Paris.
FIOL, C. M., & M. A. LYLES (1985): Organizational learning. In: The Academy of Management Review, **19**, 4: 803-813.
FLECHTNER, H. J. (1966): Grundbegriffe der Kybernetik - Eine Einführung. Stuttgart: Poeschel.
FLIK, H. (1969): Kybernetische Ansätze zur Organisation als Führungsprozeß der Unternehmung. Berlin: Duncker & Humblot.
FOERSTER, H. V. (1960): On self-organizing systems and their environments. In: YOVITS,

M. C., & S. CAMERON (Eds.): Self-organizing systems. New York: Pergamon.
FOERSTER, H. V. (1979): Cybernetics of cybernetics. In: KRIPPENDORFF, K. (Ed.): Communication and control in society. New York: Gordon & Breach.
FOERSTER, H. V. (1981a): Observing systems. Seaside, CA: Intersystems.
FOERSTER, H. V. (1981b): Das Konstruieren einer Wirklichkeit. In: WATZLAWICK, P. (Hrsg.): Die erfundene Wirklichkeit. München-Zürich: Piper.
FOERSTER, H. V. (1984a): Principles of self-organization - In a sociomanagerial context. In: ULRICH, H., & G. J. B. PROBST (Eds.): Self-Organization and management of social systems. Heidelberg: Springer.
FOERSTER, H. V. (1984b): Erkenntnistheorie und Selbstorganisation. In: Delfin-Zeitschrift für Konstruktion, Analyse und Kritik. **IV**: 6-19.
FOERSTER, H. V., & G. W. ZOPF (1962): Principles of self-organization. Oxford: Oxford Univ. Press.
FOMBRUN, C. J. (1984): Structures of organizational governance. In: Human Relations, **37**, 3: 207-223.
FORRESTER, J. W. (1974): Das intuitionswidrige Verhalten sozialer Systeme. In: MEADOWS, D. L., & D. H. MEADOWS (Hrsg.): Das globale Gleichgewicht. Reinbek: Rowohlt.
FRANKL, V. (1979): Der Mensch vor der Frage nach dem Sinn. München-Zürich: Piper.
FRANKL, V. (1981): Die Sinnfrage in der Psychotherapie. München-Zürich: Piper.
FREEMAN, J. (1982): Organizational life cycles and natural selection processes. In: STAW, B. M., & L. L. CUMMINGS (Eds.): Research in organizational behavior. Greenwich: JAI Press.
FREEMAN, J., & M. T. HANNAN (1975): Growth and decline processes in organizations. In: American Sociological Review, **40**: 215-228.
FRESE, E. (1968): Kontrolle und Unternehmungsführung. Wiesbaden: Gabler.
FRESE. E. (1980): Grundlagen der Organisation. Wiesbaden: Gabler.

GALBRAITH, J. (1973): Designing complex organizations. Reading: Addison-Wesley.
GEBERT, D. (1978): Organisation und Umwelt. Stuttgart: Kohlhammer.
GEERTZ, C. (1973): The interpretation of cultures. New York: Basic Books.
GERGEN, K. J. (1982): Toward transformation in social knowledge. New York: Springer.
GERGEN, K. J. (1985): The social constructivist movement in modern psychology. In: American Psychologist, **40**, 3: 266-275.
GERWIN, D. (1979a): The comparative analysis of structure and technology: A critical appraisal. In: Academy of Management Review, **4**: 41-51.
GERWIN, D. (1979b): Relationships between structure and technology at the organizational and job levels. In: Journal of Management Studies, **16**: 70-79.
GHARAJEDAGHI, J. (1985): Toward a systems theory of organization. Seaside, CA: Intersystems.
GHARAJEDAGHI, J., & R. L. ACKOFF (1985): Mechanistische, organismische und soziale Systeme. In: PROBST, G. J. B., & H. SIEGWART (Hrsg.): Integriertes Management. Bern: Haupt.
GIDDENS, A. (1976): New rules of sociological method. London: Hutchinson.
GIDDENS, A. (1977): Studies in social and political theory. London: Hutchinson.
GLANVILLE, R. (1979): Beyond the bounderies. In: ERICSON, R. (Ed.): Improving the human condition: Quality and stability in social systems. Heidelberg: Springer.
GLANVILLE, R., & F. VARELA (1981): Your inside is out and your outside is in. In: LASKER, G. (Ed.): Applied Systems and Cybernetics, Vol. II. Oxford: Pergamon.
GLASERSFELD, E. V. (1981): Einführung in den radikalen Konstruktivismus. In: WATZLAWICK, P. (Hrsg.): Die erfundene Wirklichkeit. München-Zürich: Piper.
GLASERSFELD, E. V. (1984b): Konstruktivistische Diskurse. Lumis-Schriften 2. Siegen.
GLASERSFELD, E. V. (1985a): Konstruktion der Wirklichkeit und des Begriffs der Objektivität. In: SIEMENS STIFTUNG (Hrsg.): Einführung in den Konstruktivismus. München: Siemens.
GLASERSFELD, E. V. (1985b): The simplicity complex. In: BOCCHI, G., & M. CERUTI (Eds.): La Sfida della Complessita. Mailand: mim. Manuskript.

GOFFMAN, E. (1959): The presentation of self in everyday life. New York: Doubleday & Co.
GOFFMAN, E. (1974): Frame analysis. New York: Doubleday & Co.
GOLDSMITH, E. (1981): Thermodynamics or ecodynamics? In: The Ecologist, **11**: 178ff.
GOMEZ, P. (1978): Die kybernetische Gestaltung des Operations Managements. Bern: Haupt.
GOMEZ, P. (1981): Modelle und Methoden des systemorientierten Managements. Bern: Haupt.
GOMEZ, P. (1983): Frühwarnung in der Unternehmung. Bern: Haupt.
GOMEZ, P., F. MALIK & K. H. OEHLER (1975): Systemmethodik: Grundlagen einer Methodik zur Erforschung und Gestaltung komplexer soziotechnischer Systeme. Bern: Haupt.
GOMEZ, P., & G. J. B. PROBST (1985): Organisationelle Geschlossenheit im Management sozialer Institutionen - ein komplementäres Konzept zu den Kontingenz-Ansätzen. In: Delfin, Dt. Zeitschrift für Konstruktion, Analyse und Kritik. IV: 22-29.
GOMEZ, P., & G. J. B. PROBST (1987): Vernetztes Denken im Management - Eine Methodik des ganzheitlichen Problemlösens. »Die Orientierung«. Bern: Volksbank.
GOODENOUGH, W. J. (1971): Culture, language and society. Reading: Addison-Wesley.
GOODWIN, E. W. (1984): Quality is free. In: MTM Journal of Methods-Time Measurement, **11**, 1: 14-19.
GOULDENER, A. W. (1954): Patterns of industrial bureaucracy. Glencoe: Free Press.
GOULDENER, A. W. (1971): The coming crisis of western sociology. New York: Basic Books.
GRABENDÖRFER, P., & F. MEYER (1984): Verhaltensnormen in der organisatorischen Analyse und Gestaltung. In: ZfO, 2: 97-102.
GREINER, L. E. (1972): Evolution and revolution as organizations grow. In: Harvard Business Review, 7/8: 37-46.
GRINYER, P. H., & D. NORBURN (1975): Planning for existing markets: Perceptions of executives and financial performance. In: Journal of the Royal Statistical Society, Series A, **138**, 1: 70-97.
GROCHLA, E. (1966): Automation and Organisation. Wiesbaden: Gabler.
GROCHLA, E. (1972): Unternehmungsorganisation. Reinbek: Rowohlt.
GROCHLA, E. (1975): Organisationstheorie. Bd. 1. Stuttgart: Poeschel.
GROCHLA, E. (1978a): Elemente der organisatorischen Gestaltung. Reinbek: Rowohlt.
GROCHLA, E. (1978b): Einführung in die Organisationstheorie. Stuttgart: Poeschel.
GROCHLA, E. (1982): Grundlagen der organisatorischen Gestaltung. Stuttgart: Poeschel.
GULICK, L. H., & L. F. URWICK (1937): Papers on the science of administration. New York: Kelley.
GÜNTERT, B., & G. J. B. PROBST (1982): Teil 1: Informationssysteme unter der Lupe. Teil 2: Das integrierte Informationssystem. In: Schweizer Spital, Nr. 2: 27-30. Nr. 3: 19-24.

HAGE, J., & M. AIKEN (1966): Organizational alienation: A comparative analysis. In: Ame-rican Sociological Review, **72**, 8: 497-507.
HAGE, J. F., & M. AIKEN (1967): Relationship of centralization to other structural properties. In: ASQ, **12**: 72-92.
HAGE, J. F., & M. AIKEN (1970): Social change in complex organizations. New York: Random House.
HAKEN, H. (1981): Erfolgsgeheimnisse der Natur. Stuttgart: DVA.
HAKEN, H. (1984): Can Synergetics be of use to management theory? In: ULRICH, H., & G. J. B. PROBST (Eds.): Selforganization and management of social systems. Heidelberg: Springer.
HALL, P. (1963): The concept of bureaucracy: An empirical assessment. In: American Journal of Sociology, **69**: 32-40.
HAMPDEN-TURNER, CH. (1983): Modelle des Menschen. Ein Handbuch des menschlichen Bewußtseins. Weinheim: Beltz.
HANNAN, M. T., & J. FREEMAN (1977): The population ecology of organizations. In: American Journal of Sociology, **82**, 5: 929-964.

HAX, H. (1965): Die Koordination von Entscheidungen - Ein Beitrag zur betriebswirtschaftlichen Organisationslehre. Köln: Heymanns.
HAYEK, F. A. v. (1967): Studies in philosophy, politics and economics. London: Routledge & Keegan.
HAYEK, F. A. v. (1969): Freiburger Studien. Tübingen: Mohr.
HAYEK, F. A. v. (1972): Die Theorie komplexer Phänomene. Walter-Eucken-Institut. Vorträge und Aufsätze. Bd. 36. Tübingen: Mohr.
HAYEK, F. A. v. (1980): Recht, Gesetzgebung und Freiheit: Regeln und Ordnung. München: Moderne Industrie.
HEDBERG, B. L. T. (1981): How organizations learn and unlearn. In: NYSTROM, P., & W. H. STARBUCK (Eds.): Handbook of organizational design. New York: McGraw Hill.
HEDBERG, B. L. T., & S. A. JÖNSSON (1977): Strategy formulation as a discontinous process. In: International Studies of Management and Organization. **7**.
HEDBERG, B. L. T., P. C. NYSTROM & W. H. STARBUCK (1976): Camping on seesaws: Prescriptions for a selfdesigning organization. In: ASQ, **21**: 41-65.
HEJL, P. M. (1981): Sozialwissenschaft als Theorie selbstreferentieller Systeme. Frankfurt: Campus.
HEJL, P. M. (1984): Towards a theory of social systems: Self-organization and self-maintenance, self-reference and syn-reference. In: ULRICH, H., & G. J. B. PROBST (Eds.): Self-organization and management of social systems. Heidelberg: Springer.
HERBST, P. G (1962): Autonomous group functioning. London: Tavistock.
HERBST, P. G. (1974): Socio-technical design: Strategies in multidisciplinary research. London: Tavistock.
HERBST, P. G. (1976): Alternatives to hierarchies. Leiden: Martinus Nijhoff.
HERBST, P. G. (1980): Community conference design. In: Human Futures: 1-6.
HILL, P. (1971): Towards a new philosophy of management. Eppiny, Essex: Gower Press.
HILL, W., R. FEHLBAUM & P. ULRICH (1974): Organisationslehre. Bd. 1 und Bd. 2. Bern: Haupt.
HIRSCHHORN, L. (1984): Beyond mechanization - Work and technology in a postindustrial age. Cambridge, MA: MIT Press.
HOFER, M. (1986): Patientenbezogene Organisation der Krankenbehandlung und -pflege im Akutspital. Heidelberg: Springer.
HOFFMANN, F. (1969): Organisation der Führungsgruppe. Berlin: Duncker & Humblot.
HOFFMANN, F. (1973): Entwicklung der Organisationsforschung. Wiesbaden: Gabler.
HOFFMANN, F. (1980): Führungsorganisation. Bd. 1: Stand der Forschung und Konzeption. Tübingen: Mohr.
HOFFMANN, L. (1976): Breaking the homeostatic cycle. In: GUERIN, O. (Ed.): Family therapy: Theory and practice. New York: Gardener.
HOFFMANN, L. (1981): Foundations of family therapy: A conceptual framework for systems change. New York: Basic Books.
HOFSTEDE, F. (1980): Kultur und Organisation. In: GROCHLA, E. (Hrsg.): Handwörterbuch der Organisation. Stuttgart: Poeschel.
HOFSTEDE, G. (1984): Culture's consequences. Beverly Hills: Sage.
HOLLING, C. S. (1976): Resilience and stability of ecosystems. In: JANTSCH, E., & C. H. WADDINGTON (Ed.): Evolution and consciousness: Human systems in transition. Reading, MA: Addison-Wesley.
HOLLING, C. S. (1977): The curious behaviour of complex systems: Lessons from ecology. In: LINSTONE, H. A., & V. H. CLIVE SIMMONDS (Eds.): Futures research - new directions. London: Addison-Wesley.
HOMANS, G. C. (1950): The human group. New York: Harcourt Brace Jovanovich.
HOMANS, G. C. (1961): Social behaviour: Its elementary form. New York: Harcourt Brace Jovanovich.
HOUGHTON, M. (1985): A participative approach to quality control. In: Personnel Management. 1: 30-32.
HREBINIAK, L. G., & W. F. JOYCE (1985): Organizational adaptation: Strategic choice and environmental determinism. In: ASQ, **30**: 336-349.

JAKOB, H. (1980): Unternehmungsorganisation. Stuttgart: Kohlhammer.
JANTSCH, E. (1975): Design for evolution. New York: Braziller.
JANTSCH, E. (1979): Die Selbstorganisation des Universums. München: Hanser.
JANTSCH, E., & C. H. WADDINGTON (1976): Evolution and consciousness: Human systems in transitions. Reading, MA: Addison-Wesley.
JELINEK, M. (1979): Institutionalizing innovation: A study of organizational learning systems. New York: Praeger.
JENKINS, D. (1973): Job power: Blue and white collar democracy. New York: Doubleday.
JONES, J., M. SPIER, L. GOODSTEIN & M. JASHKIN (1980): OD in the eighties: Preliminiary projections and comparisons. In: Group & Organization Studies, **5**: 5-17.
JÖNNSON, S. A., & R. A. LUNDIN (1977): Myths and wishful thinking as management tools. In: NYSTROM, P. C. & W. H. STARBUCK (Eds.): Prescriptive Models of organizations. Amsterdam: North Holland.

KAMENS, D. H. (1977): Legitimating myths and educational organizations. In: American Sociological review, **42**: 208-219.
KANTER, R. M. (1977): Men and Women of the corporation. New York: Basic Books.
KANTER, R. M. (1983): The change masters - Innovation as entrepreneurship in the american corporation. New York: Schuster & Schuster.
KANTER, R. M. (1984): Managing transitions in organizational culture: The case of participative management at Honeywell. In: KIMBERLY, J. R., & R. E. QUINN (Eds.): New futures: The challenge of managing corporate transitions. Homewood, IL: Dow Jones Irwin.
KAST, F. E., & J. E. ROSENZWEIG (1970): Organizational psychology. New York: McGraw Hill.
KATZ, D., & R. L. KAHN (1966): The social psychology of organizations. New York: J. Wiley & Sons.
KEEGAN, W. J. (1974): Multinational scanning: A study of information sources utilized by headquarters executives in multinational companies. In: ASQ, **19**: 411-421.
KEENEY, B. P. (1982): What is an epistemology of family therapy? In: Family Process, **21**: 153-168.
KEENEY, B. P. (1983): Aesthetics of change. New York: Guilford.
KELLER, E. v. (1982): Management in fremden Kulturen. Bern: Haupt.
KETS DE VRIES, M., & D. MILLER (1985): The neurotic organization. San Francisco: Jossey Bass.
KHANDWALLA, P. N. (1975): Unsicherheit und die »optimale« Gestaltung von Organisationen. In: GROCHLA, E. (Hrsg.): Organisationstheorie. Bd. 1. Stuttgart: Poeschel.
KHANDWALLA, P. N. (1976): The techno-economic ecology of corporate strategy. In: Journal of Management Studies, **13**: 62-75.
KHANDWALLA, P. N. (1977): The design of organizations. New York: Harcourt Brace Jovanovich.
KIESER, A. (1981): Organisationstheoretische Ansätze. München: Vahlen.
KIESER, A. (1984): Innovation und Organisationskultur. In: Gdi-Impuls, 4: 3-11.
KIESER, A., & H. KUBICEK (1977): Organisation. Berlin: de Gruyter.
KIESER, A., & H. KUBICEK (1978a, b): Organisationstheorien. Band I und II. Stuttgart: Kohlhammer.
KILMAN, R. H., L. R. PONDY & D. P. SLEVIN (1976): The management of organization design - Strategies and implementation. Vol. I. New York: Harper & Row.
KIMBERLY, J. R., & R. E. QUINN (1984): New futures: The challenge of managing corporate transitions. Homewood, IL.: Dow Jones Irwin.
KING, A. S. (1974): Expectation effect in organizational change. In: ASQ, **19**: 221-230.
KIRSCH, W. (1979): Die Idee der fortschrittsfähigen Organisation. In: WUNDERER, R. (Hrsg.): Humane Personal- und Organisationsentwicklung. Berlin: Duncker & Humblot.
KIRSCH, W. (1981): Methodologisches, metaphorisches und metaphysisches zur Theorie der Entscheidungsprozesse. München: mim. Manuskript.
KIRSCH, W. (1985): Evolutionäres Management und okzidentaler Rationalismus. In: PROBST, G. J. B., & H. SIEGWART (Hrsg.): Integriertes Management. Bern: Haupt.

KIRSCH, W., W.-M. ESSER & E. GABELE (1979): Das Management des geplanten Wandels von Organisationen. Stuttgart: Poeschel.

KLIMECKI, R. (1984): Laterale Kooperation - Grundlagen eines Analysemodells horizontaler Arbeitsbeziehungen in funktionalen Systemen. Bern: Haupt.

KLIMECKI, R. (1986): Job Sharing - Ein Managementkonzept zur Dezentralisierung der Arbeitsorganisation. St. Gallen: Habilitationsschrift.

KLUCKHOHN, C. (1942): Myths and rituals: A general theory. In: The Harvard Technological Review, **35**: 45-79.

KOESTLER, A. (1978): Der Mensch - Irrläufer der Evolution. Bern: Scherz.

KOSIOL, E. (1962): Organisation der Unternehmung. Wiesbaden: Gabler.

KOTTER, J. P. (1983): Was wirkungsvolle Manager wirklich tun. In: Manager Magazin. 2: 78-83.

KRIEG, W. (1971): Kybernetische Grundlagen der Unternehmungsgestaltung. Bern: Haupt.

KRIPPENDORFF, K., & F. STEIER (1979): Cybernetic properties of helping, the organizational level. In: ERICSON, R. F. (Ed.): Improving the human condition. Heidelberg: Springer.

KRÜGER, W. (1984): Problemfelder der organisatiorischen Gestaltung. In: ZfB, **54**, 2: 201-209.

LATTMANN, C. (1981): Die verhaltenswissenschaftlichen Grundlagen der Führung des Mitarbeiters. Bern: Haupt.

LASZLO, E. (1972): Introduction to systems philosophy. New York: Braziller.

LAWRENCE, P. R., & J. W. LORSCH (1967a): Organization and Environment: Managing differentiation and integration. Boston: Harvard Univ. Press.

LAWRENCE, P. R., & J. W. LORSCH (1967b): Differentiation and integration in complex organizations. In: ASQ, **12**, 1: 1-47.

LEHMANN, H. (1980): Organisationskybernetik. In: GROCHLA, E. (Hrsg.): Handbuch der Organisation. 2. Aufl. Stuttgart: Poeschel.

LE-MOIGNE, J.-L., & D. CARRE (1977): Auto-organisation de l'entreprise. Editions d'organisation. Paris: Seuil.

LENNARD, H.-L., & A. BERNSTEIN (1969): Patterns in human interaction. San Francisco: Jossey Bass.

LIKERT, R. (1967): The human organization. New York: McGraw Hill.

LINDBLOM, C. E. (1965): The intelligence of democracy. New York: Free Press.

LOCHSTAMPFER, P. (1974): Systemorientierte Betriebsorganisation. München: Vahlen.

LORANGE, P., & G. J. B. PROBST (1987): Joint Ventures as selforganizing systems: A key to successfull Joint Venture design and implementation. New York: Columbia University - The Columbia Journal of World Business.

LORENZ, K. (1975): Die Rückseite des Spiegels. München-Zürich: Piper.

LORENZ, K. (1978): Vergleichende Verhaltensforschung - Grundlagen der Ethologie. Wien: Springer.

LORSCH, J. W. (1977): Organization design: A situational perspective. In: Organizational Dynamics, Autumn: 2ff.

LOUIS, M. R. (1981): A cultural perspective on organizations. In: Human Systems Management, 2: 246-258.

LUCKMANN, T. (1975): On the rationality of institutions in modern life. In: European Journal of Sociology, **16**: 3-15.

LUHMANN, N. (1971): Sinn als Grundbegriff der Soziologie. In: HABERMAS, J., & N. LUHMANN (Hrsg.): Theorie der Gesellschaft oder Sozialtechnologie. Frankfurt/M.: Suhrkamp.

LUHMANN, N. (1975): Soziologische Aufklärung. Bd. 2. Opladen: Westdeutscher Verlag.

LUHMANN, N. (1981): Soziologische Aufklärung. Bd. 3: Soziales System, Gesellschaft, Organisation. Opladen: Westdeutscher Verlag.

LUHMANN, N. (1982): Autopoiesis, Handlung und kommunikative Verständigung. In: Zeitschrift für Soziologie, **11**, 4: 366-379.

LUHMANN, N. (1984): Soziale Systeme - Grundriß einer allgemeinen Theorie. Frankfurt/M.: Suhrkamp.

MAANEN, J. V. (1973): Observations on the making of policemen. In: Human Organization, **32**: 407-418.
MAG, W. (1983): Bringt die »organisatorische Gestaltung« neue Ideen für die Organisationstheorie und Organisationspraxis? In: ZfbF, **35**, 11/12: 1026-1038.
MALIK, F. (1979): Die Managementlehre im Lichte der modernen Evolutionstheorie. In: Die Unternehmung, 4: 303-316.
MALIK, F. (1984): Strategie des Managements komplexer Systeme. Ein Beitrag zur Management-Kybernetik evolutionärer Systeme. Bern: Haupt.
MALIK, F., & G. J. B. PROBST (1981): Evolutionäres Management. In: Die Unternehmung, Nr. 2: 121-140.
MANNING, P. K. (1979): Metaphors of the field: Varieties of organizational discourse. In: ASQ, **24**: 660-671.
MANZ, C. C., & H. P. SIMS (1984): Searching for the »unleader«: Organizational member views on leading self-managed groups. In: Human Relations, **37**, 5: 409-424.
MARCH, J. G., & J. P. OLSON (1976): Ambiguity and choice in organizations. Bergen: Universitet.
MARCH, J. G., & H. A. SIMON (1958): Organizations. New York: J. Wiley & Sons.
MARGULIES, N., P. L. WRIGHT & R. W. SCHOLL (1977): Organization development techniques: Their impact on change. In: Group & Organization Studies, **2**: 428-448.
MARTIN, J. (1982): Stories and scripts in organizational settings. In: HASTORF, A., & A. ISEN (Eds.): Cognitive social psychology. New York: Elsevier.
MARTINKO, M. J., & W. L. GARDNER (1985): Beyond structured observation: Methodological issues and new directions. In: Academy of Management Review, **10**, 4: 676-695.
MARUYAMA, M. (1963): The second cybernetics: Deviation amplifying mutual causal processes. In: American Scientist, **51**: 164-179.
MARUYAMA, M. (1980): Mindscapes and science theories. In: Current Anthropology, **21**, 5: 589-608.
MASING, W. (1983): Qualität und Qualitätsmanagement in Europa und in den USA. In: PROBST, G. J. B. (Hrsg.): Qualitätsmanagement - ein Erfolgspotential. Bern: Haupt.
MASON, R. O., & I. MITROFF (1981): Challenging strategic planning assumptions: Theory, cases and techniques. New York: J. Wiley & Sons.
MATENAAR, D. (1983): Organisationskultur und organisatorische Gestaltung. Berlin: Dunkker & Humblot.
MATURANA, H. R. (1981): Autopoiesis. In: ZELENY, M. (Ed.): Autopoiesis: A theory of living organization. New York: North Holland.
MATURANA, H. R., &. F. J. VARELA (1980): Autopoiesis and cognition. The realization of the living. Boston: Reidel.
MAYO, E. (1933): The human problems of an industrial civilization. Boston: Macmillan.
MAYO, E. (1945): The social problems of an industrial civilization. Boston: Routledge & Kegan.
MCCALL, M. W. JR. (1977): Making sense with nonsense: Helping frames of reference clash. In: NYSTROM. P. C., & W. H. STARBUCK (Eds.): Prescriptive models of organizations. Amsterdam: North Holland.
MCCASKEY, M. B. (1982): Managing change and amgiguity. Marshfield: Pitman.
MCCULLOCH, W. S. (1965): Embodiments of mind. Boston: MIT Press.
MCGREGOR, D. (1960): The human side of enterprise. New York: McGraw Hill.
MCKAY, D. (1980): Brains, machines and persons. London: Collins.
MCKELVEY, B., & R. H. KILMANN (1975): Organization design: A participative multivariate approach. In: ASQ, **20**, 3: 24-36.
MCMILLAN, C. J. (1982): From quality control to quality management. Lessons from Japan. In: Business Quarterly, **47**, 1: 31-40.
MEADOWS, D. (1972): Die Grenzen des Wachstums. Stuttgart: DVA.
METCALFE, J. L. (1974): Systems models, economic models, and the causal texture of organizational environments. In: Human Relations, **27**, 7.
METCALFE, J. L. (1976): Organizational Strategies and Interorganizational Networks. In: Human Relations, **29**, 4.

MEYER, A. D. (1982): How ideologies supplant formal structures and shape responses to environments. In: Journal of Management Studies, **19**, 1: 45-61.
Meyer, W. M. (1972): Bureaucratic structure and authority. New York: Harper & Row.
MEYER, J. W., & B. ROWAN (1977): Institutionalized organizations: Formal structure as a myth and ceremony. In: American Journal of Sociology, **83**: 340-363.
MILLER, D., & H. MINTZBERG (1974): Strategy formulation in context: Some tentative models. Working Paper. Montreal: McGill University.
MILLER, E. J. (Ed.) (1976): Task and organization. Chichester: J. Wiley & Sons.
MILLER, E. J., & A. K. RICE (1967): Systems of organization. London: Tavistock.
MILLER, J. G. (1978): Living Systems. New York: McGraw Hill.
MINTZBERG, H. (1973): The nature of managerial work. London: Harper & Row.
MINTZBERG, H. (1975): The managers job: Folklore or fact. In: Harvard Business Review, 7/8: 49-61.
MINTZBERG, H. (1979): The structuring of organizations. Englewood Cliffs: Prentice Hall.
MINTZBERG, H. (1983): Power in and around organizations. Englewood Cliffs: Prentice Hall.
MINUCHIN, S. (1974): Families and family therapy. Cambridge, MA: Harvard Univ. Press.
MITROFF, I. I. (1983): The subjective side of science. Seaside, CA: Intersystems.
MITROFF, I. I. (1983): Stakeholders of the mind - The nature and function of archetypes in social and organizational life. San Francisco: Jossey Bass.
MITROFF, I. I. (1985): Three pictures of organizational health: Early machine, middle complex system, and recently emerging holographic system. In: CHURCHMAN, C. W. (Ed.): The well being of organizations. Berkley, CA: Berkley University Press.
MITROFF, I. I., & R. H. KILMANN (1976): On organizational stories: An approach to the design and analysis of organizations through myths and stories. In: KILMANN, R. H., L. R. PONDY & D. P. SLEVIN (Eds.): The management of organization design. Vol. 1. New York: North Holland.
MOBERG, D. J. (1981): Job enrichment through symbol management. In: California Management Review, **24**, 2: 24-30.
MOCH, M., & A. S. HUFF (1983): Power enactment through language and ritual. In: Journal of Business Research, **11**: 293-316.
MORGAN, G. (1980): The schismatic metaphor and its implications for organizational analysis. In: Organization Studies: mim. Manuskript.
MORGAN, G. (1982): Cybernetics and Organization Theory: Epistemology or Technique? In: Human Relations, **35**, 7: 521-537.
MORGAN, G. (1983): Rethinking corporate strategy: A cybernetic perspective. In: Human Relations, **36**, 4: 345-360.
MORGAN, G. (1986): Images of organization. Beverley Hills: Sage.
MORGAN, G., & R. RAMIREZ (1983): Action Learning: A holographic metaphor for guiding social change. In: Human Relations, **36**, 1: 1-28.
MORIN, E. (1973): Le paradigme perdu: la nature humaine. Paris: Seuil.
MORIN, E. (1977): La méthode - La nature de la nature. Paris: Seuil.

NEIDHARDT, P. (1964): Informationstheorie und automatische Informationsverarbeitung. Stuttgart.
NEWELL, A., & H. A. SIMON (1972): Human problem solving. Englewood Cliffs: Prentice Hall.
NICOLIS, G., & I. PRIGOGINE (1977): Self-Organization in nonequilibrium systems: From dissipative structures to order through fluctuations. New York: J. Wiley & Sons.
NORDSIEK, F. (1931): Die schaubildliche Erfassung und Untersuchung der Betriebsorganisation. Stuttgart: Poeschel.
NORDSIEK, F. (1934): Grundlagen der Organisationslehre. Stuttgart: Poeschel.
NYSTROM, P. C. P., B. L. T. HEDBERG & W. H. STARBUCK (1976): Interacting processes as organization designs. In: KILMAN, R. H., L. R. PONDY & D. P. SLEVIN (Eds.): The management of organization design. New York: North Holland.
NYSTROM, P. C., & W. H. STARBUCK (1984): To avoid organizational crises, unlearn. In:

Organizational Dynamics, Spring 1984: 53-65.

O'REILLY, C. A., & D. CALDWELL (1979): Informational influence as a determinant of perceived task characteristics and job satisfaction. In: Journal of Applied Psychology, **64**: 157-165.
OUCHI, W. G. (1981): Theory Z - How american business can meet the japanese challenge. Reading: Addison-Wesley.
OUCHI, W. G., & R. L. PRICE (1978): Hierarchies, clans and theory Z: A new perspective on organization development. In: Organizational Dynamics, Autumn 1978: 25-44.

PANNENBERG, W. (1973): Wissenschaftstheorie und Ideologie. Frankfurt/M.: Suhrkamp.
PASCALE, R. T., & A. G. ATHOS (1982): Geheimnis und Kunst des japanischen Managements. München: Heyne.
PASK, G. (1962): A proposed evolutionary model. In: FOERSTER, H. v. & G. W. ZOPF (Eds.): Principles of self-organization. Oxford: Oxford Univ. Press.
PATTEE, H. (1976): The role of instabilities in the evolution of control hierarchies. In: BUCKLEY, W., H. ALKER & T. BURNS (Eds.): Power and Control. Beverly Hills: Sage.
PAVA, C. (1979): State of the art in american work group design. Management and Behavioral Science Center. The Wharton School, Philadelphia, PA: University of Pennsylvania.
PAVA, C. (1980): Normative Incrementalism. (Ph. D. dissertation). Social Systems Sciences. The Wharton School, Philadelphia, PA: University of Pennsylvania.
PAVA, C. (1983): Managing new office technology - an organizational strategy. New York: Free Press.
PAYNE, R. L., & D. S. PUGH (1976): Organizational structure and climate. In: DUNETTE, M. D. (Ed.): Handbook of industrial and organizational psychology. Chicago: Rand McNally.
PERROW, C. (1967): A framework for comparative analysis of organizations. In: American Sociological Review, **32**: 194-208.
PERROW, C. (1970): Organizational Analysis: A sociological view. London: Tavistock.
PERROW, C. (1972): Complex organizations: A critical essay. 2nd ed. Chicago: Random House.
PETERS, J. B., & S. TSENG (1983): Managing strategic change in hospitals. Ten success stories. American Hospital Assoc. Chicago: AHA.
PETERS, T. J. (1978): Symbols, patterns, and settings: An optimistic case for getting things done. In: Organizational Dynamics, Autumn 1978: 3-23.
PETERS, T. J., & R. H. WATERMAN (1984): Auf der Suche nach Spitzenleistungen. Landsberg: Moderne Industrie. (Originaltitel: In Search of excellence. New York: Harper & Row).
PETTIGREW, A. M. (1973): The politics of organizational decision making. London: Tavistock.
PETTIGREW, A. M. (1979): On studying organizational cultures. In: ASQ, **24**: 570-581.
PFEFFER, J. (1972): Organizational ecology: A system resource approach. Stanford University: Ph. D. dissertation.
PFEFFER, J. (1978): Organizational Design. Arlington Heights, IL: AHM.
PFEFFER, J. (1981): Management as symbolic action. The creation and maintenance of organizational paradigms. In: CUMMINGS, L. L., & B. M. STAW (Eds.): Research in organizational behavior. Greenwich: JAI Press.
PFEFFER, J., & G. R. SALANCIK (1977): Organization design: The case for a coalitional model of organizations. In: Organizational Dynamics, Autumn 1977: 15-29.
PFEFFER, J., & G. R. SALANCIK (1978): The external control of organizations: A resource dependence approach. New York: Harper & Row.
PONDY, L. R. (1978): Leadership is a language game. In: MCCALL, M. W., & M. M. LOMBARDO (Eds.): Leadership: Where else can we go. Durham: Duke.
PONDY, L. R., & I. I. MITROFF (1979): Beyond open system models of organization. In: CUMMINGS, L. L., & B. M. STAW (Eds.): Research in organizational behavior. Vol. 1.

Greenwich: JAI Press.
PONDY, L. R., P. FROST, G. MORGAN & T. DANDRIGE (1984): Organizational Symbolism. Greenwich: JAI Press.
PORRAS, J., & P. O. BERG (1978): The impact of Organizational Development. In: The Academy of Management Review: 249-266.
POST, J. E. (1978): Corporate behavior and social change. Reston: Reston Publ. Co.
POZA, E. J., & L. MARKUS (1980): Success story: The team approach to work restructuring. In: Organizational Dynamics, Winter 1980: 3-25.
PRIGOGINE, I. (1976): Order through fluctuation: Self-organization and social system. In: JANTSCH, E., & C. H. WADDINGTON (Eds.): Evolution and consciousness: Human systems in transition. Reading, MA: Addison-Wesley.
PRIGOGINE, I. (1979): Vom Sein zum Werden. München-Zürich: Piper.
PRIGOGINE, I., & I. STENGERS (1981): Dialog mit der Natur - Neue Wege naturwissenschaftlichen Denkens. München-Zürich: Piper.
PROBST, G. J. B. (1981): Kybernetische Gesetzeshypothesen als Basis für Gestaltungs- und Lenkungsregeln im Management. Bern: Haupt.
PROBST, G. J. B. (1983a): Werthaltungen schweizerischer Führungskräfte zu Arbeit, Leistung und Freizeit. In: Output, 8: 27-32.
PROBST, G. J. B. (Hrsg.) (1983b): Qualitätsmanagement - ein Erfolgspotential. Bern: Haupt.
PROBST, G. J. B. (1985): Regeln des systemischen Denkens. In: PROBST, G. J. B., & H. SIEGWART (Hrsg.): Integriertes Management. Bern: Haupt.
PROBST, G. J. B. (1985c): Bio-kybernetik und Mitarbeiterführung. In: KIESER, A., G. REBER & R. WUNDERER (Hrsg.) (1987): Handwörterbuch der Führung. Stuttgart: Poeschel.
PROBST, G. J. B. (1985b): Leadership Research - A Systemic Viewpoint. In: HUNT, J. G., B. R. BALIGA, P. H. DACHLER & C. A. SCHRIESHEIM (Eds.) (1987): Emerging Leadership Vistas. Boston, MA: Lexington.
PROBST, G. J. B., & T. DYLLICK (1987): Kybernetische Führungstheorien. In: KIESER, A., G. REBER & R. WUNDERER (Hrsg.): Handwörterbuch der Führung. Stuttgart: Poeschel.
PROBST, G. J. B., & P. GOMEZ (1982): New (second-order) cybernetics against mismanagement. In: TRAPPL, R. (Ed.): Cybernetics and Systems Research. New York: Springer.
PROBST, G. J. B., & P. GOMEZ (1984): Systemdenken im Management. In: Zeitschrift für kaufmännisches Bildungswesen, 12: 179-193.
PROBST, G. J. B., & B. GÜNTERT (1982): Die Erfassung und Beurteilung der Sensitivität von Systemen im Gesundheitswesen. In: PFEIFFER, R., & H. LINDNER (Hrsg.): Systemtheorie und Kybernetik in Wirtschaft und Verwaltung. Berlin: Duncker & Humblot.
PROBST, G. J. B., & R. SCHEUSS (1984): Die Ordnung von sozialen Systemen: Resultat von Organisieren und Selbstorganisation. In: ZfO, **53**, 8: 480-488.
PROBST, G. J. B., & M. SEMMEL (1984): Erkenntnisse aus den Naturwissenschaften, insbesondere der Evolutionsbiologie. In: ULRICH, H., et al.: Grundlegung einer allgemeinen Theorie der Gestaltung, Lenkung und Entwicklung zweckorientierter sozialer Systeme. Diskussionsbeiträge des Instituts für Betriebswirtschaft, 4: 102-161.
PUGH, D. S. (Ed.) (1970): Organization Theory. Harmondsworth: Penguin.
PUGH, D. S., D. J. HICKSON, C. R. HININGS & C. TURNER (1968): Dimensions of organization structure. In: ASQ, **13**: 65-91.
PUGH, D. S., D. J. HICKSON, C. R. HININGS & C. TURNER (1969): The context of organization structures. In: ASQ, **14**: 91-114.

RAISER, H. (1983): Systemtheoretische Untersuchung bürokratischer und partizipativer Organisationen. Spardorf: Wilfler.
RAMIREZ, R. (1983): Action learning: A strategic approach for organizations facing turbulent conditions. In: Human Relations, **36**, 8: 725-742.
RANSOM, S., B. HININGS & G. ROYSTON (1980): The structuring of organizational structures. In: ASQ, **25**: 1-17.
RAPOPORT, A. (1977): Entwicklungsrichtungen in der allgemeinen Systemtheorie. In: BRUCKMANN, G. (Hrsg.): Langfristige Prognosen. Würzburg: Physica.

RAVN, I. (1985a): Holonomy and psycho-social development. Wharton School, Philadelphia, PA: University of Pennsylvania. Dept. of Social Systems Sciences. (Diss. proposal).

RAVN, I. (1985b): Creating futures, constructing realities. General Systems Yearbook 1986. Louisville, KE: Soc. of Gen. Syst. Res..

RIEDL, R. (1975): Die Ordnung des Lebendigen - Systembedingungen der Evolution. Hamburg-Berlin: Paul Parey.

RIEDL, R. (1978/79): Über die Biologie des Ursachen-Denkens. Ein systemtheoretischer, evolutionistischer Versuch. Mannheimer Forum, **7**: 9-70.

RIEDL, R. (1980): Biologie der Erkenntnis. Die stammesgeschichtlichen Grundlagen der Vernunft. Unter Mitarbeit von R. KASPAR. Berlin-Hamburg: Paul Parey.

RIEDL, R. (1982): Evolution und Erkenntnis. München-Zürich: Piper.

RIEDL, R. (1984): Self-organization: Some theoretical cross-connections. In: ULRICH, H., & G. J. B. PROBST (Eds.): Self-organization and management of social systems. Heidelberg: Springer.

RIEDL, R. (1985): Die Spaltung des Weltbildes. Biologische Grundlagen des Erklärens und Verstehens. Berlin-Hamburg: Paul Parey.

RIFKIN, J. (1982): Entropie. Hamburg: Hoffmann und Campe.

ROETHLISBERGER, F. J., & W. J. DICKSON (1939): Management and the worker. Cambridge, MA: Harvard Univ. Press.

RÖPKE, J. (1977): Die Strategie der Innovation. Tübingen: Mohr.

ROSNAY, J. DE (1977): Das Makroskop. Neues Weltverständnis durch Biologie, Ökologie und Kybernetik. Reinbek: Rowohlt.

SALANCIK, G. R. (1977): Commitment and the control of organizational behavior and belief. In: STAW, B. M., & G. R. SALANCIK (Eds.): New directions in organizational behavior. Chicago: St. Clair.

SALANCIK, G. R., & J. PFEFFER (1977): An examination of need-satisfaction models of job-attitudes. In: ASQ, **22**: 427-456.

SALANCIK, G. R., & J. PFEFFER (1978): A social information processing approach to job attitudes and task design. In: ASQ, **23**: 224-253.

SALES, A. L., & P. H. MIRVIS (1984): When cultures collide: Issues in acquisition. In: KIMBERLY, J. F., & R. E. QUINN (Eds.): New Futures: The challenge of managing corporate transitions. Homewood, IL: Dow Jones Irwin.

SAPIR, E. (1921): Language - An introduction to the study of speech. San Diego: Harcourt Brace Ivanovich.

SAPIR, E. (1949): Culture, language and personality. Berkley: Univ. of Cal. Press.

SATHE, V. (1983): Implications of corporate culture: A manager's guide to action. In: Organizational Dynamics, Autumn 1983: 5-23.

SCHEIN, E. H. (1983): The role of the founder in creating organizational culture. In: Organizational Dynamics, Summer 1983: 13-28.

SCHEIN, E. H. (1984): Coming to a new awareness of organizational culture. In: Sloan Management Review, Winter 1984: 3-16.

SCHEIN, E. H. (1985): Organizational culture and leadership. San Francisco: Jossey Bass.

SCHERTLER, W. (1982): Unternehmungsorganisation. München: Oldenburg.

SCHIEMENZ, B. (1982): Betriebskybernetik: Aspekte des betrieblichen Managements. Stuttgart: Poeschel.

SCHIEVE, W. S., & P. M. ALLEN (1981): Self-organization in dissipative structures: Applications in the physical and social sciences. Austin: Univ. of Texas Press.

SCHÖN, D. A. (1971): Beyond the stable state. New York: Random House.

SCHÖN, D. A. (1983): The reflective practitioner. New York: Basic Books.

SCHUTZ, A. (1945): On multiple realities. In: Philosophy and Phenomenological Research. Vol. 5. (Wiederabgedruckt in: Gordon, C., & K. J. GERGEN (Eds.): The self in social interactions. New York: J. Wiley & Sons.).

SCHUTZ, A. (1967): Collected papers. Vol. 1: The Problem of Social Reality. The Hague: Martinus Nijhoff.

SCHUTZ, A. (1972): The phenomenology of the social world. London: University of Chicago Press.
SCHUTZ, A., & T. LUCKMANN (1973): The structures of the life-world. London: Northwestern Univ. Press.
SCHWARTZ, H., & S. M. DAVIS (1981): Matching corporate culture and business strategy. In: Organizational Dynamics, Summer 1981: 30-48.
SCOTT, B., & S. JÖDERBERG (1985): The art of managing. New York: J. Wiley & Sons.
SCOTT, W. R. (1978): Theoretical perspectives. In: MEYER, M. W. (Ed.): Environments and Organizations. San Francisco: Jossey Bass.
SCOTT, W. R. (1981a): Developments in organization theory, 1960-1980. In: American Behavioral Scientist, **24**, 3: 407-422.
SCOTT, W. R. (1981b): Organizations: Rational, natural and open systems. Englewood Cliffs, NY: Prentice Hall.
SEGHEZZI, H. D. (1985): Quality management in Europe. Schaan: Hilti. mim. Manuskript.
SEMMEL, M. (1984a): Die Unternehmung aus evolutions-theoretischer Sicht - eine kritische Bestandsaufnahme aktueller evolutionärer Ansätze der Organisations- und Managementtheorie. Bern: Haupt.
SEMMEL, M. (1984b): Systemorientierte Managementlehre - Grundauffassungen, Schwierigkeiten und Ansätze zu deren Überwindung. In: Diskussionsbeiträge des Instituts für Betriebswirtschaft, 5: St. Gallen.
SHRIVASTAVA, P. (1983): A typology of organizational learning systems. In: Journal of Management Studies, **20**, 1: 7-28.
SIEGWART, H., & H. D. SEGHEZZI (1983): Management und Qualitätssicherung. In: PROBST, G. J. B. (Hrsg.): Qualitätsmanagement - ein Erfolgspotential. Bern: Haupt.
SIEHL, C., & J. MARTIN (1981): Learning organizational culture, Research paper of Graduate School of Business. Stanford: Stanford Univ. Press.
SILVERMAN, D. (1970): The theory of organizations. London: Heinemann.
SILVERMAN, D. (1975): Reading Castaneda - A prologue to the social sciences. London: Routledge & Kegan.
SIMON, H. A. (1957): Models of Man. New York: J. Wiley & Sons.
SIMON, H. A. (1965): The shape of automatism for men and management. New York: Harper & Row.
SIMON, H. A. (1969): The sciences of the artificial. Cambridge, MA: MIT Press.
SIMON, H. A. (1971): Designing organizations for an informative-rich world. In: GREENBERGER, M. (Ed.): Computers, communication and the public interest. Baltimore: John Hopkins Press.
SMIRCICH, L. (1983a): Concepts of culture and organizational analysis. In: ASQ, **28**: 339-358.
SMIRCICH, L. (1983b): Organizations as shared meanings. In: Pondy, L. R., et al. (Ed.): Organizational Symbolism. Greenwich: JAI Press.
SMIRCICH, L. (1983c): Studying organizations as cultures. In: MORGAN, G. (Ed.): Beyond method: Social research strategies. Beverly Hills: Sage.
SMIRCICH, L., & G. MORGAN (1982): Leadership: The management of meaning. In: Journal of Applied Behavioral Science, **18**, 3: 257-273.
SMIRCICH, L., & C. STUBBART (1985): Strategic Management in an enacted world. In: Academy of Management Review, **10**, 4: 724-736.
SMITH, A. W. (1980): A five stage model of management evolution. In: Human Systems Management, **1**: 211-218.
SMITH, K. K. (1984): Rabbits, lynxes, and organizational transition. In: KIMBERLY, J. R., & R. E. QUINN (Eds.): The challenge of managing corporate transitions. Homewood, IL: Dow Jones Irwin.
SMITH, K. K., & V. M. SIMMONS (1983): A Rumpelstiltskin organization: Metaphors on metaphors in field research. In: ASQ, **28**: 377-392.
SONNENFELD, J. (1981): Corporate views of the public interest. Boston: Auburn House.
SPEER, D. C. (1970): Family systems: Morphostasis and morphogenesis, or »Is homeostasis enough?« In: Family Process, **9**, 3: 259-278.

SPENCER-BROWN, G. (1969): The laws of form. London: Dutton.
SPROULL, L. S. (1981): Beliefs in organizations. In: NYSTROM, P. C., & W. H. STARBUCK (Eds.): Handbook of organizational design. Vol 2. New York: Oxford Univ. Press.
SPRÜNGLI, R. K. (1981): Evolution und Management-Ansätze zu einer evolutionistischen Betrachtung sozialer Systeme. Bern: Haupt.
STAERKLE, R. (1961): Stabstellen in der industriellen Unternehmung. Bern: Haupt.
STAERKLE, R. (1984): Organisation. Hochschule St. Gallen: Skriptum.
STAERKLE, R. (1985): Wechselwirkungen zwischen Organisationskultur und Organisationsstruktur. In: PROBST, G. J. B., & H. SIEGWART (Hrsg.): Integriertes Management. Bern: Haupt.
STARBUCK, W. H. (1975): Information systems for organizations of the future. In: GROCHLA, E., & N. SZYPERSKI (Eds.): Information systems and organizational structure. New York: de Gruyter.
STARBUCK, W. H. (1976): Organizations and their environments. In: DUNNETTE, M. D. (Ed.): Handbook of Industrial and Organizational Psychology. Chicago: Univ. of Chicago Press.
STARBUCK, W. H. (1982): Congealing oil: Inventing ideologies to justify acting ideologies out. In: Journal of Management Studies, **19**, 1: 3-27.
STARBUCK, W. H. (1983): Organizations as action generators. In: American Sociological Review, **48**: 91-102.
STARBUCK, W. H., A. GREVE & B. L. T. HEDBERG (1978): Responding to crises. In: Journal of Business Administration, 9, 2: 111-137.
STARBUCK, W. H., & P. C. NYSTROM (1981): Why the world needs organizational design. In: Journal of General Management, **6**, 1: 3-17.
STAW, B. M. (1980): Rationality and justification in organizational life. In: STAW, B. M., & L. L. CUMMINGS (Eds.): Research in organizational behavior. Vol. 2. Greenwich; JAI Press.
STEIER, F. (1983): Family interaction and properties of self-organizing systems: A study of family therapy with addict families. Ph. D. dissertation in Social Systems Sciences. Wharton School. Philadelphia: University. of Pennsilvania.
STEIER, F. (1985): Toward a cybernetic methodology of family therapy research: Fitting research methods to family practice. In: ANDREOZZI, L. L. (Ed.): Intregating research and clinical practice. Rocheville, MA: Aspen.
STOELWINDER, J. U., & M. CHERNS (1981): The task field model of organizational design. In: Human Relations, **34**, 9: 743-762.
STOELWINDER, J. U., & P. S. CLAYTON (1978): Hospital organization development: Changing the focus from »better management« to »better patient care«. In: Journal of Applied Behavioral Science, **14**, 3: 400-414.
STRATTON, W. W., & W. R. FLYNN (1980): Ecological theory and organization development. In: CUMMINGS, T. G. (Ed.): Systems Theory for Organization Development. Chichester: J. Wiley & Sons.
SUSMAN, G. I. (1976): Autonomy at work. New York: Praeger.

TAYLOR, F. (1911): The principles of scientific management. New York: Harper & Row.
TERREBERRY, S. (1968): The evolution of organizational environments. In: ASQ, **12**: 590-613.
TEUNE, H., & Z. MLINAR (1978): The developmental logic of social systems. Beverly Hills: Sage.
THOMPSON, J. D. (1967): Organizations in action. New York: McGraw Hill.
TICHY, N. M. (1982): Managing change strategically: The technical, political, and cultural keys. In: Organizational Dynamics, Autumn 1982: 59-80.
TICHY, N. M. (1983): Managing strategic change - Technical, political and cultural dynamics. New York: J. Wiley & Sons.
TOFFLER, A. (1971): Der Zukunftsschock. Bern: Scherz.
TOFFLER, A. (1985): The adaptive corporation. New York: McGraw Hill.
TOURAINE, A. (1977): The self-production of society. Chicago: University of Chicago

Press.
TRICE, H. M., & J. M. BEYER (1984): Studying organizational cultures through rites and ceremonials. In: Academy of Management Review, **9**, 4: 653-669.
TRIST, E. L. (1976a): A concept of organizational ecology. Australian Journal of Management, **2**, 2: 161-175.
TRIST, E. L. (1976b): Action research and adaptive planning. In: CLARK, A. W. (Ed.): Experimenting with organizational life. London: Plenum.
TRIST, E. L. (1976c): A concept of organizational ecology, an invited address presented to the three Melbourne Universities. Melbourne: mim. Manuskript.
TRIST, E. L. (1979): New directions of hope. In: Human Futures, **11**, 3: 175-185.
TRIST, E. L. (1980): The environment and systems response capability. In: Futures, **12**, 2: 113-127.
TRIST, E. L. (1981a): The evolution of socio-technical systems. Occasional Paper. 2. Ontario: QWL Centre.
TRIST, E. L. (1981b): The socio-technical perspective - The evolution of socio-technical systems as a conceptual framework and as an action research program. In: VEN, A. VAN DER, & W. F. JOYCE (Eds.): Perspectives on organization design and behavior. New York: Leicht veränderte Ausgabe von Trist 1981a.
TRIST, E. L. (1984): Andras Angyal and systems thinking. Festschrift für R. L. Ackoff. The Wharton School, Social Syst. Sc. Dept. Philadelphia: University of Pennsylvania.
TRIST, E. L., & K. W. BAMFORTH (1951): Some social and psychological consequences of the Longwall Method of coal getting. In: Human Relations, **4**: 3-38.
TRIST, E. L., G. W. HIGGIN, H. MURRAY & A. B. POLLACK (1963): Organizational choice. London: Tavistock.
TUOMINEN, R. (1969): Die Koordination in den Unternehmungen. In: KLOIDT, H. (Hrsg.): Betriebswirtschaftliche Forschung in internationaler Sicht. Festschrift für E. Kosiol. Berlin: Duncker & Humblot.
TURNER, S. P. (1983): Studying organization through Levi-Strauss's structuralism. In: MORGAN, G. (Ed.): Beyond method. Beverly Hills: Sage.

ULRICH, H. (1949): Betriebswirtschaftliche Organisationslehre - eine Einführung. Bern: Haupt.
ULRICH, H. (1968): Die Unternehmung als produktives soziales System. Bern: Haupt.
ULRICH, H. (1972): Systemorientiertes Management. In: Management: Intuition oder Information? Separatdruck der UNIVAC, 1972. Wiederabgedruckt in: ULRICH, H. (1984): Management. Bern: Haupt.
ULRICH, H. (1978): Unternehmungspolitik. Bern: Haupt.
ULRICH, H. (1981): Die Betriebswirtschaftslehre als anwendungsorientierte Sozialwissenschaft. In: GEIST, M. W., & R. KÖHLER (Hrsg.): Die Führung des Betriebes. Stuttgart: Poeschel.
ULRICH, H. (1984): Management. Bern: Haupt.
ULRICH, H., & W. KRIEG (1973): Das St. Galler Management-Modell. Bern: Haupt.
ULRICH, H., F. MALIK, G. J. B. PROBST, M. SEMMEL, T. DYLLICK, P. DACHLER & E. WALTER-BUSCH (1984): Grundlegung einer allgemeinen Theorie der Gestaltung, Lenkung und Entwicklung zweckorientierter sozialer Systeme. St. Gallen: Diskussionsbeiträge des Instituts für Betriebswirtschaft, 4.
ULRICH, H., & G. J. B. PROBST (1982): Die Werthaltungen schweizerischer Führungskräfte. Bern: Haupt.
ULRICH, H., & G. J. B. PROBST (Eds.) (1984): Self-organization and management of social systems. Heidelberg: Springer.
ULRICH, H., G. J. B. PROBST & H. P. STUDER (1985a): Konstanz und Wandel in den Werthaltungen schweizerischer Führungskräfte. Bern: Haupt.
ULRICH, H., G. J. B. PROBST & H. P. STUDER (1985b): Die Werthaltungen von Studenten in der Schweiz, Bern: Haupt.
ULRICH, H., & F. SIDLER (1977): Ein Management-Modell für die öffentliche Hand. Bern: Haupt.

ULRICH, P. (1983): Konsensus-Management: Die zweite Dimension rationaler Unternehmungsführung. In: BFuP, **35**: 70ff.
ULRICH, W. (1983): Critical heuristics of social planning: A new approach to practical philosophy. Bern: Haupt.

VARELA, F. J. (1976): Not one, not two - Position paper for the Mind-Body Conference. In: Co-evolution Quarterly, Fall 1976: 62-67.
VARELA, F. J. (1979): Principles of biological autonomy. New York: North Holland.
VARELA, F. J. (1984a): Two principles for self-organization. In: ULRICH, H., & G. J. B. PROBST (Eds.): Self-organization and management of social systems. Heidelberg: Springer.
VARELA, F. J. (1985): Steps to a cybernetics of autonomy. In: TRAPPL, R. (Ed.): Power and autonomy: New ideas on complexitiy. London.
VEN, A. VAN DER, A. L. DELBECQ & R. KOENIG (1976): Determinants of coordination modes within organizations. In: American Sociological Review, **44**: 322-338.
VESTER, F. (1976): Ballungsgebiete in der Krise. Stuttgart: DVA.
VESTER, F. (1978): Unsere Welt - ein vernetztes System. Stuttgart: DVA.
VESTER, F. (1980): Neuland des Denkens. München-Zürich: Piper.
VESTER, F. (1983): Neuland des Planens und Wirtschaftens. In: Die Krise als Chance. 13. Internat. Management-Gespräch an der Hochschule St. Gallen. St. Gallen.
VESTER, F. (1985): Ökologisches Systemmanagement - Die Unternehmung am Scheideweg zwischen Mechanistik und Biokybernetik. In: PROBST, G. J. B., & H. SIEGWART (Hrsg.): Integriertes Management. Bern: Haupt.
VESTER, F., & A. V. HESLER (1980): Sensitivitätsmodell. Frankfurt/M.: Regionale Planungsgemeinschaft Untermain.
VICKERS, G. (1965): The Art of Judgement. London: Chapman and Hall.
VICKERS, G. (1968): Value Systems and Social Processes. London: Tavistock.
VICKERS, G. (1980): Responsibility - Its sources and limits. Seaside, CA: Intersystems.
VICKERS, G. (1983): Human systems are different. London: Harper & Row.

WADDINGTON, C. H. (1975): The evolution of an evolutionist. Edinburgh: Edinburgh Univ. Press.
WADDINGTON, C. H. (1977): Tools for thought. New York: Basic Books.
WALTON, R. E. (1975): The diffusion of new work structures: Explaining why success didn't take. In: Organizational Dynamics, Winter 1975: 3-22.
WALTON, R. E. (1977): Work innovations at Topeka: After six years. In: Journal of Applied Behavior Science, 13: 422-433.
WATZLAWICK, P. (1978): Wie wirklich ist die Wirklichkeit. München-Zürich: Piper.
WATZLAWICK, P. (1981a): Die erfundene Wirklichkeit. München-Zürich: Piper.
WATZLAWICK, P. (1981b): Bausteine ideologischer »Wirklichkeiten«. In: WATZLAWICK, P. (Hrsg.): Die erfundene Wirklichkeit. München-Zürich: Piper.
WATZLAWICK, P., J. H. BEAVIN & D. D. JACKSON (1969): Menschliche Kommunikation - Formen, Störungen, Paradoxien. Bern: Huber.
WATZLAWICK, P., J. H. WEAKLAND & R. FISCH (1974): Lösungen zur Theorie und Praxis menschlichen Wandels. Bern: Huber.
WATZLAWICK, P., & J. H. WEAKLAND (Hrsg.) (1977): The interactional view: Studies at the Mental Research Institute. Palo Alto 1965-1974. New York: Norton.
WEBER, M. (1964): Wirtschaft und Gesellschaft. 5. Aufl. Köln: Westdeutscher Verlag.
WEICK. K. E. (1976): Educational organizations als loosely coupled systems. In: ASQ, **21**: 1-19.
WEICK, K. E. (1977a): Enactment processes in organizations. In: STAW, B. M., & G. R. SALANCIK (Eds.): New directions in organizational behavior. Chicago: Chicago Univ. Press.
WEICK, K. E. (1977b): Organization design: Organization as self-designing systems. In: Organizational Dynamics, Autumn 1977: 31-46.
WEICK, K. E. (1979a): The Social Psychology of Organizing. Reading, MA: Addison-Wes-

ley.
WEICK, K. E. (1979b): Cognitive processes in organizations. In: CUMMINGS, L. L., & B. M. STAW (Eds.): Research in organizational behavior. Greenwich: JAI Press.
WEICK, K. E., & R. L. DAFT (1983): The effectiveness of interpretation systems. In: CAMERON, K. S., & D. A. WHETTEN (Eds.): Organizational effectiveness: A comparison of multiple models. New York: Academic Press.
WEILER, P. (1983): Promises, to keep: Securing workers' right to self-organization under the NLRA. In: Harvard Law Review, **96**, 8: 1769-1827.
WHITEHEAD, A. N. (1979). Prozeß und Realität: Entwurf einer Kosmologie. Frankfurt/M.: Suhrkamp.
WHITEHEAD, A. N., & B. RUSSELL (1910): Principia Mathematica. Cambridge: Cambridge Univ. Press.
WHORF, B. L. (1956): Language, thought and reality. In: CAROLL, J. B. (Ed.). Boston: Harvard Univ. Press.
WHYTE, W. F. (1969): Organizational behavior: Theory and application. Homewood, IL: Dow Jones Irwin.
WIENER, N. (1948): Cybernetics or Control and communication in the animal and the machine. Cambridge, MA: MIT Press.
WIENER, N. (1967): The human use of human beings. Boston: Avon.
WIESER, W. (1959): Gewebe des Lebens. Bremen: Schünemann.
WILD, J. (1961): Grundlagen und Probleme der betriebswirtschaftlichen Organisationslehre. Berlin: Duncker & Humblot.
WILDEN, A. (1980a): System and structure - Essays in communication and exchange. 2. ed. New York: Tavistock.
WILDEN, A. (1980b): Changing frames of order: Cybernetics and the machina mundi. In: WOODWARD, K. (Ed.): The myths of information. Madison: Ind. Univ. Press.
WILKINS, A. L. (1978): Organizational stories as an expression of management philosophy: Implications for social control in organizations. Ph. D. dissertation. Palo Alto: Stanford University.
WILLKE, H. (1982): Systemtheorie: Eine Einführung in die Grundprobleme. Stuttgart: G. Fischer.
WINTHER, E. K. (1985): Variety in systems: Toward a theory of organizations. Ph. D. dissertation. Wharton School, Philadelphia: University of Pennsylvania.
WITTGENSTEIN, L. (1972): Über Gewißheit - On Certainty. New York, NY: Harper & Row.
WOLFF, R. (1982): Der Prozeß des Organisierens zu einer Theorie des organisationalen Lernens. Spardorf: Wilfler.
WOODWARD, J. (1965): Industrial Organization: Theory and Practice. Fair Lawn F. J. New York: Oxford Univ. Press.
WRIGHT, J. P. (1979): On a clear day you can see General Motors. John Z. de Lorean's Look Inside the Automotive Giant. New York: Avon.
WUKETITS, F. M. (1981): Biologie und Kausalität. Biologische Ansätze zur Kausalität, Determination und Freiheit. Berlin-Hamburg: Paul Parey.
WUKETITS, F. M. (1983): Biologische Erkenntnis: Grundlagen und Probleme. Stuttgart: G. Fischer.
WUNDERER, R., &. W. GRUNDWALD (1980): Führungslehre. Bd. I. Grundlagen der Führung. Berlin: de Gruyter.

YOVITS, M., & S. CAMERON (1960): Self-organizing systems. New York: Pergamon Press.
YOVITS, M., G. JACOBI & G. GOLDSTEIN (Eds.) (1962): Self-organizing systems. New York: Pergamon Press.

ZELENY, M. (Ed.) (1980): Autopoiesis, dissipative structures and spontaneous social orders. AAAs select. sympos. 55. Boulder: AAA.
ZELENY, M. (Ed.) (1981): Autopoiesis - A theory of living organization. New York: North Holland.
ZELENY, M. (1985): Spontaneous social orders. In: The Science and Praxis of Complexity. The United Nations University 1985: 312-327.

Unternehmungsunterlagen (Kapitel 9):
CLARK EQUIPMENT COMP. (1985): A Clark view of the world; Revitalization; The mission and guiding principles of Clark. Buchanan, MI.
CLARK EQUIPMENT COMP. (1985): The corperate office in the Clark system. The operating approval schedule. Buchanan, MI.

DELAWARE COUNTY MEMORIAL HOSPITAL (1985): Long Range Plan. Darby.

SUPER FRESH (1985): Quality of work life for United Food of Commercial Workers. Local 56, Local 1357 with Super Fresh Food Markets. Philadelphia.

11.2 Autorenverzeichnis

11.3 Sachverzeichnis